专刊

云南贵州辛亥革命资料

YUNNAN GUIZHOU XINHAIGEMING ZILIAO

本书收集云南和贵州两省有关辛亥革命的资料。所选辑之资料一为原始文件，一为当事人的回忆录和当时人的日记，其他尚有一部分为未发表过的旧稿本及流传较少的印本，可为研究辛亥革命史者之参考。

中国社会科学院近代史研究所
《近代史资料》编译室 主编

知识产权出版社
全国百佳图书出版单位

内容提要

本书收集云南和贵州两省有关辛亥革命的资料。所选辑之资料一为原始文件，一为当事人的回忆录和当时人的日记，其他尚有一部分为未发表过的旧稿本及流传较少的印本，可为研究辛亥革命史者之参考。

责任编辑： 兰 涛

图书在版编目（CIP）数据

云南贵州辛亥革命资料/中国社会科学院近代史研究所《近代史资料》编译室主编. —北京：知识产权出版社，2013.1

（近代史资料专刊）

ISBN 978-7-5130-1653-7

Ⅰ.①云… Ⅱ.①中… Ⅲ.①辛亥革命—史料—云南省②辛亥革命—史料—贵州省 Ⅳ.①K257.06

中国版本图书馆 CIP 数据核字（2012）第 255017 号

近代史资料专刊

云南贵州辛亥革命资料

中国社会科学院近代史研究所

《近代史资料》编译室 主编

出版发行：知识产权出版社

社 址：	北京市海淀区马甸南村 1 号	邮 编：	100088
网 址：	http://www.ipph.cn	邮 箱：	bjb@cnipr.com
发行电话：	010-82000860 转 8101/8102	传 真：	010-82000860 转 8240
责编电话：	010-82000860 转 8325	责编邮箱：	lantao@cnipr.com
印 刷：	知识产权出版社电子制印中心	经 销：	新华书店及相关销售网点
开 本：	787mm×1092mm 1/16	印 张：	18
版 次：	2013 年 1 月第 1 版	印 次：	2013 年 1 月第 1 次印刷
字 数：	268 千字	定 价：	53.00 元

ISBN 978-7-5130-1653-7/K·151(4514)

再版前言

《近代史资料专刊》是由中国社会科学院近代史研究所《近代史资料》编译室主持编辑的专题性近代史资料的总称。《近代史资料》编译室以整理发表近代历史最新资料为职志，也是国内从事近代史料整理编辑工作最早的机构。自1954年组建以来，经过几代学者不间断地努力，先后编辑出版了120余期的《近代史资料》刊物、数十部《近代史资料专刊》及《北洋军阀》等大型专题史料集，为新中国近代史学的建立和发展、为新中国史学工作者的成长都做出了应有的贡献，在海内外均具有较大影响。

《近代史资料》编译室最初叫《近代史资料》编辑组。近代史研究所成立初期，为推动中国近代史学科的建设与发展，在所长范文澜先生主持下，于1954年成立了以荣孟源先生为主编的《近代史资料》编辑组，负责近代史料的搜集整理，编辑出版《近代史资料》期刊。郭沫若院长亲自为《近代史资料》题写了刊名。除“文革”时期曾一度被迫停刊外，数十年来《近代史资料》编译室坚持为近代史学术研究与教学服务为宗旨的办刊理念，陆续整理刊出1840~1949年间中国政治、经济、文化、军事等各方面的档案文献史料，受到广大读者的肯定和欢迎。因《近代史资料》期刊每期的容纳量仅有20万字左右，针对篇幅较大、期刊无法容纳的专题性史料，从1957年开始又创办《近代史资料专刊》，专门发表专题史料，不定期出版。以

《近代史资料专刊》名义出版这些专题史料，不仅选题精道，而且篇幅容量较大，内容充实丰富。某个专题的新史料一次性大量公布出版，往往会对于相关领域或专题的研究起到极大的推动作用，如《太平天国史料》、《山东义和团案卷》、《辛亥革命先著记》以及《一九一九年南北议和资料》等。可以说，这些《近代史资料专刊》的整理出版，都曾为推动相关领域的研究发挥过重要作用，许多都已成为该领域研究必不可少的基础史料。

因为种种原因，20 世纪 80 年代中期以后，《近代史资料专刊》的编辑出版一度中断。但是实际上编译室的同仁并未曾停止专题性史料的整理工作，也陆续整理出版了《梦蕉亭杂记》、《民国人物碑传集》和《翁文灏日记》等，只是未加以专刊之名。近年来，在所领导的支持和学界朋友的鼓励下，我们在坚持编辑《近代史资料》期刊的同时，尝试着恢复了这项传统工作，先后又以《近代史资料专刊》的名义出版了《抗战时期西北开发档案史料选编》和《倪嗣冲函电集》。然而，对于那些由于出版年代较久，如今已流传较少的专刊史料，精选其中部分重新再版，于学术研究及文化保存也是一件很有意义的事情。此次重新整理再版的《近代史资料专刊》，最早出版的一本是 1957 年由科学出版社出版的《辛亥革命先著记》，距今已超过半个世纪，最晚的是 1984 年由齐鲁书社出版的《太平军北伐资料选编》，距今也近三十年了。因为出版时间较久，特别是早期的版本现在存世很少，随着社会经济的发展和对历史文化的重视、中国近代史研究者的更新换代，以及研究思想与方法的变化等因素的影响，许多旧的历史结论已经成为陈迹，在审读史料中重构历史，解读其中未曾被重视的历史信息，已经越来越为新的研究者们重视。因此重新整理发表这些珍贵史料，也具有重要的学术价值和不可替代的作用。

此次再版《近代史资料专刊》，不是简单的旧籍重印，而是将过去 50 余年中陆续刊出的史料予以重新整理，并按照近代历史发展时序重新编排。各卷目次、初版时间及出版社名称如下：

《鸦片战争时期思想史资料选辑》，中华书局 1963 年版。

《太平天国资料》，科学出版社 1959 年版。

《太平天国文献史料集》，中国社会科学出版社 1982 年版。

《太平军北伐资料选编》，齐鲁书社 1984 年版。

《山东义和团案卷》（上、下），齐鲁书社 1980 年版。

《义和团史料》（上、下），中国社会科学出版社 1982 年版。

《筹笔偶存》，中国社会科学出版社 1983 年版。

《庚子记事》，科学出版社 1958 年版，中华书局 1978 年再版。

《杨儒庚辛存稿》，中国社会科学出版社 1980 年版。

《辛亥革命先著记》，科学出版社 1957 年版。

《鄂州血史》，龙门联合书局 1958 年版。

《云南杂志选辑》，科学出版社 1958 年版。

《云南贵州辛亥革命资料》，科学出版社 1959 年版。

《辛亥革命资料类编》，中国社会科学出版社 1981 年版。

《华侨与辛亥革命》，中国社会科学出版社 1981 年版。

《徐树铮电稿》，中华书局 1963 年版。

《一九一九年南北议和资料》，中华书局 1962 年版。

《秘笈录存》，中国社会科学出版社 1983 年版。

《五四爱国运动》（上、下），中国社会科学出版社 1979 年版。

《五四运动回忆录》，中华书局 1959 年版。

《陆海军大元帅大本营公报选编》，中国社会科学出版社 1981 年版。

《陕甘宁边区参议会文献汇辑》，科学出版社 1958 年版。

以上凡 22 种 25 册，约 1000 余万字。

再版整理工作采取极为审慎的态度，并遵循以下基本原则：

1. 初版之时的序、前言或编者说明之类的文字原则上不再重印，由再版整理者重新撰写编辑说明，对初版整理工作给予必要的介绍和说明。

2. 对于原稿或初版时因印刷等原因存在的明显讹误之处，再版整理者径加改正；对于校勘修订之处，均于舛误文字后加正文，并以〔 〕号标明；脱字或无法辨识者，标以□号；漏字增补者，以【 】号标明；疑问处加（?）标明；原稿文中加注之处，原为双行排印者，均改为单行排印，或加（）标明，或用小字排印；原始资料行文或署名中并列双排者也均改为单行，个别文件除外；疑有脱字或衍文者，于页下脚注标出。

3. 个别史料中，同一人名、地名前后用字不统一的现象，记录史实前后矛盾或表述不一致的现象，均保留原样未予擅改；清朝或北洋政府文献中对革命党、起义民众等污蔑诋毁之词，也都一律保留原样，以存历史之真，均请读者使用中注意。

此次能将几十年间陆续出版的《近代史资料专刊》重新整理出版，要特别感谢知识产权出版社这种嘉惠学林的眼光与勇气。兰涛编辑不辞辛劳，往来联络指导，以及各位编辑的认真工作，都应该得到学界和社会的掌声。

参加此次再版整理编辑工作的有，《近代史资料》编译室的刘萍、卞修跃、孙彩霞和李学通。由于整理者水平有限，其中如有不当之处，尚请读者批评指正。

李学通

中国社会科学院近代史研究所
《近代史资料》编译室　主任
2012 年 9 月

编辑说明

1911 年武昌起义爆发后，云南、贵州先后响应。但这两个省的革命路径截然不同。作为最先响应武昌革命的云南省，在蔡锷和同盟会的共同领导下，由新军和云南讲武堂学生组成的革命武装向清朝旧势力发起进攻，经过激烈战斗，付出了沉重代价，赶跑了旧势力，改变了政权，取得革命的最终胜利。与之相反，贵州辛亥革命，是在自治学社领导的新军和陆军学堂学生等革命派的强大压力下，地方旧势力主动交出政权下宣告成功的。但由于自治党人在革命后向保守的宪政派妥协，因此贵州在辛亥革命之后，革命党人惨遭杀害。

由于种种原因，有关云南、贵州辛亥革命的资料非常缺乏。本书选辑的资料，一为原始文件，如《云南警告》、《云南留日本同志檄国内反对清政府借外兵文》、《贵州血泪通告书》和《袁世凯之祸黔》等；一为当事人的回忆录和当时人的日记，如《辛亥贵州革命纪略》、《昆明辛亥革命回忆录》和《宧滇日记》等；一为未发表的旧稿本，如《云南光复纪要——建设篇》和《续云南通志长编》等。资料作者身份各异，有革命党人，有清朝官吏，有其他人士，各就见闻记录，认识均不一致，所记内容互有出入。本书以提供原始资料目的，故均不做改动。至于各篇所记人名有异同，一般也未改动，仅就错讹的字句加以校勘，其太空泛和太繁琐的字句，略加节略。

本书初版于 1959 年，由科学出版社出版。书中贵州部分史料

由当时的贵州省文史研究馆提供；云南部分由李根源先生及各方协助搜集而来。本次再版，仅对全书重新进行了编辑校订，改正了初版中的错讹之处。由于编辑水平有限，错误在所难免，敬请读者指正。

编　者

2012 年 12 月

目录

云南警告

云南留越学生

编者按： 本书原为新闻纸铅印本，绪言三页，正文十六页，云南留越学生编印，出版时、地均不详。书中主要叙述法帝国主义对云南的侵略，号召人民进行反帝斗争，为辛亥前云南人民进行革命运动的原始文件之一。

绪　　言

某等南游经年矣。日睹强邻气焰，亡国惨情；北望乡关，祸在眉睫，安南恶剧，行演于吾人最亲最爱之邦。午夜焦思，且痛且骇，且愕且惧。窃忆以父老伯叔兄弟膏血，凑集巨款，遣派来兹；虽学无寸长，敢不以亲见身历者为我父老伯叔兄弟告，共筹一救亡策乎。屡欲叙越南亡国历史及法人治越情形，与滇对照，而为吾滇前途现一幅活影；因听讲鲜暇，迟迟不果。迩来法人谋滇日亟，其欲灭我而朝食之心，环球共见；吾国留法学生陈箓特译法人游滇记序，上告政府。某等得而读之，举疾首蹙额相告曰：呜呼！法人谋滇之手段，果如是其急且迫哉。是书也，不可不使我父老伯叔兄弟各手一册，以确见法人谋滇之急；而又不可不证以某等近见，以确见法人谋滇之真。不然，陈君上政务处书前留东同乡已寄告我父老伯叔兄弟矣，而乌用是喋喋为哉。盖某等之所以复为是者，有三苦心：

一恐父老不信法人谋滇之急而不急发热诚，致蹈安南亡国复辙；二恐父老既信法人谋滇之急，而不善用热诚，或出于野蛮暴动，以自速灭亡；

三恐父老既容纳某等之言，而知善用热诚，然有时又存苟安心，存推诿心，终不能不爱钱不惜死之志，以救危亡。

此三者，诚至急至要之问题，我父老尤不可不触目惊心。某等用是先录陈君一书，后及某等意见，集资付印，以广流传。所愿我最亲爱最有热诚之父老伯叔兄弟，勿以某等真切之言为轻躁喜事，而藐然视之。尤愿勿以某等区区微忱为空谈救国，而漠然置之。如能采择实行，富者出其资，贫者竭其力，激发爱国热诚，共救桑梓危局，不数年后，吾滇其起死回生乎，是则某等所歌颂我父老伯叔兄弟之功于不朽也。爰缀数言于简端，以志缘起。

法国留学生陈箓上政务处王大臣书论法人窥伺云南事

并译法人原序

法人经营云南，已有年所。自光绪念九年三月初十日云南铁路合同定议后，法人之前往云南者络绎于途。自光绪三十一年七月起，因摩洛哥之事，与德颇有龃龉，于是专派从前经营斐洲阿尔赛属地之经理人员工程师百数十人、巴黎东文学堂学生念余人，前赴云南。近巴黎新出一书，名为《云南游历记》，系法人古德孟（Courtel - Lemont所著。查光绪念七年今法国下议院首领都墨君（Doumer）任越南巡抚时，曾派该法员密游云南全省，查察形势，详绘地图，经年返国。今年夏间，《云南游历记》始出版。生近购而读之，观其筹画一切，深知法人之用心在必得云南而后已。生谨将原序译呈。序曰：

就日俄交战之风潮观之，令吾法人不得不留心于越南领土矣。吾人向不以东方政策为意，至此亦叹日本之勃兴，以验黄祸之不旋踵。盖其兵力实足令人惊且骇矣。越南防守诚为今日不可稍缓之问题。吾国之留心时事者，各贡一见，或谓当放弃东方而经营斐洲，或谓当以越南全土与他国易一易于防守之地，然所可与易者为何国，所当易者为何地，则非鄙人所敢思议矣。政界中人咸莫能决，其洞悉东方情形者，固已早有成见，且将来必遂其素志矣。然则将吾昔日游历云南及所调查一切编成一书，以饷当世，今正其时矣。吾之政策，当割取云南全省，然后方足以保越南。吾以吾书付手民，盖欲读者知云南之价值及其物产地理，以备指南。

吾法人足迹履越南，迄今四十五年矣，无日不惴惴焉以扩充势力保守长久为念。就今日之情形观之，其实有大谬不然者。

保守属地犹之培植树木焉，灌之溉之，不惜资本，使其有磐石之安，当先使其根盘错远土，达于甘泉。其未经开化之地，而又富有蕴积者，此正吾欧人所谓为甘泉，取之以培吾树木者也。英人之得印度，亦主斯义。于是陆续经营，卒至占领印度全土而后已。越南地势攻易守难，如以一军由云南南下，一军由海口进攻，一军由安南中断，海陆并攻，则越南首尾不能相顾。云南直据上流，形如天堑，若得云南，乃可厚积兵力，以保越南全土。

英人之经营东方，亦不肯稍有疏忽。吾法得越南时，英人亦于一千八百八十六年占据缅甸，以为吾法之抵力；今且侵及西藏一带，不转瞬间亦将注目于云南全省矣。不仅此也，中国近年以来亦渐自清醒。吾法于越南之政策，至于今日，实为不可稍缓之日矣。

攻守形势之外，云南之气候温和，尤似法国南境，于法人尤为相宜。其矿田之富，物产之饶，较诸越南，奚啻霄壤。借沃壤之余，以养瘠地之不足，此云南所以不独为越南之屏藩，而且为越南之仓库矣。美哉！云南也。

以异常殷富之物产，以生吾法人无穷希望之心，此云南铁路之成，所以可为吾法贺也。

俄之欲得满洲也，非其土地也，非其物产也，盖欲借满洲大陆以达于东方口岸，以为他日发达之计。德于山东也则不然，其矿产之富，早已动德人之心。然山东近于日本，而远于德国，颇难自守。中国自强之日殆将不远矣，一旦自奋，则华人将不复为吾欧美之鱼肉。不仅此也，彼且将收回已割之地为自养之计，此吾所敢预料也。如不幸而吾言果中，则中国政府必自山东入手，而德人之足迹将不复存于胶州矣。

至吾之越南，又非可同日而语。盖越南民智远不及中国内地居民，且久蒙吾和平之教养，当彼从前隶中国时被压于苛虐政府之下，鞭扑刑戮靡所勿至。一旦吾法加以复翼之恩，越南之民怀德既久，当自知所择矣。

兹当日本新役之后，财力空乏，休养为先，不能他顾。诚为吾法经营云南绝美之好机会。吾望他日火车游行云南时，吾法之权力随之而达于云南全省。吾尤望云南铁路告成之日，能在日本休养未足之先，则席卷云南，如探囊取物矣。

全书共二百九十五页，并附云南地图一张。生业览毕，因课务吃紧，不能备译。且作书者不准他国重译。书中所载，于云南地理物产最详。生细揣法人政策，将来必借保护铁路为词，以越南之兵移驻云南，以施权力，其患即在眉睫。生一得之愚，不敢自安缄默，伏求我政府大臣防患未然；而先发制人，尤为今日救亡之要策。刻间铁路已在蒙自一带开工，我政府自当于铁路未成之先，先以保护铁路为亟，派南北洋洋操兵二万人，常驻滇越交界之地，并蒙自一带，以厚兵力。则法人他日即欲派兵亦难借口。一面在云南本省赶练新军二万人，为随时遣驻各段铁路之用。此举名正义顺，不独为预防后患之计，且可借以弹压土匪，免生事端，亦我政府应尽之义务，应有之权力。似不宜疏忽自弃，坐失机宜，以贻他日无穷之患，则中国幸甚。云南幸甚。（陈篆书已完）

醒！醒！醒！我父老叔伯兄弟。起！起！起！我父老叔伯兄弟。奋！奋！奋！我父老叔伯兄弟。法人于此取甘泉培植树木之主义，已决定实行。斯时在安南，器械已备，枪炮已足。日夜训练，水陆兼举。药弹之由法运来者络绎不绝，风潮一涌十丈，大有乘此机以席卷我云南之势。

去岁春夏之交，某等到越未久，情形未熟，虽不能洞见其心，而游其印图所，即见其所印地图已将我云南边界及内地之一沟一壑，俱绘为行军指掌矣。游其磁器厂，即见其将我云南之一城一乡、一山一谷，均用泥作成，以备战时之指南矣。游其军医院，则见其战阵所用救伤器具，盈千累万矣。且时闻彼于铁路成后即取云南。某等闻见之余，初未之信，以彼文明强国，其武备之充实，其考查之详悉，固其本色。岂若我云南边防废弛，一军不练，一器不备，一事不实力整顿，蠢蠢然贪眼前幕燕釜鱼之安，而束手以待人之宰割，以云将取，或者其谣。

而岂知为日未久，为彼所派来考查云南边界以为进兵地步之兵部大臣华龙氏，已到河口一带布置一切矣。某等此时亦不甚介意。

及至今春，遂有越督鲍尔将往云南消息。鲍尔者，最富于野心，彼国侵略大家之一也。其往云南，虽曰调察路矿，实则司马昭之心路人皆见。某等一闻此信，不禁惊心动魄，发为之竖，股为之栗，相与顿足捶胸言曰：我云南遂从此成东三省矣乎？吾辈虽学成，究无家可归也。吾辈男儿，生兹末运，既无长策可以救亡，又安忍目睹我云南千二百三十余万同胞顶香炉，竖降旗，五体投地于异族马前，而为我中国十八省开门揖盗。遂欲奋志蹈海，一瞑长逝，以勿贻我神明先祖之羞。继思某等生于滇，长于滇，不能献身为滇牺牲，虽抱恨而没，而天职终有未尽；乃暂延死期，仍婉转从事，权电请大府严加防慎。然亦初不料彼如是之狠且毒，欲急就我云南川滇铁路未成，新军尚未萌芽时期，而为是攻其不备，一扫千里之凶恶手段也。

而兹得留法学生陈君上政务处书，阅其所载法人古德尔孟游滇记序，确见法人用心，于某等所见所闻毫无差异。（陈君书中仅译其序，某等现已访获原书，拟将全文译出，俾父老知法人之毒手。）且近彼欲驻兵蒙自，又与陈君所料适合其符。则法人借保护铁路为名以扫荡我滇全省，即在目前，某等敢断言矣。

呜呼！我父老伯叔兄弟，谁无父母，谁无妻子，谁无兄弟姊妹，谁无坟墓田庐。行将被人宰杀，被人淫辱，被人芟夷，被人掠夺，举世世祖宗藏骨之区，皆变人之殖民地。子子孙孙生息之所，皆变为人之牧马场。碧鸡金马，悉异旧观；洱海昆湖，腥膻满地。我父老思此，其能忍乎？其能受乎？

夫今日亡国，我父老亦当知非昔日之所能拟于万一也。昔之亡国，不过换一朝代，而土地依然，城郭依然，百姓依然。今之亡国，则国亡之日，即家亡之日；家亡之日，即种族灭绝之日。一亡即永堕地狱，绝无复生；一亡即沉沦苦海，终无天日。我父老独不见欧洲之芬兰波兰、非洲之黑奴、美洲之红人乎？以地球九万里之大，而彼竟累累如丧家狗，无国可归，为人奴隶，动被烧杀者以数万计。其远近亡国至今未及百年，而幸存者已寥若晨星，或仅供博物院之参考品。是不可惨哉！然宁独是数国而已，我父老又不见亚洲之印度及我藩属之高丽、安南、缅甸乎？印度等国之民今缚束于强权之下，受压制不如牛马，生齿日减一日。其所以不为美洲之红人者，亦将不远矣。然数国之远者且勿论，请即某等所亲见之安南言之。

安南亡国迄今不过二十余年，而人口减弱其半。且前此二十年，法人之待之也，尚不如今日之虐，以占领之初，人心未服，恐过激则生变，务先稍安之，使之勿动，而后制其死命也。今则稍强悍有势力者，已诛灭殆尽矣。即前为彼向导，卖国与彼，为彼之走狗者，今狡兔既死，亦已尽烹之矣。（越南人陈践诚、阮文祥等初为法人利诱结为内应，事成即被诛灭。如此之事，我父老等谅已洞鉴其奸，我滇果有是人，当劝戒之，或同谋而锄去之可也。）自余平民愚妇，则夺其生计，使之生同蟪蛄，朝不保夕；虽有草泽英雄者出，亦无可揭之竿，以为光复计。于是法人益出其最剧烈之手段，而思有以并其根株种类而尽歼之，所以近十年来，越南税则之苛，日倍一日；罚款之重，年逾一年。禁令之严，亦日酷一日。其税则之苛也，有所谓身税焉，（分为三等，上者年百余元，中者二三十元，下者亦不下八元。）门牌税焉，（上者四五百元，下者七八元不等。）地税焉，（一方丈年纳税二元。）房税焉。开窗一，岁税金二；置厕一，岁税金五；蓄犬一，岁税金三；猫则半犬，鸡则半猫；等而下之，虽至细如葱韭类亦莫不有税。其禁令之严也，居城者不得入乡，居乡者不得至城。集会有禁，越境有禁。其罚金之重也，或盈千焉，或累万焉，视其家之肥瘠，而为一网打尽之计。故越人中有国亡时未为彼搜罗尽者，今亦靡有孑遗矣。哀鸿遍野，满地疮痍，男者为其牛为其马，女者为其婢为其妾。鞭挞随其喜怒，杀戮视乎从违。凌轹残踏，无所不至。某等眼帘触此，未尝不痛心蹙额，泪涔涔下，为安南人悲，为安南人惧。呜呼，岂知至今日其所以为安南人悲且惧者，遂将转而自悲自惧，并为我父老伯叔兄弟悲且惧哉。虽然，以我最有劲骨最有血性之父老伯叔兄弟，又岂甘下等越人，同为彼黄毗碧眼儿砧上肉乎！我父老前此之所以委靡不振，不出而谋地方公益，以为自保身家计者，盖未闻世界上有如此之奇祸，而以地方之事有地方官居其责任，不必越俎代庖也。而讵知同为一国民，同有一分责任，地方官不过一邑代表人，而不能举全邑之事以一身独任之，无须绅民之辅助，遂能举之裕如也。且地方官吏非生长于本省，其于本省之情形不熟，而于利害亦不甚关系，安能举事事办有成效，外焉足恃以为长城，内焉足恃以为保姆乎。我父老伯叔兄弟，自闻某等此警告后，其挺身而起，各出热诚，各愤赤血，同商救亡。其有机警慷慨大有力者，宜纠合同志，筹画方略，以预备所以对待法人之具，而不至如前此之出于野蛮。（庚子野蛮排外之举，损失若干利权，赔偿若干款项，杀戮几许头颅，其害之大我父老谅已知之矣。现今法人欲取我滇之心最急，其所以不遽动者，患无词耳。若我再焚教堂戕教士以予他人口实，是自速灭亡矣。且外人非野蛮生番，我又何必拒之太过。即使父老热心桑梓，以为我卧榻之侧不容他人酣睡，然亦当出之以文明，不可以野蛮举动行之。更不可因我地方有丧尽天良借外人势力以压制我父老伯叔兄弟之教民，而遂迁怒于外人，以至酿成无理教案。不知我酿一教案，赔款且不言，其如身首不保何，其如遗地方以莫大之患何。我父老伯叔兄弟有知，想万不出此下策也。此事留东同乡书中已详言之，而某等犹哓哓者，恐我父老伯叔兄弟不知外界情形，将一片爱桑梓热诚误用于野蛮举动，以自速灭亡也。）其富有资财者，亦当乘此患难未发之先，尽出家资，以代谋地方公益，如铁路工商业之类。既有裨于地方，于己亦有莫大之利，亦何乐而不为。如其兵端已肇，祸机已至，则供给资粮，补助军需，不吝万金之产，转输千里之途，亦我父老应尽之义务。至于我辈青年英伟，尤当身投行伍，击楫枕戈，叱咤风云，现好男儿身手，以预备后日与法人驰骋于枪林弹雨之具，发挥我古代英雄征讨外族之国魂。而不至如前此甲午役之闻炮声而云散，以遗千古羞，且陷我子孙于越人之苦境，欲求死而不得其所也。

以上数者，即日本所恃以胜俄罗斯，美利坚所恃以脱英吉利，亦即意大利之所恃以独立。我父老伯叔兄弟果能具而有之，则虽十法兰西，举我云南一省之力亦足以抗之拒之，尽复我已失之权利。而令金马碧鸡横飞天表，又乌在悲安南之悲，惧安南之惧也。夫安南之所以为安南者，亦安南人自为之，非法人之能安南之也，云南亦犹是矣。语云："国必自灭，而后人灭之。"我不自灭，则将见人之见灭于我，更何必灰心短气，而为是杞人之忧也。我父老其起哉！我父老其起哉！！我父老果不以某等之言为妄也，则某等更请以千虑一得之见，就此时所宜急举者数事，略陈大概，以备施行。

一、我父老宜纠集三迤人民，乞师政府，为陈君后劲，以力拒法兵之入境也。夫法人欲驻兵蒙自，不过借保护铁路为名，其发难即在旦夕；若我无兵以为之保护，则终不能解释此问题。故某等一闻此警报，即电达政府，请速拨北洋新军二万，并选派干员，以资防卫。然某等势力薄弱，安能必政府之听而达此目的。是我父老亦不得不以一电继之。若不行，则再电之。再不行，则举吾全滇人民同为申包胥。政府之视我滇，亦未必秦于楚之不若也。此我滇迫不可缓之急务其一。

一、我父老宜速集股款，即时兴工，以筑滇川铁路也。一国命脉全在铁路，我滇路线，南已被法人劫取，西又久为英所垂涎；此时所恃以图存者，仅此东北一路。（此外如迤西缅腾之路，亦宜画归川滇项下，即时修筑，不然亦难保也。）稍有血性者，宜如何踊跃集股，以期速成，为我滇延一线生命。何至今仍徘徊观望，集股寥寥，是岂我父老竟忍坐视吾滇危亡，而不求一救亡策乎？想父老未必死心若是。仰或父老未闻铁路利益乎？则近年以来，忧时志士哓音拮口，呼腾国中，我父老必习闻之，而无待某等之赘言。又岂我父老欲一误再误，复将此路送入外人之手乎？则滇越路线之成，其祸害已不可思议矣。若我再不筑成此路，以取四川援助，吾恐法人朝发夕至，我既无相当之自备，又无可恃之奥援，则云南亡亦亡，不亡亦亡。即四川且投其漩涡，黔桂以两面受攻，亦瓦解矣。然则滇川铁路可不即时筑成，以为救药乎。此我滇迫不可缓之急务其二。

一、宜救〔就〕地征兵，自成一大镇也。南北洋新军虽不可不求之，以为救命之剂，然可暂而不可常。且其兵虽略有形式，而非我云南住籍，恐无桑梓感情，不若就地征兵之为善。此时暂以北洋新军为训练，为先导，俟征兵具有成效，然后谢之，移作保护别地之用，岂不较为着实哉。不然，一日不征兵，吾滇终无自强之日。无新军以为规范，则征兵终不能速成，其亦坐亡而已。此吾滇迫不可缓之急务其三。

一、宜续派出洋学生，学习陆军警察实业诸学也。夫此时而始续派学生，势将迫不及待。虽然，滇在一日，我滇人不得不尽一日防御之力。若既就地征兵矣，而又无将才，恐不能统驭其兵，则续派陆军学生为不可缓。既有兵矣，然无警察以助之，究不能杜渐防微，以补兵力所不及，则续派警察学生为不可缓。有兵矣，有警察矣，稍可抵制其有形之侵略，然犹不能御其无形之工商战力，而我滇终归天演淘汰。是不可不速振工商，以抵制其无形之侵略也。速振工商奈何，一面派学生学习其精深，一面购机器制造其粗浅，务使我滇一切饮食服用，皆不仰给外人，而后民得生机，不至困如涸鲋，同归劣败之例。此续派出洋学生，又为今日迫不可缓之急务其四。

一、宜团结一会，互相勉励，无用法人纸币也。法人经营东方，全恃纸币之力。举其一端论，如东京铁道，初以驾红河之铁桥，长十余里，款项支绌，不能蒇事。及一旦纸币发行，仅费三四金之印刷工，遂将全路齐举，而今且谋及我云南。我父老试思，纸币之害何如其大哉。且法人以片纸而当我千百万金之用，我父老亦何为而甘之也。夫我中国龙元本有实质，而父老且不肯广用，何乃用法人之纸，助其力以自灭乎。推父老用之之心，亦不过以其便也。（若贪其利而卖我云南，则人人得而诛之，恐父老未必出此，故亦不论。）若果欲其便，我父老又何不多集股款，就川滇铁路项下，而设一银行，以行使自己纸币之为得耶？自行纸币之利，昭昭在人耳目。我父老有百万之银，可作四五百万之用，何乃甘让人之握我利权而己反为之行使也哉！我父老亦曾思法人可以纸当吾之银，则彼以十元纸本，不将吾全滇买尽乎？而更何必煞费经营，耗许多脑力也，我父老其亦休矣。自今以往，当各出天良，组织一会，相戒不用法人纸币。其有知而故用者，共出而对待之，食其肉以为同胞请命。则滇尚有一线生机可存。不然，虽练兵，虽兴学，终不免为虎狼之口头物矣。此吾滇迫不可缓之急务其五。

以上五事，皆吾滇今日力所能及，重大不可稍缓之问题。若我父老果能齐举行之，而又有宁死不愿为安南人之魄力，则法人知必抛若干头颅，而后得我尺寸之地，所得不偿所失，亦未必不望而生畏，而稍稍退步，使我云南再得延数年残喘，以为整顿时日。我父老亦由是卧薪尝胆，骎骎进步无懈，又安在独让日本之能挞强俄也哉。呜呼！

我父老叔伯兄弟，事至今日，危迫极矣，千钧一发，一失不再。我云南之生而飞跃于大舞台上也，在我父老叔伯兄弟此时之举动为之。我云南之死而永堕苦海也，亦在我父老叔伯兄弟此时之举动为之。我父老叔伯兄弟盍急起而振作精神，以与虎狼决一死哉！所谓决一死者非野蛮排外之谓也，阅者慎勿误会。我父老叔伯兄弟处此时势而不决死，恐过此以往，无死所矣。且我父老叔伯兄弟乘此时而决一死，或可以不死而幸生亦未可知，若不乘此时决死，则必死无疑矣。某等知我父老叔伯兄弟有宁死之气慨，而恐不识法人用心之毒，不存一必死之心，犯百难，冒万险，事事思所以竭力维持之，以挽此危局。故特以陈君上政务处书介绍于我父老叔伯兄弟之前，俾我滇人咸知法人谋我之急。并赘数言于末，以与我父老叔伯兄弟同商救亡之策。我父老叔伯兄弟果闻此而动于心乎，则某等此一篇警告，为我云南重见天日之檄文。非然者，即我云南十四万六千六百八十方里之吊文也。痛哉！

某等谨顿首

留越学生同识于河内

云南陆军讲武堂的概况

素 庵 适 生

编者按： 关于云南讲武堂，据朱德元帅《辛亥回忆》（见1942年10月10日《解放日报》）说，讲武堂教官大部分是日本士官学校回来的留学生，参加了同盟会或受了同盟会的影响。讲武堂中“同盟会编有小组，组织极端严密，有时可以看到一些秘密刊物”。“清政府对于革命力量的压迫，是极端残酷的，对于讲武堂的摧残，是非常严厉的。李根源先生对于学校的维护，起了很大的作用”。讲武堂第一批学生毕业，分配到军队中工作，“在士兵中间散播着革命种子”。可见云南讲武堂对于辛亥革命的关系很大。本文叙述讲武堂的概况，对于研究云南辛亥革命史有参考价值。

云南陆军讲武堂，是1909年创设的。那时封建统治者在所谓“发奋图强、救国雪耻、收复失地与主权”的幌子下，建立新军，向外国购买军火，企图加强武装力量，巩固它的反动统治政权，镇压人民的反抗和扑灭孙中山先生所领导的革命。

由于需要人才，就以公费派遣留日学生。留日学生有学工业的、学农业的、学政法军事的……，其中以学军事的为最多。如李根源、张开儒、顾品珍、叶荃、赵复祥、唐继尧、黄毓成、庾恩旸、禄国藩、邓泰中等都先后进了日本士官学校。

留日学生虽是清朝政府公费遣送的，但大多数参加了孙中山先生所领导的同盟会，接受了新的革命思想，在日本创办了《云南》杂志，鼓吹革命。

1909年留日学生回云南，学军事的一部分分发在新军中充任中级军官，当时云南编制的番号是第19镇（相当于师），下设协（相当于旅）、协下设标（团），标下设营，营下设左、右、前、后队（队相当于连），队下设排，排下设棚（班）。新军中的中下级军官，多为北洋学生（山东人）、江北学生（川湘两省人），其次为留日学生（云南人），因而分成南、北、滇三派，各派由于地域观念，造成地方系统，经常明争暗斗，互相水火（见刘存厚《云南陆军沿革》）。一部分被分发筹办云南陆军讲武堂。

云南陆军讲武堂未成立之先，曾办过武备学堂（1899年）、新操学堂（1901年）、陆军速成学堂（1906年）、陆军小学堂（1906年，系预备送湖北陆军中学，再到保定军官学校升学的）。这些军事学校，是训练下级军官的，既不正规，设备也很差。

云南陆军讲武堂于1909年8月15日成立，校址在昆明承华甫。它的组织机构是：督办一人（云贵总督自兼），总办一人（先为胡文澜，后为高尔登），监督一人（李根源担任，1910年4月继任总办），提调一人，队官一人，排长四人，执事官一人，军医长一人，军需长一人。学生分为甲、乙、丙三个班，又分为步、骑、炮、工四个兵科，计有学生420人。学生的来源：甲班系调选云南陆军19镇的管带（营长）、督队官（副营长）、队官（连长）、排长120人。乙班由巡防营管带、帮带、哨官（连长）、哨长（排长）100人。丙班系招收普通中学以上学校学生入校。

1910年，随营学堂（系由部队中选拔学术科好的军士和上等兵，有一部分普通学校学生）200人并入丙班，全校共有学生620人，由于当时需要，，由丙班及随营学堂中选拔优秀学生百余人，编为特别班（即第三期）。

学习期限：甲班一年，乙班一年，特别班为二年半。特别班学习普通科学及军事学的小教程一年，计学国文、伦理、器械画、算术、地理、历史、英法文、步兵操典、射击教范、阵中勤务令、工作教范。术科有制式教练和野外演习。一年后分科，专门学军事学科，如：地形学、筑城学、兵器学、军制学、卫生学、马学；各兵科又学各科的典、范、令；术科、仍学制式教练、野外演习。

学生入校，见教官们（留日学生）没有留发，很多人受了《清议报》上《辫发史》的影响，不约而同的将辫发剪去。在那时候，剪发是叛逆行为，造反举动。云南提学使叶尔恺密报总督李经羲，李经羲认为不得了，企图将学校解散。经监督李根源解释：因辫发妨碍操作，并没有其他存心，不能认真，权当政府多养一个兵。这样才免于解散。

刚开学不久，适值滇越铁路通车，通车典礼在昆明火车站举行。当天早上，监督李根源向学生们讲话，大意说：法国今天将滇越铁路修抵昆明、我们国家不惟修不起铁路，甚至将国家主权拱手送给外国人。我辈军人，有守土卫国之责，大家在学应该努力学习，将来誓必雪此耻辱。今天放假一天，作为纪念，希望大家牢牢记住今天。放假后可到火车站去看看。他的讲话，慷慨激昂，讲到痛心处，不禁痛哭流涕。放假后学生们都到车站去，见法国人耀武扬威，火车头上插着清朝的龙旗和法国的红、白、蓝色国旗，大家都悲愤交集。回校后国文课以《看滇越铁路通车后的感想》为作文题。这一天的印象，深深地留在每个人的脑筋中，当时情景还历历在目。

今天的铁路已属于中国人民，几十年来的愿望，在伟大的中国共产党领导下实现了，这种内心深处的喜悦，用语言实在无法表达出来。

学校中的军事教官、主任教官，如罗佩金、赵康时、方声涛、唐继尧等，他们都是同盟会员，经常利用精神讲话，在上课时间向学生灌输革命思想。以举例、暗示、影射的方式教育学生，使学生对清朝政府万分憎恨；其中尤以方声涛的宣传为最激烈。

当时的新书报，如《民报》、《天讨》、《国粹学报》、《汉声》、《汉帜》、《南风报》、《警世钟》、《猛回头》、《夏声》、《洞庭波》、《云南》，在学校中争相传阅，这些书报都是宣传革命的书刊，是当时统治者列为禁书不准看的。进步书籍在学校中传阅的消息，又被叶尔恺知道了，密报给李经羲。清朝官场层层节制，总督派云南知府调查，知府又派昆明县官到学校中检查，经过了几道衙门，风声早已传出。学校中得讯后，事先将书报分送密藏，到来检查时，一无所有。这样，一场风波才算平息。

讲武堂的学术科都是仿照日本式的，当时的教官们完全是日本士官学校毕业，他们将士官学校的东西全套搬了过来，有很多东西，当然不可能跟当时的国家实际情况相符合。但与不堪一击的八旗军和其他旧军队比起来，新的总比旧的好。

1911 年，云南革命党人积极策划准备起义，为了在新军中扎下根子，6 月将丙班学生田钟谷等 200 余人，分发在云南陆军 19 镇的各个步、骑、炮、工标中去入伍，派这些学生深入到标营中去和士兵生活在一起，向士兵进行宣传革命思想工作。8 月，将特别班学生董鸿勋等百余人分发到各个标营中去见习，见习军官和入伍生与部队中的革命党人，如 73 标的黄毓英，74 标的梅治逸等互相紧密联系，协同进行工作。这样，部队中的士兵就被革命党人所掌握，给辛亥重九光复打下了稳固的基础。

辛亥年 9 月 9 日，云南起义，在新军中一致拥护，只有少数满人及高级官吏，如统制钟麟同、总参议靳云鹏、布政使世增、兵备处总办王振畿、参谋长杨集祥等人反对，但是他们仅能掌握少数部队，不能指挥大部分新军。他们指挥权力消失的主要原因，就在于军队中的革命党人及讲武堂学生，在起义之前做好了宣传思想工作。新军中的中下级干部，一部分为讲武堂学生，兵力大部掌握在他们手中，只听命于革命。

新军在起义时，分驻昆明干海子（马标）、北校场（73 标）、巫家坝、（74 标、炮标）。旧历九月初九日午后九时起义，驻在昆明附近部队，73 标三营管带李鸿祥、排长黄毓英率部首先发动，即向总督衙门、军械局（在螺蜂街）攻击。军械局中存放着当时以人民血汗向德国购买的新式军火，如克鲁伯山炮、曼力霞、六八步骑枪等。攻占了军械局，起义军队可以获得足够的新式械弹。当晚讲武堂在校学生与郊外部队相呼应，负责由城内开城门（见刘存厚《阵中日记》）。重九之役，讲武堂在校和分发在部队中的学生都起了骨干作用，他们英勇的、身先士卒地和敌人作战，在短短的 8 个小时即完全解决战斗。“是役也，同人一心，将士用命，人心思汉，大势已成”（见李根源《雪生年录》)。云南和全国各地一样都光复了。

讲武堂对学生守纪律，爱百姓的教育很重视，也很严格。在重九起义作战中，对居民秋毫无犯，老百姓都说："这是军队夜间演习。"当时滇一军之所以具有较强的战斗力和较好的纪律，这和讲武堂学生在部队中所的作用是分不开的。

1915 年 12 月袁世凯称帝，在推翻帝制护国之役的战争中，滇军中的中下级军官多数为讲武堂毕业生，他们在部队中，认真执行上级命令，带头遵守纪律。在护国军入川和敌人作战中，军队纪律森严，给四川人民以极好的印象，并在各方面支援了护国军，是护国军获得胜利重要因素之一。

当时在四川的袁世凯军队，装备和数量上超过护国军四五倍，北洋军计二万余人，护国军仅四千人。在叙府战役、泸纳战役，英勇的击溃了敌人。

北洋军队陈官部和曹锟、张敬尧、李长泰所部在四川的纪律非常坏，士兵有在战壕内赌博姦淫妇女者（见李星槎《蔡邵阳年谱》)。四川人民对北洋军队恨之入骨，都愿滇军打胜仗，北军打败仗。护国军每到一地，人民急送茶水，帮助运输，供给粮食，给护国军作战在物资和精神上以极大的支持。护国军之所以能以四千之众击败袁世凯二万精锐之师，这与人民的支持是分不开的。

护国运动的胜利，鼓舞了中国人民的革命斗争热情，对于中国社会的进步，是起了推动作用的。云南陆军讲武堂从 1909 年至 1928 年，共办了 19 期。每期学习时间：一年半至二年，分步、骑、炮、工四个兵科。步兵占学生总数的 80%，骑、炮、工科占 20%。第 15 期收有回国华侨、越南学生在校学习。各期中以第 1、2、3、4 期学生对辛亥革命、护国之役作了应有的贡献。其中对革命有卓越贡献的朱德元帅即第 3 期（特别班）的学生。以后各期的学生，也有对于革命有贡献的，如叶剑英元帅（第 15 期)、周保中将军（第 17 期）等。

护国之役（1916 年）以后的云南陆军讲武堂，竟成了军阀扩充实力、培养骨干、制造系统的场所。滇军既为军阀所利用，成为地方派系军阀争夺地盘、镇压人民的工具。当时"勇敢善战"的滇军变成了一支地方色彩浓厚的封建武装。几十年来的云南地方政权，都操在拥有兵力的军阀手中，谁有强有力的军队，谁就集军政大权于一身。

云南陆军讲武堂的设立，在1909年至1916年这一段时间（共7年）。以当时的历史环境而论，它对辛亥革命和护国运动，推翻了268年清朝封建皇朝及粉碎了袁世凯的皇帝梦，在中国根绝了两千多年的君主专制制度，的确起了它应起的作用。在我们国家社会主义革命获得胜利的今天，对过去在百年来革命竞争中做了好事的人们，应给予一定的评价。

1957年2月2日于昆明

辛亥革命文献四种

陆大声整理

前　记

以下四个有关辛亥革命文献，《劝告国人反抗伪立宪文》、《武昌起义檄国内响应文》及《告满洲留学生》均为同盟会1911年于辛亥革命前后在日本东京印发之原件。《云南留日本同志反对清政府借外兵文》则系抄件。由老同盟会员、曾任同盟会东京支部长之丁石僧先生保存近半个世纪。丁氏名怀瑾，号石僧，云南宾川人。早年追随中山先生革命，1905年同盟会正式成立时，受任与宋教仁氏共同负责外交事务，后改任东京支部长。1956年11月全国纪念中山先生诞辰90周年时，在云南被推为筹备委员会委员，出其珍藏之有关辛亥革命文献史料公开展览，受到各方重视。同年12月丁氏病逝昆明，其夫人李毓英女士乃将以上文献连同丁氏遗存之其他史料托余送交中国国民党革命委员会云南省委员会代为保管。特照原文抄录，以供研究辛亥革命史实之参助。

陆大声志　1957年元旦　昆明

云南留日本同志檄国内反对清政府借外兵文

哀启我四亿七兆三十余万同胞足下：呜呼！滇省之危，非伊朝夕。今清廷因平滇乱密借外兵，所谓盗憎主人，复开门而揖盗者，是耶非耶！原其处心积虑，必使我禹域神州尽陆沉不起而不止。顾念我皇汉同胞既为彼之顺奴，今彼且不悦复转卖而俾奴隶于列强，东三省之惨祸不远矣。谁无心肝，谁无血气，当此祸急燃眉，灾切剥肤，视祖宗先人之庐墓将被践踏于敌兵，父母兄弟本身妻子亦将为敌人之上马蹬玩弄物，伤心者莫此为甚。昨阅比京来电云，外部密借法兵平滇乱，事甚确，祸迫速，吁国人并电云南杂志社。此电已载《神州日报》。凡我同胞，当无不见而心惊胆裂者，悲夫悲夫！云南云南！爰书已确定，死刑已宣告，夫复何言，夫复何言！然而云南者非仅云南人之云南也，汉族之云南也，中国之云南也。云南人既处此不能不死绝，不可不死绝之时与地，则吾云南人惟有实行死绝会之手段，以达死绝会之目的。凡云南人有一人未死尽绝尽时，则云南人绝对的不受清廷之支配，亦绝对地不受他国之干涉。且清廷为偷目前之小安，而促列强瓜分中国之惨祸，则云南人虽至最终之失败，不能保云南全土，亦必为游侠，为刺客，怀枪挟弹分途并进，誓杀尽卖我云南，辱我云南之丑类及官吏而后已，盖吾云南人之决心，与其伈伈伣伣为犹太，为埃及，为缅甸，为越南，为朝鲜，何如轰轰烈烈截铁斩钉竖独立旗，撞自由钟，成则为荷兰七州之一，比利时十州之一，美利坚十三州之一，败则为菲律宾，为杜兰斯哇，必血战而后亡，为亡国之雄，虽亡亦足增历史光。夫明季中国之亡也，终于云南，今后中国之再亡也，亦必先于云南，天演如环，云南固无所逃此公例。行逆水之舟，不进则退，今我云南人之自觉自决，佥以独立为唯一无二之目的也，顾或者谓外部俱革命军声势盛大，密借外兵以平滇乱，虽于文明战争法例小有出入，则亦未可厚非。滇人即欲阻止，亦宜先电清政府或各省督抚，而阻止之可也。又或谓云南一省万难独立，即欲独立，是未免自弃于中国也。呜呼！是等论说，皆无意识，无肝胆，计个人私利，惟恐斯事举行害彼前途之言，非正防卫关于祖国前途之言也。夫清政府之欲断送云南于外人也，久矣。藩篱尽撤，路矿悉卖，官吏尽放一群豺狼，边防无一壮兵利器，致革命一到，势如破竹，如入无人之境。彼无可如何，遂使其狡计，密借外兵，将云南一十四万六千六百八十方英里之土地，一千二百数十万之人民双手捧送法人，以图换取革命党数人之头颅，丧心病狂，是岂可以天理人情喻者。今有人途过一强盗恶丐，以掌擎面而骂之曰，否而母婢也，胡敢呼予为父者，则其人虽至愚无耻，亦必惭悔而退，毋复奴颜婢膝以乞怜者，况彼强盗恶丐，匪惟骂之击之，而更虏之以卖于他人。呜呼！此虽豚豕亦不能忍受，而况于人乎，而况我轩黄遗胄之云南人乎。今对于清政府若出于电禀要求阻止，则云南直犬豕之不若，是不特羞死云南，且羞死我各省皇汉同胞也。尚何目的的立于地球之上耶。故清政府盗卖云南与云南断绝关系，云南人即宣告独立，与清政府断绝关系。此固理之至顺，情之不能已而势之所必至者。我各省皇汉同胞，油然有伯叔兄弟之思，翕然有亲戚故旧之谊，戚然有兔死狐悲，唇亡齿寒之痛，当无不被发缨冠，同心协力援救而赞助之，以成就云南独立。成就云南独立，即为成就中国独立之基础。盖云南者汉族之云南也，中国之云南也，非满廷之云南，亦非清国之云南。清国为满廷之代名词，非中国之代名词也。中国被吞于清国，汉族被征服于满廷，今满廷罪恶贯盈，我汉族起而驱逐之，以恢复我中国。固古今东西凡有教育之文明国无不许为大义之所宜，而人道之所重者。况今复天夺其魄，妄借外兵，以平内乱，我云南与彼断绝关系，尤为名正言顺，气壮理直，虽刀锯在前，鼎镬在后，亦何畏之有。盖云南之举独立军而宣告独立，实对于清政府而宣告也，非对于我皇汉同胞而宣告独立，非对于中国宣告独立，此界限甚严明，非可迁就混淆者。惟我云南独立义军所到之地，即中国主权恢复之地，若有助清政府以抗拒我义军，或助清政府而进军入我云南境者，无论中国人，外国人，皆与清兵一律敌视。若其它教士商人之生命财产，我云南独立军皆加意保护，若有意外损害，则我云南担负赔偿之责。惟事体重大，愿我各省皇汉同胞共抒热诚，毅力宏谋，伟策以辅导我云南人士。使云南独立为中国独立之基础，则将来堂堂华胄飞跃于亚东大陆，要皆今日各省皇汉同胞成就云南独立之所赐也。呜呼！血已尽矣，泪已竭矣，我各省皇汉同胞忍与云南死别否，是则我各省皇汉同胞之所自择耳！

后记

《云南留日本同志檄国内反对清政府借外兵文》为老同盟会员、曾任同盟会东京支部长之丁石僧先生生前所保存辛亥革命文献之一，原件遗失，此系抄件，自丁氏遗稿中得之。此文乃同盟会为声援河口起义于1908年在日本东京印发者。其时，革命军占领河口后，云南烽烟四起，清廷惊惶万状，乃有借驻越南法兵平乱之议。同盟会留日同志闻讯，草此檄文，印发国内，主张云南独立。1956年11月，即丁氏逝世前一月，适值全国纪念中山先生诞辰90周年，曾出其保存之辛亥革命文献多件，公开展览于昆明，并为笔者叙述辛亥革命前后史实甚详。除念念于1903年临安起义外，对1908年河口起义之失败，亦不胜其遗恨之情。据云：镇南关之役后，中山先生决定作云南起义之经营。丁氏于1907年奉中山先生命与吕天民等同志自日本东京趋越南河内，抵达后中山先生示以云南地当边陲，清廷鞭长莫及，但能一举拿下河口，即可进图蒙自，以取全滇。命滇籍同志从速潜入滇境，一则联络临安起义失败后流散之众，预布于滇越铁路两侧，以为接应；一则设法运动河口督办署巡防各营及警察而为内应。至攻取河口之主力，则命黄明堂率镇南关之役失败后退入越南之众秘密潜入滇境任之。当时参与其事者，尚有黄克强、吴玉章、黎仲实、胡展堂、居觉生、何劲秋、杨志如等。中山先生布署既定，遂转赴星洲筹款，以济军实。其时，清河口督办王玉藩有巡防四营，兵力不弱，惟因革命事业已深入人心，故王之守备熊通暨管带黄元贞一经党人运动，即表示愿投效革命。1908年4月29日（夏历戊申年三月廿九日）午夜二时举兵，河口督办署之警察，果杀管带蔡某以应。旋熊通杀王玉藩，河口乃全部底定。党人占领河口后，按照原定计划，派关仁甫、张德卿分途率兵北上，会攻蒙自，继克南溪、坝洒、新街、蛮耗等地，长驱直入，军威之盛，震动中外。而滇省各地响应者，有遍地烽烟之势。清廷仓皇失措，已感不可收拾。除电令川、桂、黔各省赴援外，并以秘密外交方式，企图密借驻越南法兵平乱。同盟会留日同志辗转获致确息，乃传檄国中，倡云南独立之议。正当革命军之盛也，不幸遭接济断绝之厄，清云贵总督锡良复遣兵三路合击，加之法方见革命声势大振，基于帝国主义之利益，一改原守之“中立态度”而助清廷。在此情形下，负责军事之总指挥黄克强即于河内返河口途中被法方递解出境，造成革命军“群龙无首”状态，终于事败垂成。慷慨赴死者数百人。惟经此一役，人民革命声势更日盛一日矣。

陆大声记　昆明　1957

劝告国人反抗伪立宪文[1]

果然不错，立宪这一个名目，不过愚弄国人。请看近来四省铁路事件，也不由资政院议决，开口就说铁道国有，直等发布出来，四国借款的条约早已成就了。广东商人反对要回换纸币，反说格杀勿论。湖南咨议局反对，请都察院代奏，求立斩盛宣怀，一月二月只是不批不答。那两省人无用，也就迁延了去。独有四川人向来没有威名，赵屠户的软话先骗不倒，周善培的强硬手段也骗不倒，一激再激把那匹小猴儿杀了，藩司也自杀，镇统也自杀，赵屠户一把尖刀正愁他没用，当时把咨议局员、保路会员捉来囚禁，听说又把议长杀了。那副议长正在回京，刚到汉口，就被端方、瑞澂拿住。诸位试想，铁道国有这件事，还没有等资政院议决，就向外国借钱；咨议局员本来不是手刃周善培的人，也不审讯，就用屠户的手段当猪一样圈住。这还是真立宪么，假立宪么？本来立宪不是十分美事，不过补苴罅漏，比如船已破了，水要进来，拿一块烂手巾勉强塞住。现在连补苴罅漏的名目也是骗人，唉！我们大众向来睡熟，被政府摆布，一种神头鬼脸上了道去，到现在事已败露，还不快醒，和那耶稣教的信上帝，红灯照的信洪钧老祖，有甚么差别。到底不是个个不醒，不过像四五岁的小孩儿一样，当时醒了，还觉得梦中所见的神头鬼脸毕竟有几分实在。兄弟也不是身体长足的大人，不过曾经听得大人说过，梦是假的，所以把这一场立宪大梦破解给诸公听听。能够把梦中的神头鬼脸排遣了去，糕儿饼儿也自然吃得下，游戏也自然高兴。但谁人是最能排遣的

[1] 此文为同盟会1911年于日本东京印发。——石僧注

呢，或者有三种人，所以把三种人特提出来劝告劝告。

第一、是劝告议员。当议员的自然奉宪法为牢不可破，自然看自己是监督政府的人。这些意见不论他的是非，只像俗语说的做一日和尚撞一日钟，也像唱戏一样，大面自己认是大面，小旦自己认是小旦，既当了这宗职业，不由你不这样承认。现在政府所行的事，都是任意妄为，资政院要临时开议，总闷了不答应；一时要见内阁军机，又是托病不见。这个资政院，明明是个空名，再有什么法子可以监督政府。请看前代六科给事中还有封还诏书的权柄，像现在资政院议员比前代六科给事中权力大小不是相差很远么。外面咨议局议员势到穷极，不过打几个电报或派几个代表进京，要知道你的电报不是一把霹雳火，可以把太极殿震穿；你的代表不是楚霸王、张翼德，可以嗔着眼睛叱了一声，使他人个个吓倒。在略爱体面的政府，原是可用说话商量。无奈现在这个政府，是顽钝无耻、浑钝无窍的东西，这一张纸、一句话，那里在他的眼里耳里。更可笑的湖南咨议局，自己没有反抗政府的手段，借着革党会党的声名去恐吓政府，说甚么“伏莽滋多，抚绥犹恐不及”。请问湖南诸位议员，你自己是伏莽啊，不是伏莽啊？如果自己不是伏莽，你尽反抗政府并不能借得伏莽的势力，政府何曾怕你。如果自己也是伏莽，何不竟把伏莽的事体明白做出看看，或者政府倒还有几分胆怯。现在只借伏莽的虚名，凭空挟制，果然两个月三个月政府不理不采，湖南也并没有伏莽起来。这些讼棍吓诈的手段，就一无所用了。只有四川人办事还算成一点儿气候，究竟不是咨议局员的能力，只是靠着民心公愤干得事来，咨议局员只在里面覆雨翻云，推来转去，反被屠户拿去当猪宰了。诸位要想，一省的督抚可以做得屠户，各省的督抚也都可以做得屠户；一省的咨议局员可以当得猪宰，各省的咨议局员也都可以当得猪宰。自己的生命尚且有了今天，没有明天，还能够监督政府么。唉！真是苦！这一所资政禅院、咨议草庵，自己认做和尚，别人却不许你撞钟。这一副资政班头、咨议脚色，自己认做大面小旦，别人却不许你唱。不但不许撞一声，唱一声，飞亮的刀子，马上晃到眼前来。奉劝诸位，惟有衔枚杜口，不发一言，到太没意思的时候，取一件极小极碎的事，向着政府纠缠几句，也不必崇奉宪法，也不必看自己是监督政府的人。在京城当议员的可以自称高等清客，在省当议员的可以自称无上地保，只说每年混得几百龙圆，做吃饭穿衣的费也就罢了。如果心里不安，左右横竖总是死路，何不去想别的法子，只管在一个铜钱眼里翻来倒去，有甚么用。请看现在四川人攻打成都的事，何不趣步后尘。不要说两湖、广东和四川同受患难，应该出力帮扶。其余南北各省和北京资政院，若有一个议员崇奉宪法，看自己是监督政府的人，不学四川人办事，还有甚么别法成就这个志愿么？奉劝诸位议员，议员本来是百姓，不是官吏，就有几个曾经做官的人，或现在在位的人，走入资政院咨议局里面，依旧还我做百姓的身分。百姓总该和百姓联络，能够与百姓联络，就不是单身的议员，还怕政府怎么。只愁崇奉宪法的人，最爱虚名，虚名最能摄住他的胆气。眼见近来四川的事，政府必不说，他是争路，必定说成革命，说成谋反。这个谋反的虚名，是崇奉宪法的人看了就心惊肉跳的，还敢步他的后尘么。那倒不然，虚名本来可用虚名打消，现在铁道国有这一件事，未经资政院议决，任意妄行，已算政府不是。况加筹借外款，又用别的权利抵押，无端把权利抵给外人，就是政府谋叛。政府会把谋叛的名加与百姓，难道百姓不好把谋叛的名还赠政府。政府谋叛，这就不成政府。百姓所反抗的只是一班谋叛的人，也不是真实的政府，还能够加上谋反的虚名吗。有说谋背本国、潜从他国，才唤做叛。现在只把一班权利抵给外人，不能当做十成的叛。啊！这是甚么说话，不见新近的有个陆军学生把东三省地图卖给别国，按律处斩。论起来，不过卖去一张纸片，也没有谋背本国，潜从他国。但据大众公论，不是给那人一个叛的名目么。卖纸片尚算是叛，抵权利反不算叛，是甚么道理。如要咬文嚼字说去，那么谋危社稷才唤做反，就把政府剿灭尽了，何曾倾动社稷坛一点。纵算社稷是政府的别名，现在像四川人所做的事，何以见得是谋危政府呢？要知道，虚名不过强加，本来可以随口转换，尽用种种法律语言规定，到底以矛刺盾，没有不败，不过崇奉宪法的人，一向被虚名束住，吃的总是画饼，走的总是鸟道，所以略略破解几句。

第二、是劝告军人。军人原是用来抵制外国的人，不是用来抵制百姓的人，假如用来抵制百姓，只成一种手拿枪炮的刽子，在官吃粮的盗贼，在人类中间就算最下级了。向来倡优隶卒看成极贱，今日有军国民的声名，又看成极贵，这是甚么原故。抵制百姓，就是极贱的倡优隶卒；抵制外国，就是极贵的军国民，只看军人自己愿走那一条路。好在近日习练新军，都有几分知识，不愿走极贱那一路去。无奈旧军知识未开，自己还看成刽子盗贼，一任政府牵来挽去；看自己同国的人，只像鸡鸭牛羊一样。那一班人冥顽不灵，只该用李自成“剿兵救民”的话，一概杀尽，更不必劝告一句。但兵丁只听将弁指挥，将弁中也该有一二通达道理的，或者可以对他说一句话。现在人都说，军人第一要服从命令，就这句话看来，抵制百姓也是上官使我抵制百姓，不由自主。这句话到底不然，有了圆的头，方的脚，名称是人，总不是和傀儡一样。服从命令，原是看可行不可行，假如上官要我取太阳也该从他的命令去取么？不要说太阳是不能取的，就是办得到的事，能够种种服从命令吗？比如本省的总督要杀邻省的总督，派我带兵出战，应该服从命令呢，不服从命令呢？或者上官派两部军官自相攻战，杀尽为度，难道也该服从命令不成？照这样看，当了军人依旧要用心思计虑，不是就变成木头石头。现在的世界，民是不可愚了，只还有种种愚兵的政策，像日本人只要军人归敬天皇一句话，就把军人的魂魄钩了去。他们本是酋长国宗教国的人民，自然思想褊陋，容易裹住。我们中国人断不是迷信酋长，迷信宗教的人，提起宪法上“皇帝神圣”四个字，早已把人嘴都笑扁。其实连“神圣”两个字自己还不会说，只是舞弄笔头的人涂出一张宪法草案，教他自称。譬如我教鹦鹉画眉自说自己神圣，你就信鹦鹉画眉当真神圣吗。你们当兵吃粮的人，只要认自己的职业是抵制外国，不是抵制百姓；政府使我抵制外国，就该服从他的命令；政府使我抵制百姓，就不该服从他的命令；不管他神人、圣人、聋子、瞎子，只看事理该行就行，不该行就不行。几句说话，直截了当，不用碎烦。现在政府只要用兵压民，就像目前四川的事，新军或是袖手旁观，或是协力攻战。协力攻战的，我们应该敬他的高义；袖手旁观的，我们也该谅他的实情。政府明知道新军不肯出力，回想起湖南、湖北几个老将军来。这一班老军人，原不必劝他协力攻战，只要袖手旁观也就算他们还是人类。仔细想想，服了反逆政府的命令，去打百姓，自己有甚么利益呢？不过骗得红顶花翎，或则改成外国装束，一件金线衣，一枝鹭丝毛，酬你杀人行劫的功劳就罢了。遇着将帅不和，一边看做有功的人，一边正是要杀的人，不见李准部下营官搜寻刺客，被张鸣岐拿去杀头么。况且现在军功保举，没像从前曾国藩、左宗棠的公平，多半是把自己的私人列在最上，真正冲锋陷阵的人反沉在底下去。假如敌军首领被一个小小营哨官拿到，非但保举不开，还兼性命不保，本来服从上官命令，出力杀人，那知并不能讨上官的好意，反要取你这个驴头。你们旧部军官仔细想想，得利不过一分，得害倒有数分，何苦妄杀良民，自取其害呢。至于部下散兵，一发无谓，杀了人，占了城，功劳一概送给他人，自己并不得甚么酬报；过了几年，年纪老了，退了伍了。政府要用你杀人的时候，当做刽子看；政府不要用你杀人的时候，又当游勇办。两眼看着别人登坛挂印，自己并没有半分光荣；以前看平民是牛羊鸡鸭，临了自己也做牛羊鸡鸭。古人说得好，“天网恢恢，疏而不漏”，我真要替你旧部军人一哭。到底吃粮当勇，不过为衣食，本不是为美名；政府遣你抵制平民，只要观望不前，未必失了饭碗；如果发愤为雄，不能倒戈相向，还是散去做强盗好。强盗虽是恶人，无非是虏掠奸淫几件事儿，比那借政府的权力去干虏掠奸淫的事，倒还略胜。如略有人心的，应该把这件事想想，可以当下了然。但兄弟更有一句话要劝新军。从前新军中有熊成基一班人物，抱着不平的思想，要与政府抗衡。他那起事的地方，原没有十分恶政，祸及生民，所以独唱寡和，不能成事。目前四川的事变，原是叛逆政府，挑激民心。想那四川民气和平，性情柔顺，原不是好与人争斗的；闻得演说铁道事件的时候，聚会一万多人，只是声泪俱下，并没有慷慨凌厉的风；一直等到要求尽绝，才想出围城诛吏的事来，也算可怜极了。那晓得政府又派两个穷凶极恶的张丫姑爷、岑三苗子去。张丫姑爷入蜀，恐怕是张献忠复生；岑三苗子入蜀，恐怕是李特再现，真个要使蜀土士民，绝无噍类。这一件事非但两湖、广东人应想川人可怜，政府可恶，就合全国二十几省的人，那一个不想川人可怜，政府可恶。这时候并不比熊成基倡义的时候了，尽站着袖手旁观，还做甚么。奉劝各处新军将弁兵士，发几分悲天悯人的思想，赶快龙腾虎变，做出经天纬地的功业来。一面是扫荡叛逆政府，一面也为四川暂解倒悬。旧部军人如果迁延退避，尽可置之不论，如果还

替叛逆政府出力，抵制平民，就一概诛戮，也不为过。到底不是专为四川一省，实为全国四万万人。

第三、是劝地主。当地主的人，每岁纳粮。本来说是永不加赋，现在政府把这句话赖了。或者经费不足，出于无奈，还有几分可以原谅。但现在加赋也算极重，不过六七年，全国收入的数，比以前顿加三倍。那钱真正在政治用去么？近几年民穷财尽，盗贼横行，虽然天灾流行，到底比不上加赋的害。因为天灾不过偶然，加赋方是永久，所以加赋是民穷财尽的根源。从前李自成讨崇祯皇的檄文说道："征敛重重，民有偕亡之恨。"算来崇祯征敛不过六千多万，现在却有三万万，比崇祯时候就是五与一的比例，就使彗星下扫地球，把政府人民一概扫尽，也还情愿，何况寻常"偕亡"的事。但现所感慨的，倒是铁道一案。广东还是商人集股，湖南、四川只是随粮带征。现在改名铁道国有，商人的股票或者取得几成转来，地主的随粮带征，就象流水落花，一时飘去。可怜，自称盖世英雄的湖南人，徒有虚名，毫无实济，平日只是会运动人，不晓得会运动人的人处处反是受人运动。以前打几个虚骄使气的电报，后来不知不觉被南洋猪仔郑孝胥暗中运动了去，同乡京官一齐开口，说愿把铁路归还政府，一句话把咨议局搅哑了。四川人因为不肯相让，闹出天大的事来。看来世上最贵，人间最要的，只是金钱米麦，所以偷一个钱，抢一升米，数虽极少，到底称为盗贼，该受刑诛。政府做极大盗贼行径，按律处治，本是死有余辜，四川人这回对政府还算从轻发落。不想政府自不伏罪，反敢贼伤事主。若全国地主不肯起来反对，将来政府把残害四川的事顺水推舟，一直行到别省，世界都被大盗包围，再没有警察可寻，捕班可唤，怎么得了。要知道凡事须要杜渐防微，不可临渴掘井。各省人对四川人就没有甚么恩爱，自己的身家财产难道也是视若陌路。不要说我这一省咨议局颇有权力，政府不敢奈何。现在四川事件出来，明明把各省咨议局看个榜样，教他们不要多言、自投死地。咨议局的人已是自顾不暇，心上总有几分退缩的意思。只要民气刚强，咨议局还有援手，若自己意气消沉，靠着十几个空口说话的人，有甚么益处。诸位当地主的，人数最多，大概伏处乡间，不大和外边人聚会，闻得政府有立宪的新话，总想有几分奇怪。甚么叫做立宪，本来是日本人起的半通不通的名号。要求他的真义，宪字只是契约的意思，譬如买田卖田都有契约。以前政府要兴铁路，随粮带捐，一张钱粮串上都把事由开上，这一张串就是政府写给民间的契。现在连这张契都翻了，那些无影无踪谈神说鬼的宪法条文，还要说他甚么。要知道咨议局人自已受了牵绊，不得不说宪法。一班地主，本来没有牵绊。宪法原是政府随便撰成，又不是和百姓商量定的，何必当他宪法看。说甚么“当兵纳税的义务”，只当是道士画符，疯子说鬼罢了。做地主的反抗政府，第一是不纳税。一个人不纳税，知县会派差人地保前来摧逼；个个人不纳税，知县更有甚么法子。中间或者也有几个因此受累，只要公众□扶，自然无患。切不要看向来习惯，以为纳税是理所当然。那句永不加赋的话，怕不是向来习惯么。现在政府已把习惯翻了，百姓还要守着习惯，也是可笑。落得多屯几石米，多藏几串钱，为自已吃用的地步。况且现在盗贼横行，有财产的也担忧的很，若把纳税的钱，掉转来施与贫民，就盗贼也不会来看相，还要感我的恩惠哩。诸位试想，一样都是盗贼，有衣冠顶带的大盗，方财引出穿窬发箧的小盗来，小盗还是我的乡邻，大盗就是我的仇怨，与其送钱给大盗，大盗仍要杀伤事主，何如送钱给小盗，小盗总说我是善人。那个大盗没有赋可收，自然坐困，等他周赧王逃上高台，就是百姓安乐的时候了。其实全国人民并不止此三种，不过官吏是无可劝，男女学生是不消劝，商工人等总是听地方议会的话，劝劝议员，工商自然知道，所以特特提出三种人来，说些实在反抗的法儿。前说立宪欺人，果然不错，若能真正办到反抗，也要说兄弟的句话果然不错。

武昌起义同盟会檄国内响应文[1]

满洲以东胡贱种，入主中原。残德相沿，几三百载。淫威虐政，未皇具论。然以神明华胄，而戴此犬羊遗孽以为宗主，是亦旷世之奇羞，绝代之巨耻也。我鄂军都督黎元洪，激于公愤，赫然振怒，义帜一张，全军索应；半日之间，三镇詟服。足见人心思汉，天下乔诘卓

[1] 此文为同盟会1911年于日本东京印发。——石僧注

鸷而不甘雌伏于建虏之下者，已非一日，比如顺风而呼，声非加疾，其势激也。乃伪政府不知天命，反肆行抵抗，调将遣师，水陆并进，甫一交锋，俱遭败北，陆师则退保信阳，水军则几遭沉没。瓦解之势已成，倒戈之期日迫。我义师一方却敌，一方保民，外教外商尤为周密，故世界愿认为战团，各国皆目为义举。曩者之宪党人，动以革命招瓜分之说，俜张天下，以便其韦脂突梯钻营奔竞之私。屡加辩正，輙肆伪言。今见革命将成，翻然变计，昌言革命，颇不乏人。党人无行，至于斯极。俯仰今昔，能勿愧乎？此真天意厌胡，而汉族复兴之一机会也。然湖北居天下之中，当四战之地，进取则有余，保守则不足。是故一军出河洛以达宛平，而辽东三省可以檄定；一军出宜昌以攻成都，而西藏可以遥制；一军趋衡岳而连百粤；一军下九江而扬子江下流诸省悉归掌握。大功之成，易于反掌。但义师崛起，兵力犹孤。进取之军，或不足以供遣派，则恐时机一去，而大局全非。汉族兴亡，间不容发。昔者洪杨之役，湖北旋得旋失，此诚便于进取，不便于保守之故也。现在巴蜀义民，犹知抗敌，武汉上游或无足虑。然而河北无响应之军，江东无兵马之助，我义师内无接应，外无声援，水陆交攻，腹背受敌，鄂军纵强，其如寡不敌众何。即幸而不败，亦不能克日荡平，已深足为诸父兄之患。况鄂军一败，则汉族全亡，而中国无复革命之望。时乎，时乎，不可失也。愿各省父老昆季，一垂察焉。河北为燕赵故都，人民率多豪侠，讨贼复仇，此皆诸父兄之所优为，而今日未皇计及者也。夫畿辅之下，压制森严，虐政流传，诸父兄殆受之而不觉。庚子之乱，受创尤深，究其祸源，皆政府失职之咎。昔者父兄先民，多借交报仇以伸民困，岂有身受切肤之痛而作壁上之观者乎，窃为诸父兄所不取也。山东文物之邦，夙明大义，孔孟之遗风，朱家之豪侠，毕册流传，口碑载道。春秋复九世之仇，当亦父老昆季之所稔知。今者义帜已张，国基已立，稍加协助，便可奏功，尚何惮于一发耶。至于江东子弟，越国君子，皖江志士，向以仗义闻天下。鼎革之初，故老遗民屡图恢算，天不佑汉，忍辱至今。吴徐之暗杀，熊赵之义师，盖闻风而兴起者也。故革命较各省为先，受祸亦较各省为烈。扬州嘉定江阴之屠，此皆诸父兄先民所之身受，而不能一刻忘者。鄂军起义之初，逆忆响应之军，当首推吴越，盖结怨深而思报切，此人情之常，而不料竟失之于诸父兄也。两广为百粤故地，地边胡，数被寇，人民多激刺。抚其邦者，向多酷吏，人民乔诘不堪，屡思起义。天国功败于垂成，广州计疏于仓卒，此皆诸父兄之所深痛而急思报复者也。云贵地近南徼，瘴雨蛮烟，伪政府早视为化外，故不恤割其土地，以饷友邦。片马割让，尤其末事。为今之计，非革命告成，恐终难保其故土。前者曾组织敢死队，以抗外邦，而何以竟疏于恕无可恕之建虏耶。至于关中健儿，勇于战斗，龙蛇起陆，大动杀机，豪杰建功，固当如是。湘淮旧卒，亦当杀贼致果，以功赎前日惨杀同胞之罪。至若长江之哥老、北地之三合、东三省之马贼，夫汝本良民，因胡性苛刻，致汝于穷，迫于饥寒，流而为盗。虏吏不恤，加以匪名，横加屠戮，实非汝之罪也。故汝党之魁，立气齐，作威福，结死党，劫夺豪民，戕杀污吏，以立疆于天下，慨然有古游侠之风，其谊有足多者。今者鄂军起义，汝等当蜂起相助，攻城先登，陷阵却敌，斩将搴旗，以销宿愤，而除公敌。大功告成，当锡汝爵，无功者亦收为良民，而同安畎亩。惟行军之中知纪律，凡戕杀外人、焚毁教堂、劫夺良民者，杀无赦，望稍为留意焉可也。要之湖北当天下交冲之地，尤汉族兴亡所关，凡我同仇，均当协力。长于权变者，以参军政；富于资财者，以输军饷；勇于敢死者，以从军事；精于战略者，以司军令；结天下之盟，作国民之气。统率义师，宣言北伐。执彼虏魁，投之遐塞。伏望同胞闻风兴起，石勒倚啸于东门，陈涉辍耕于垄上。草泽匹夫，犹怀大志；神明贵胄，忍作胡奴。此真英雄用武之秋，豪杰建功之会也。特此公布，以告天下。

告满洲留学生文❶

满洲在东留学生诸君鉴：武昌义旗既起，人心动摇，贵政府岌岌不皇自保，君等滞在海东，岂无眷念，援借外兵之志，自在意中，此大误也。所谓民族革命者，本欲复我主权勿令他人攘夺耳，非欲屠夷满族，使无孑遗，效昔日扬州十日之为也，亦非欲奴视满人，不与齐

❶ 此文为同盟会1911年在日本东京印发。——石僧注

民齿叙也。曩日大军未起，人心郁勃，虽发言任情，亦无尽诛满族之意，今江南风靡，大势将成，耆定以还，岂复重修旧怨。东方一二妄人，志在兼并他人土地，妄作莠言以动贵政府之听。不知贵政府之旧交，首在俄罗斯，其次则欧美诸国，与彼国交通使命建设商场，不过三十余岁，借口旧交，其实安在。彼国旧交之域，无过高丽，今观彼之待高丽，他日之与满洲可知也。贵政府一时惶恐，亦或堕其术中。君辈满洲平民，于此真无利益。抚心自问，满洲人之智力能过于高丽人乎。若在彼国钤制之下，监察森严，一举手，一动足，而不可得，君辈虽知识短浅，何遽不念是哉。若大军北定宛平，贵政府一时倾覆，君等满族亦是中国人民，农商之业，任所欲为，选举之权，一切平等，优游共和政体之中，其乐何似。我汉人天性和平，主持人道，既无屠人种族之心，又无横分阶级之制，域中尚有蒙古、回部、西藏诸人，既皆等视，何独薄遇满人哉。四年前曾说肃王，晓以此意，肃王心亦默知。彼爱亲觉罗之皇族，犹不弃遗，何况君辈。惟是编氓，何所用其猜忌耶，诸君对于此事，不须忧虑，幸各安怀，明哲自爱。

阳历十月　日

四年前与肃亲王书给与阅看

肃亲王左右：

仆向与都人士语，知营州贵胄，首推贤王。中更多难，陷于凶人，天诱其衷，俾无陨越。怀抱革命之志，宜不与贤王外交，虽贤王亦或以虺蛇豺虎视之。虽然，岂效氐羌狭隘，以部落相残为事者，劳心鞅掌，只欲复我主权，过此则无所问，员舆甚广，宁一物之不容。榆关以东，王家故国，积方面五百万里，视英、德、日本诸国且二三倍，雄略之主，足以回旋。昔人所谓划玉斧，标铜柱者，仆辈常矢此志，未尝渝也。若其淹滞神州，不以东归为乐，八旗诸姓，犹同视为国民。昔北魏辽金之胄，同化中国者众矣，亡人若得归国顺民之志，统一齐州，岂于珠申一族，而当异视，版籍权利同符汉民，今日言此，不啻息壤之言也。驰说者不察斯指，私拟吾党，以为欲如王家高宗所为斩刈准噶尔，使无噍类。狄隘之见，非文明国人所应效，种族革命之义，岂云尔乎。仆申此义以为无忤贤王，所以奋笔驰书而无祚也。方今边疆多事，东亚阽危，王家所谓大帝国者威灵所及，不出方隅，濒海诸州，既为他人宰制。比闻西藏开放之议，讙然载涂，此土大遥，度王家亦未能远驭，空弃五百万里之金藏以资他人，此仆辈□□□□□心愤气者。以是观之，□□□□□□一大帝国者，非独王家所不能镇抚，虽以亚历山德、成吉斯汗处之，犹不可以终日，瓦解之势速于逝驹，粲然明矣。贤王以世嫡冢孙，代为藩辅，未尝于中国得尺寸权借，遭时多故，惕然不宁，重以仁心为质，胸无畛界，度越常人，固当千万故仆敢以二策为贤王陈之。一为清室计者，当旋轸东归自立帝国，而以中国归我汉人。此非仆一介之私言也，日本有贺长雄尝于日露战争时，从军辽左，记其所见，于书曰："今日欲使东三省保其秩序，无受外侵者，惟返清帝于奉天为可。不然，虽鞭之长，不及马腹，他日复失未可知也。"何者？八旗口籍，不逾千万，其人才亦至乏矣。今时所谓英骏者，特于陆军有步伐驰骤之长耳，政治之材，犹其所短，既欲羁制汉人，使就轨范，而又分布于东三省，譬如千石之粟供百万军，其势固不能遍给；纵令得志蒙回卫藏之属，犹不能及。与为他人蚕食而有之也，孰与满汉分而有之。若能大去燕京，复辽东之故国，外兼蒙古得千四百万方里，其幅员等于中国本部，然后分置郡县，务农开矿，使朔漠不毛之地，化为上腴，地小则人才不忧其乏，势分则民族不忧其讧，其贤于兼治中国万万也。文政既成，申其军实，南与中国，东与日本为唇齿之同盟，谁复能脾睨东亚邪。夫德意志联邦以民族相类，合之则强，此满蒙之势也。奥大利与匈牙利以民族相殊，兼之则乱，此满汉之势也。今而后知撇落以为大者，无宁辑安同族之为愈也。二为贤王计者，贤王于宗室中称为巨人长德，固与方域之见殊矣。革命之业，贤王亦何不可预。昔露西亚皇族有苦鲁巴特金者，爵为上公而作无政府党之首领，声施赫然，光于日月，此犹其未成者耳。事若获成，则米拉保巴德利显理辈曾不足比其一发，何者，以民而抗政府犹云为己，以皇族而抗政府，则明其为博爱大同之志也。吾党所持，革命以后，惟建设共和政府，二王三恪之号虑不足以辱贤王，要使千载而下睹其史书，瞻其铜像，然后贵耳。迩者吾党声气骎骎日骤，日本、露西亚诸党人多有交臂请誓者，湘粤之域小有折伤，要不足以损毫发。贤王于此，其能入我同盟也。如上二策唯所取携。要之必以一身主动而后国家之事从之，王家庆邸既怯懦无果断，陆军兵柄之争，又令北洋阴怀异志，失今不图，而令发难在彼，贤王虽智力绝人亦安所发舒耶。投会抵隙，今其时矣。书此达意，非敢以口舌取人，亦以结同德之好也。某白。

此信去后，肃遣其幕客致意云："不愿入盟，愿相扶助。"其后数月，日本人加藤仡夫为革命党致书于肃，要求西藏，肃即与诸王公开议，事虽未就，足以知其从善服义之心。然二书本兼为彼此利益，非以权谲诱人，若满政府早从此策，亦自居于最安之地矣。附志于此。

昆明辛亥革命回忆录

李鸿祥口述　吴继政记录

说明：李鸿祥先生，云南玉溪人，现年七十九岁。日本士官学校第六期毕业，归国后任新军七十三标教练官，兼讲武堂教官、教练处提调，后为七十三标三营管带。辛亥革命昆明光复后，任省城卫戍司令，援川军第二梯团长。回滇后任第一师师长，兼管全省八十余营巡防队，兼政务厅厅长，后为省长。蔡锷入京时也到北京任将军府将军（懋威将军）兼总统府陆军部顾问，护国时任广东讨袁第一军军长。解放后为军政会委员，省人民政府委员。

1956 年秋，我因收集云南辛亥革命史料，曾和李鸿祥先生谈话十二次。今将谈话记录整理出来，以供研究云南辛亥革命史者参考。此稿草成后，经李鸿祥先生亲自审阅修改过。

吴继政　1957 年 3 月 3 日

云南昆明重九反正这回事，至今已经四十六年了。虽然时间是很短暂，只有一天一夜的战斗，但是在事前的酝酿和事后的规建，确乎是头绪纷纭错杂的大问题。现在就自己回忆起来的谈一谈：

宣统三年正月，云贵总督李经羲调蔡锷由广西来昆明。蔡锷到了昆明后，李经羲并不及时用他。他和我住在教练处里，每天伏案著书，著了一本《曾胡治兵语录》，写了一个筹办兵工厂的计划，直到五月间，才被任为三十七协统。当时云南革命思潮高涨，云南的留日士官生讨论革命，在讨论会上对革命领导问题有了分歧。有的主张云南的革命应由云南人来领导，这一派人就是罗佩金、殷承瓛、李根源等人；有的推举蔡锷为领导，因为蔡锷是士官学校第三期毕业生，资格比较老，加之他有才干有眼光，所以才选他。这一派人有我和谢汝翼、刘存厚、唐继尧等人。结果决定选蔡锷为领导（此后罗、殷、李等未参与会议）。

那时我是七十三标三营的管带，营盘在北较场，标统是丁锦。他是一个文人，向来不懂军事，所以经常会说外行话，闹出一些笑话来。因他是北洋系段祺瑞保荐，随靳云鹏来的，所以又是一个顽固不化的忠于清廷的奴才，对革命深表仇恨。当时我们密谋革命的事，渐渐传到李经羲的耳朵里，他就召我去见他。那天我到了制台衙门，李经羲对我说："听说你最近想反叛大清，可有这回事，我是不大相信你会干的……"我说："大帅请放心，我怎么会干那种事呢？在大帅的栽培提拔下，我还要多多为大帅做一些事呢。"，我看他的态度很安详，也没有怎么过于追问我。于是他便提起北较场的七十三标有许多兵老弱了，虽然名为三营，实则不过两营的人数，最好你去富民、武定一带招兵，补充新的力量。他说完了就叫我回去。我回到北较场后，扬言准备出发，叫部下把枪枝钉好，每盒五枝。我对丁锦说还没有准备好，要再缓一些日子，实则都是为了起义作好准备。恰遇负责饷械的军需长新婚，正请假在家，不在营盘，又借此拖延，一直到我们起义的事差不多各方面都准备好了，决定在九月九日的晚上十二点钟发动，所以就把出发日期拖延至初十那天。初九晚上六点钟的时候，预定由讲武堂派刘祖武、张开儒来北较场联系。后只来刘祖武一人，他骑着马走近营盘时，恰巧遇见丁锦出来，两人碰个照面。丁锦问道："你来干什么？"刘祖武回答："我来看看李管带，听说他明早就出发到富民、武定去了。"刘祖武走进了我的住屋后，我就把他接进内室。他告诉我说讲武堂那边已经准备好了，问我这里怎么样。我听了很高兴，说我和黄子和、王秉钧、文鸿逵商量妥当。于是我便从床头拿出一枝手枪交给他，出来召集各队队官来我的住屋外室谈话，交代他们几个人叫兵士今晚上打好绑腿，随便地睡，明一早就出发。因为我手下有好几个队长是北洋系的，他们和钟麟同、靳云鹏是一流的人，是李经羲忠实的爪牙。当时他们听见我的内室有托枪的声音，原来是刘祖武在搬弄手枪。我急忙走进内室，并且厉声地喊道："你们这些懒兵，平时不修整自己的枪枝，临时搞些什么?"他们几个看见我的态度很不好，也就没有进去。经我这一喊，里面也就不响了。这几个队官走了之后，正是八时半，夜色已经苍茫了。我正在房子里坐着，忽然听见门外一阵人声嘈杂，我听出是在后天井，便急步走去。原来是排长黄子和、王秉钧、文鸿逵派兵士抬子弹，遇见了值日队官唐元良，唐元良追问他们，因而吵起来了。我便走上前去把唐元良拉到我的住屋内，告诉他我们今晚上要起义了。他一听说"起义"两个字，吓得全身发抖，脸色苍白，紧张得说不出话来，因为他是靳云鹏的亲戚，属于北洋系，我想争取他参加革命。正和他谈话的时间，忽然听见一声枪响，接着听见一阵喊打的声音，便出门来看，只见右队官安焕章（北洋系）踉跄地向我奔来，口里连喊："救命呀!救命呀!"等他挨进我的身边时，便倒下去了。这时从后面追上来好些兵，手里拿着枪，看见安焕章倒在地上；看出我身后那个人，正是刚才阻止他们搬运子弹的唐元良，一时愤怒起来，便举枪向他射击，砰地一声，唐元良应声倒地；跟着督队官薛树仁也应声倒下了（按薛树仁也是北洋系）。这时候营盘里呈现极为紧张的现象，有兵士喊叫打杀的声音，也有兵士从营房里冲出来，他们都满腔愤怒，摩拳擦掌，简直就要干起来了。我看了看表才八时四十分，于是急令号兵吹集合号，并调一二两营兵出动，齐世杰、成维竣两管带（北洋派）看势不好逃走了。恰巧号兵正在我身边，他就吹起号来了，顿时把眼前一片混乱的场面澄清下来。兵士们一个个整整齐齐地站好。我便问明刚才第一声枪响的原因，是安焕章看见兵士开箱取手枪，便用指挥刀打，于是兵士向他开枪射击。当时我点查营中另外两个反动顽固队官孔昭同、李敬符（北洋系），结果他两人已经乘刚才一阵乱时逃走了。当时就命刘祖武为三营营长、马为麟为二营营长、萧荣昌代理一营营长。正在这时丁锦率领卫队赶来，向空地上的兵士放了一排枪，被击伤两人。我便下令散开，集中火力，向敌人射击。丁锦的卫队不支，他本人见势头不妙，便拔脚逃掉了。我军把丁锦的卫队击溃后，就整队出发。军队刚刚走到北门外，遇见一座轿子姗姗而来，前面的兵士便喊道："轿中坐的什么人?"只听得："是我，我是李根源。"因张开儒去小西门，沈旺度说今晚要起义叫他来，他便出来和我一同往前走，挨近北门城下时，下令由黄子和、蒋光亮、杨秀林数人先剪电线，持刀带枪爬上城墙。杨秀林身带两把大斧，他们数人悄悄地爬上去，遇见了李经羲派来的一哨巡防队，黑暗中的人影向他们呼唤"口令"。黄子和瞄准前面那个人影，砰、砰两枪，前面两个敌人应声倒地，其他的拔脚就跑。他们几人便疾行到北城门，砍杀守兵，杨秀林便手持大斧使劲向铁门闩砍去，把门锁砍落后推开，城外的军队源源进来。我考虑当时只有九点多钟，距原定起义时间还早三个钟头，各方面还未准备好，于是派人去巫家坝七十四标及炮标报信。另外想到我军只有旧九子枪，单响毛瑟的子弹，而新枪只有五发子弹，每人的子弹有限，恐不能持久战斗，便决定进攻目标，首先是军械局，这是主要实力。而又分遣一排人由排长王裕带领攻占造币厂（内有款五十万两），这排并负有联络讲武堂方面的任务。又由李根源率领一连人去大西门一带，堵截敌军。

当我们革命军开进市区，穿过街心时，居民看见每人背着枪、提着刀，很是诧异，便问道："你们是干什么的?"有的兵士回答："我们正在夜间演习。"当我们走近军械局的门口，便把军械局包围起来，双方发生冲实，于是便开起火来。军械局位于五华山东北，四周围墙高大而坚厚，四角又配置格林炮，大门是铁制的，敌军凭险拒守，战斗开始前有日本人李惠安（原名加藤，他是日本的大学生，曾任日本军队中的参谋，是一个有才干的人，平时教留日士官生的兵棋，曾要求参与我们密谋起义的会议，为蔡锷所拒。)，他当时看到一时很不容易拿下军械局，便出了一个计策，叫人将北较场的大梯子抬来，用梯子靠墙头，缘梯而上。于是我便派了几个人去，他们这几个人急行到北较场把大梯子抬到北门时，恰遇李根源从大西门回到标本部，把标本部烧了，后又烧了学台衙门及虹溪试馆。又到北门，李根源看见他们几人抬着笨重的大梯子，就问：你们抬大梯子作什么用?他们回答说："这是李管带叫我们抬来去攻打军械局。"李根源连忙摇手说："用不着，军械局的事我有办法，我去一说就成。"于是李根源等人和我派的十余人一同来军械局，李根源来到军械局的大门，叫我们停止开火，并且大声地喊“袁应甫”（袁应甫是由讲武堂甲班毕业出来的一个学生，当时是一个哨官，驻守军械局。）的名字。敌人并不理会，仍把格林炮架在门边，不断射击，一刹那间把铁门穿成无数小孔，我躲闪得快，幸未伤人，于是激烈的战斗重又开始了。

当时昆明城中，清方李经羲派十九镇统制钟麟同、总参议靳云鹏率巡防队两营、辎重营、宪兵营及两挺机关枪占五华山，踞高临下向我围攻军械局队伍射击；另外辎重营管带范毓灵率卫队、辎重营两连、机关枪两挺防守总督署。直到夜半二时巫家坝的军队才由蔡锷率领开进城，炮兵管带谢汝翼率部由东门进城，由东城埂上开炮轰击总督署和五华山、军械局，炮弹落处瓦飞石散，给敌方添加了很大的威胁。但是军械局的敌人仍是拒险顽抗，他们凭着局中丰厚的弹药，向我军猛烈射击，敌人的格林炮很快地把铁门击成盒口大的火洞，机关枪、格林炮便由火洞喷发出来，威胁我军。于是有人建议用火攻，便把附近居民的烂棉褥废布裹成一大堆，用火油浇在上面，丢在军械局的大铁门边，用火一点，很快地烧着了大铁门，“蓬”地一声倒了下去。敌人看见他们可恃的大铁门倒了，另用柴堆烧，火势很大，成了一道障碍物，敌人在几个地方架好格林炮，他们的火力更加肆无忌惮地猖狂起来。谢汝翼从东城骑马来军械局看形势，看出从正面攻击仍是不易，侧面围墙敌人守备薄弱，便在围墙一角挖了一个洞口，把炸药塞进去，点燃了引心，只听得轰地一声，土飞石散，军械局坚固的围墙裂开了一个三五尺高阔的洞口。谢汝翼执手枪带领军队冲进去，虽然被轰死三人，但这一支兵力闯进去仿佛是一把尖刀插进了敌人的心脏。敌人发现我军冲进军械局，前门清军惊惶失措，无心恋战，大约有三百人由后门逃走，也有的缴械投降，十日早上十点钟全部占领军械局。

我军点收军械局的枪枝弹药，有锡良时购置的德国克虏伯厂造的步枪弹百万发；日本明治三十年式枪一千枝；两筒无烟二千枝；九子枪、单响毛瑟五千枝；马的里（这是中法战争时留下的）数千枝；另外炮弹数百万发。

在攻下军械局时，谢汝翼、刘雪峰、庾恩旸炮轰总督署。开花炮弹击中庭中大树，把树炸倒，当时辎重营管带范毓灵被惊死，李经羲已于夜间由围墙挖洞同他的家眷逃至二蠹街（民生街）一个巡捕家中躲藏，署中守备空虚，唐继尧攻入，制台衙门便被我拿下了。

当时在太和街待命的田书年马队，见势不好已逃了。最后是钟麟同、靳云鹏守五华山，排长文鸿逵身先士卒，他爬上山去，露出半截身子，射击敌人，被敌人机关枪扫射壮烈牺牲。我军集中火力猛攻，他们便守不住了。钟麟同便逃到四吉堆，自杀未成抬到南门，刘存厚命部下把他的头砍下挂在南门城上。蔡锷在江南会馆总司令部，闻钟麟同已死，命人收殓。而靳云鹏逃出到马市口自己家中躲藏，夜里化装成一个轿夫模样，逃到城隍庙的神台下躲着，过了一天一夜没有吃一点东西，在十一日那天早晨逃到火车站，遇陈军医（院长）把他拉上火车逃走了。

十日正午十二时以前，革命军完全占领了昆明全城，清朝官吏如总督李经羲、藩司世增、提法司杨福璋、提学司叶尔恺等都被我军拿获。十三日把李经羲送去河口，十四日把叶尔恺解出河口。因叶尔恺为人顽固，官僚气又重，所以夏伯留平日很恨他，把他的牙齿打落，杨榛便把他们两人的辫子剪掉。当他们在香港会面时，这一对难兄难弟看见彼此的辫子被剪，啼笑皆非。叶尔恺说："这次什么都完了，官禄钱财一无所有。"李经羲说："这回真是赤裸裸地，一点东西都没有带出来，真叫悲惨了。"这时叶尔恺说："你恐怕比我好一些。"，李经羲说："好一些这句话怎么讲？哦！你比我不过多损失几颗牙齿罢了。"

当时以蔡锷为首的革命政府在五华山上成立起来，蔡锷被推为都督，我为省城卫戍司令兼援川军第二梯团长，谢汝翼为援川军第一梯团长。因蒙自有事，罗佩金率二营往迤南，李根源带一营往迤西。不数日迤南、迤西也就响应发动了，全省就光复了。

云南光复军政府成立记

孙　璞 辑

编者按： 本篇选自李文汉《云南辛亥护国部份史料丛抄》。《史料丛抄》为稿本，内收云南辛亥革命和护国战争两部分，今选其辛亥革命部分。为了解资料情况，特将李文汉《云南辛亥护国部份史料丛抄小引》附录如下。

云南辛亥护国部份史料丛抄小引

蔡公锷既病殁日本福冈医院，举国识与不识同声哀悼，当时亦有人为写其传记，但不能满足读者之望。文汉不自揣度，拟另编一比较翔实之年谱，然材料不充，无从着笔。1928年由杭州归来，遂注意收集。计先后所得材料十余种，内中以在蔡公家中所抄得蔡公在京供职时密电稿，及公在军中致其夫人潘氏家书，暨广西干部学堂风潮始末文件为重要。云南光复及护国史料尚为易得，独公在桂治军数载，成绩卓著，而记载缺如。民国元二年间公治滇政绩，文献亦无征，求之记载既不可得，求之档案（云南省府档案1920唐继尧出走时焚毁一次。以后因管理不善，被人窃出作废纸售卖。因此当时参谋处档案文件多残缺不全。）及民初日报亦不可得。余乃遍访前辈乡达及公亲故，口问而笔记之，但所得仍属鳞爪耳，最后乃得吾师李印泉出示《云南光复纪要》（查此书系云南光复后，1913年设局编纂。以滇中道尹周钟岳总其事。八阅月告成。据分纂郭燮熙《题云南光复纪要》云。"云南光复纪要计分十篇：曰光复起源篇、光复上篇、光复下篇、军事纪要篇、建设篇、迤西篇、迤南篇、援川篇、援黔篇、西征篇。八阅月而全书蒇事。由周总纂汇呈军都督府，闻将付手民矣，蔡公奉调入京，此书移交唐蓂赓都督，时阅数载迄未付刊。后闻全稿竟遭佚失矣。"以后由图书馆于仲植等随时收购，已大部收回，但极少有人注意。李印泉师闻有是书，急取阅之。闻余将纂蔡公年谱，因介绍与余云。）余得之喜甚，乃参合各书及零篇断幅，纂成《蔡邵阳年谱》。纂成后，又得刘公云峰《护国纪要》一卷，并余昔年应《义声报》之约所写《护国第一军第一支队第一营战斗经过》亦抄附卷末。题曰《云南光复护国史料丛抄》，以供治光复护国史之参考，因略叙缘起于此。

李文汉　1956 年 11 月 11 日于昆明

云南光复军政府成立记

一、云南光复

自武昌起义，天下响应，于是云南九月初九日亦有光复军之起，克复省垣，檄定全省，以军界之力居多焉。先是第三十七协协统蔡锷，同标营军官商议，举兵反正。初七日晚，会商于唐继尧家，是日列议者，为蔡锷、谢汝翼、李鸿祥、雷飙、沈汪度、张子贞、刘存厚、黄子和、黄永杜等。黄子和以官场防备日严，起事宜急，众乃决定于初十日午后三句钟起事，率队入城，遂刊布传单，派定七十四标统带罗佩金同讲武堂监督唐继尧、管带刘存厚、雷飙带领七十四标部队；炮队统带韩建铎同管带庾恩锡（后改恩旸）、刘云峰、谢汝翼，带领炮兵督练公所副参议李根源同管带李鸿祥、教官刘祖武带领七十三标步队，机关枪营管带李凤楼带领本营，都归协统蔡锷调度。各军官分定任务，李根源占领军械局、五华山、圆通山、机器局、龙元局、电报局、大清银行、财政局等处，并保护英法领事署各教堂。罗佩金占领总督衙门及各衙门等处。韩建铎在四城发炮。庾恩锡占领大小西门。谢汝翼占领南门大东门。刘云峰占领小东门以上。沈汪度、张开儒、张子贞、顾品珍率领陆军小学堂、讲武堂、体育学校各学生，开大小西门及北门、小东门，并领测绘学堂学生占领粮饷局等处，此未起事前之分派也。讵七十三标于初九日午后九点钟时因发子弹，被反对者所觉，遂开枪击毙二人，李根源、李鸿祥即鸣集合号，第一、第二两营皆出集合。清标统丁锦闻知，即督率卫兵开枪乱击，毙我兵二人、伤五人，并伤军官刘增祜。我军大怒，遂竭力攻打标本部，丁锦不能支，由后门遁去，各兵即火标本部。李根源领七十三标全军攻城，又因相约起事之时未到，讲武堂学生未来开城，急令军士三十余人逾城由内开门，一拥而进，分派人员占领多处，并焚提学司署以为号。李根源即率兵士力攻军械局（是时七十四标第一营已来一队占领藩署），时初九晚十一句钟也。李至军械局先晓以大义，令守者开门降，勿伤害同胞，说至三十余分钟之久。讵军械局中人诈许出降，而暗排机关枪，以我军不及防开门即放，伤五六人。李根源大怒，遂下令竭力攻打，挖地道而进；又与虹溪试馆及附近之人民商，令借试馆焚烧，以壮声势。时占领五华山之军队，以为督署重要，遂舍之而去。清统制钟麟同，乘五华山空虚，遂得占据，机关枪在后面夹攻，势甚危急。有董鸿、马大伦守住两级师范学堂，斜击钟麟同，使其机关枪不得施展，李军得力攻军械局。此时蔡锷、罗佩金、韩建铎、李凤楼俱到，遂开南门行动。唐继尧率领兵队围攻督署，署中机关枪击射猛烈，势不可当。马标黄毓成亦来助，炮标在城上用炮射攻，并直击武侯祠钟军，我军势力愈壮，清军被围孤立无救。雷飙乘势占领江南会馆一带，李根源兵攻军械局尚未破，排长文鸿逵用长梯登，中弹身死。我军益奋。天明，罗佩金以李根源兵少力薄，令雷飙率二队助之，适遇巡防第一营偷上圆通山，雷飙领兵与之力战。初十日十句钟，巡防兵败降，雷飙即来夹攻军械局。谢汝翼在虹溪试馆前，用炮攻破军械局围墙多处，局中仍死守不开，有蒋光亮献策用爆药炸之。谢汝翼率士卒先入，各兵从地道中进，守局巡防兵始不能支，尽数降，敌军死数十余人，我军死伤数人。军械局既破，遂合兵围武侯祠。钟统制犹顽抗，施放机关枪，伤毙我军士多人，并欲以逆言诱我军士。讵我军深明大义，奋力攻击，李凤楼带领机关枪来助，钟逆败走，至四吉堆为我军击毙，余兵均降，督署亦同时占领。翌日获清藩司世增，余如清总督李经羲、提法司杨福璋、提学司叶尔恺、巡警道郭灿、粮道曾广铨、劝业道袁玉锡、盐道毛玉麐，及阖城文武官吏，均来投诚，全城光复。计是役我军死者××人，伤××人，清兵死××人。于十三日军政府成立，云南对于满廷宣告独立云。

二、军政府成立记

九月九日云南光复军起义，至十一日全城克复。外府州县，传檄而定，云南全省从此光复。各军官兵士，遂公推蔡君锷为云南军都督，以五华山两级师范学堂改为大中华国云南军都督府，组织章程约法草案，与民更始。其厘订军都督府大纲，约一院三部，院名曰参议院，直隶军都督，为参议军事政治之机关（后改为参议处）。三部：一曰参谋部，凡关于计画出战、作战、调遣、谍查、测地各事宜均属之；一曰军务部，凡关于筹办粮饷、军医、军械、兵工、制革、被服各事宜均属之（以上均设有局厂）；一曰军政部，凡关于民政、财政、外交、学政、实业、巡警、审判、民团各事宜均属之（以上均设有司局）。又设秘书处、卫戍司分部、法制局（以上各部司局厂均有专章）。下令宣告各属，其文曰：中华民国云南军都督府为布告事：此次各省义军，风发云涌，恢复旧土，保卫民生，其宗旨在铲除专制政体，建造善良国家，使汉、回、满、蒙、藏、夷、苗各族结合一体，维持共和，以期巩固民权，恢张国力。本都督夙表同情，爰倡义举。乃者定由各省选派全权代表，会集武昌，将来商定建设办法，自必抱定前项宗旨，一致进行。现在滇事初定，政务亟待整理，不得不由本都督府因势利导，力保完善之区，特恐全省同胞未能周悉，爰特声明宗旨，明白宣布，其各咸喻斯意，毋生误会，本都督有厚望焉。今将纲要列举如左：一、定国名曰中华国。二、定国体为民主共和国体。三、定本军都督府印曰大中华国云南军都督之印。四、军都督府内设参议院、参谋部、军务部、军政部，部各分设部、司、局、厂，各部院同署办公，地方文武各官依事务分配，直接各部秉承办理。五、定国旗为赤帜心用白色中字（后奉中央政府命令改为五色）。六、建设主义以联合中国各民族构造统一之国家，改良政治，发达民权，汉、回、蒙、满、藏、夷、苗各族视同一体。七、建设次第，由军政时代进于约法时代，递进而为民主宪政时代。以上七条，系本军都督现定大纲，将来全国统一政府成立，须照政府统一之命令办理。

云南光复纪要——建设篇

周钟岳 辑

编者按：本篇选自李文汉《云南亥亥护国部分史料丛抄》。

清室末造，政治日窳。光绪宣统之间，怵于国势濒危，乃言变法，官制迭改，新政繁兴。然徒以立宪之名，涂饰耳目，而亲贵拥权，官僚黩货，且日进未有已，益以促成革命之机。鄂军一起，全国响应，固咸以革新政治为职志。然军兴之际，戎马倥偬，庶事纷糅，卒难理董。独云南举义，市廛不惊，光复之初，极意建设，一切措置，皆有系统可循。草创之后，不无因时损益，然大纲既立，终不出其范围，故循轨进行，已与中央规制斠若画一。兹举其荦荦大者言之，其建议中央，关系国家大计者亦择要叙录，缀于兹篇。

辛亥九月九日滇军起义，十一日全城光复，清吏总督以下悉散。旧制既弛，不能不新设机关，为全省行政枢纽。于是各军官兵士，公推革命军总司令蔡锷为军都督，以五华山两级师范学校为大中华云南军都督府。府内置一院三部：

曰参议院。为军事政治之咨询，以军政部总长李根源兼院长，参议官无定额，悉由都督选充，寻改名参议处。

曰参谋部。主军事上一切规画，以殷承瓛为总长，刘存厚、唐继尧次之。其下设分部凡七，一曰作战，二曰谍查，三曰编制，四曰兵站，五曰辎重弹药，六曰炮兵材料，七曰测地。以谢汝翼、张子贞、韩凤楼、李凤楼、顾品珍、刘法坤、李钟本分任之。

曰军务部。主军备上一切事务，以韩国饶为总长，张毅次之。其下设分局四，分厂三：曰筹备局，局长徐芳兰；曰粮饷局，局长黄希尚；曰军医局，局长周桢；曰军械局，局长沈汪度；曰被服厂，厂长秦光第；曰制革厂，厂长华封祝；曰兵工厂，厂长以沈汪度兼理。未几韩总长率师援川，改任曲同丰，同丰复辞职赴京，乃任沈汪度为总长，以张含英任兵工厂长。

曰军政部。取《管子》作内政而寄军令之意为名，实一省之行政萃焉。以李根源为总长，李曰垓次之。其下设分司凡五：曰民政司，司长杨福璋，次长孙光庭；曰外交司，司长周沅，次长陈度；曰财政司，司长陈价，次长席聘臣；曰学政司，司长李华，次长陈文翰；曰实业司，司长吴琨，次长华封祝。其隶于民政司者，有警察、审判、自治三局；隶于财政司者，有造币厂、富滇银行；隶于实业司者，有劝工厂、印刷局。是年十月，李根源率师赴西防，罗佩金继任总长。

都督府本部内置秘书处，拟撰机要文电。置登庸局，分设叙官、赏勋、印铸三科，均以周钟岳长之。置法制局，拟订一切暂行法规，以蒋谷长之，寻改任孙志曾。未几，登庸、法制两局皆裁并。援川、援黔军出发后设卫戍司令部，任罗佩金兼卫戍司令，以统一军事整饬军纪、保持公安为职责。此外设甄录处，任刘锐恒为处长，袁玉锡副之，凡自陈效用及条陈意见书者皆属焉。而一时干进之徒坌集，难得其才，旋亦裁并。出征军陆续凯旋，乃将卫戍部撤销，以其职责分隶宪兵队及第一师司令部。

行政机关部署粗定，爰分设立法、司法两机关，以确定三权鼎立之基础。立法权属议会，当滇军政府初成立，即致书咨议局约相赞助，局中议员均诣军府会商，随通电三迤自治团体，规约十余条，宣告光复宗旨，遂正名为临时省议会。旧议员留二十余人，选举李增为议长，万鸿恩为副议长。司法权属审检厅，前清时滇于省会，先设立高等审判、高等检察、地方审判、地方检察、初级审判、初级检察六厅，反正后各厅人员皆散去，乃权以审判局为司法机关，隶于民政司，仍令司筹设三级审检各厅，以期司法与行政相离。既而呈奉中央任黄德润为司法筹备处处长，孙志曾为高等审判厅厅长，谢光宗为高等检察厅厅长。地方厅、初级厅亦同时成立，各县司法暂属地方行政官，并由筹备处培养司法人员，以为异日分设之地，此立法、司法、行政分离之权与也。

民国元年五月，改军政部为政务厅，以李鸿祥为厅长。改参谋部为参谋厅，以谢汝翼长之。改军务部为军务司，仍以沈汪度长之。是时民国大政渐统一于中央，自都督以至各司长，皆加给委任状。任李曰垓为民政司长，袁家普为财政司长，张翼枢为外交司长，周钟岳为教育司长，吴琨为实业司长。原设之次长，改为参事。民国二年中央颁发暂行画一地方行政官厅组织令，以民政长为一级，各观察使为一级，各县知事为一级。民政长行政公署内，设内务、财政、教育、实业四司。观察使署内设内务、财政、教育、实业四科。县知事署内亦如之。未设民政长各省，则以都督兼任。于是都督蔡锷电请中央特任省长以专权责，奉大总统令任罗佩金为云南民政长。裁政务厅别设行政公署，以陈钧司内务，周传性司财政，由云龙司教育，华封祝司实业。一切文牍以民政长名义行之。改外交司为特派交涉员，直隶于外交部。旧设迤东、迤西、迤南、临开广四道，反正后裁东道，以迤西、迤南、临开广三道原兼税关监督暂仍其旧。至是复遵中央令以全省划为四区，添设滇中观察使一员，管近省属县及迤东各地。迤西、迤南、临开广各道悉改称观察使，任周钟岳为滇中观察使，吴良桐为临开广观察使，李曰垓为滇南观察使，杨普为迤西观察使。未几曰垓改任西藏宣慰使，仍以刘钧署理。自民政长以下，专治民事，都督专治军事，军政、民政划然区分矣。

当行政机关之初设也，都督蔡锷以为一切政务，非通筹全局无以定缓急轻重之序，非严立程限，断难免始勤终怠之虞；爰通令各机关就所管事务，审量力之赢绌、事务之重轻，编制滇省五年政治大纲，汇交秘书处，详加审核酌为增减。以期各机关政务平均发达，不致畸重畸轻。又令编制办事程限表，由主管长官督励所属，按期进行，凡行政事宜有应依据规章者，当中央法令未颁布以前，由木省编订暂行章程数十种，以便遵守。复于军府设政务会议，每星期三日，自都督以及省内各机关人员，及省议会议员、参议处参议，皆举代表莅会筹议本省应兴应革事宜。议决之事，即由都督令各机关限期举办。期年之内，治具毕张，虽为财政及时势所限，间有未能骤行者，然前清官吏敷衍因循之习，廓除殆尽矣。兹自反正伊始迄军民分治以前，所举行政务之重要者，分述如左。

第一，关于内务者。滇省反正之初，地方行政官厅，暂沿府厅州县名称，惟府县同城者，则裁县而以府兼摄县事，是为后日统一县治之造端。又因滇省地面辽阔，一县区域有面积数百里者，乃增设县治，于大姚、永北（永胜）间白井地方，设盐丰县；于元谋、定远（牟定）、禄丰之间黑井及琅井阿陋井诸地，设盐兴县；于蒙化（巍山）、太和（大理）、永平间，设漾濞县；于赵州（凤仪）、蒙化、云南县（祥云）相错地，设弥渡县，于剑川、维西、云龙间，设兰坪县；于滇西、西藏毗连之地，设阿墩县。其旧日附郭佐贰悉裁去，惟有分防地方者则暂留之。复于广通属之舍资、镇南（南华）属之沙桥、邓川属之寅塘、腾越属之潞江、临安（建水）属之龙朋各地，添设巡检分治之。内政部署已定，更进而于沿边土司及汉夷杂处之地，设弹压行政各委员，其在西及西南者，曰永宁，曰泸水，曰菖蒲，曰盏达，均各设行政委员。曰芒板，曰干崖，各设弹压委员。曰山后里，设弹压兼喇井督销委员。其在东边者，曰威信，曰井桧，曰盐井渡，曰六城坝；在南边者，曰溪处，曰曲江，曰靖边，曰普文，均各设行政委员，是为建设县治之先导。当初反正时，旧时各地方官皆加给委状，沿用弗替，所以维持地方秩序，免人民之惊疑。然政体既更，官权骤落，自治团体往往侵越官权，官绅龃龉，多致互讦，乃厘订章程，画分权限，使互相补助，互相监督，一以儆地方官之旷职，一以祛自治员之侵权。至地方官之征收钱粮或新旧交替，则以自治团体监征、监盘，使官吏无从施其弊。又因地方行政官尚兼司法，酌设司法警察，悉裁胥役。民间数百年蠹害，得以一旦扫除。其教育、实业则令劝学所、实业团分任其责，而以行政官董其成。凡一切事业，次第修举，地方行政渐收画一整齐之效。惟各土司幅员辽阔，而殊俗异政，虽隶域中，俨同化外，内足为文化之梗，外足为边境之忧，军府以为同是国民，理难歧视，则思所以因势而利导之。时第二师长李根源方驻师腾冲，上经营土司急进、渐进二策，军府卒从其次议，谓急于改流转多顾虑，不若为之更化善治，以收潜移默化之功。乃设弹压委员，先从事于审理诉讼、设立学校、振兴实业、筹办警察诸端，使土司地方渐与内地人民受同等之法治。以故沿边土司皆四面内向，无复如前清时代，嫉视汉官矣。

第二，关于财政者。滇系山国，夙称贫瘠。当前清时，本省岁入不过三百余万两，而岁出约需六百余万。故每年除由部库拨款及各省协济一百六十余万元，尚不敷一百余万。自辛亥反正，秩序如常，公私帑藏幸未损失。然各省独立，协款骤停，中央亦无力拨济，财政艰窘较胜于前，而内戢匪乱，外固国防，加以援蜀、援黔、援藏先后出师，供亿浩繁，所费百数十万。然自反正以来，军费、政费卒以维持者，则财政整理之效也。兹分述如下。

一曰汰除浮冗。凡机关之复设，人员之闲散者，悉归裁并。如前清财政综于藩司，而钱粮别设粮道，反正后悉并于财政司。前清时农工商矿综于劝业道，而盐务则设盐道，反正后悉并于实业司之类是也。

二曰节俭俸给。反正后都督即规定军官薪俸表，上等一级实支银一百二十两，二级亦一百二十两，三级一百两；中等一级八十两，二级六十两，三级五十两；三等一级三十五两，二级二十两，三级十六两。省内各机关文官薪俸，亦比照此表规定。各学校人员则视省内文官为等差。又规定省外文官俸给令，俸给公费各别为三等，省外各属警员俸给令，区长巡长各别为四等。至壬子五月中央大借债忽生顿挫，财政部通告中央财政支绌情形，并倡全国公务员每月俸金减为六十元之议。滇省得电，即通令实行，由都督躬为之倡。此时都督俸金之觳，举国未有如云南者也。

三曰筹办公债。民国成立，国用奇绌，惟恃借外债为救济之方。而各国银行团乘我之急，要求监督财政，监察裁兵。都督以为借款既成，国权丧失，此时惟有筹办救国公债，可以救亡。遂拟订章程，设局办理，计先后所入十余万，虽未能骤集巨款而财力得以稍纾。

四曰遣散军队。滇省岁出以军饷为一大宗，反正之初迤西、迤南皆自添招募，又因援黔、援蜀，添练一师，兵额骤增，饷糈益浩。西南敉定，乃裁去兵数十营，及援蜀军归，又复分别退伍，军饷因而锐减。

五曰剔厘陋规。当前清时各州县陋规，尽入私囊。民间有无名之供亿，而官吏得例外之羡余。反正后，州县俸给公费已视地方繁简酌为规定，使不至有亏累之虞，无俟挹他项为弥补，至地方收入之款则悉令缴解，向日陋规涓滴归公矣。

六曰整顿厘税。旧制厘金税务为调剂官吏之优差，然厘金所入公家恒得十分之二三，而委员恒得其七八，故厘金收入每年约在二十万两。至宣统元年实行禁烟，停收土药厘税，百货厘金收数亦锐减，仅收银十余万两也。反正后乃由殷实绅商承办，视每年认解之数先缴一半为保证金，俟年终解缴足额，仍将保证金退还。故厘税收入较昔年为加旺。

七曰开设银行。滇省旧有大清银行，然只设于省垣而经理亦多未善。金融之机关既未完全，银根之舒急亦难酌剂。反正后乃令财政局筹设富滇银行，并设分行于下关、昭通、个旧各处。基金既已充足，纸币亦便流通，民间之信用既坚，故财政亦不至竭蹶矣。

八曰检查会计。当中央令设审计分处之前，云南已先设会计检查厅，凡预算决算皆由财政司编制。而用款之当否，则必经会计检查厅之检查。于各机关之支销严加审核，而冗费浮支之弊悉以廓除。综上数端，盖开源与节流并用，故虽以夙称贫瘠之滇省，而财政基础得以巩固矣。

第三，关于教育者。滇省举义之秋，战地以五华山师范学校为最烈。学生虽已停课，然仍安堵如常。至九月十一日大局已定，教育总会出而维持，各学校仍一律上课。及军政府成立，特设学政司，专司教育之事。乃先厘正学校名称，修改小学教科书，令各校筹设教育分会，归并方言学堂、高等学堂旧学生，设立英法文专修科，为留学英美之预备。至民国元年五月奉中央令改称教育司。初滇省视学额定四员，然幅员既广，交通未便，故视查学校穷年亦不能周。视学又多非深明教育之人，报告各属小学情形亦多未中肯綮。反正后改称司视学，尽派师范毕业生，至是更定区域，添派视学，并为十员。滇省自丙午创设师范传习所，次年设两级师范学堂，然初级简易科期限既短，所学无多。而优级选科专习一门，毕业后派充教员，能担任学级者不鲜。又学堂设于省会，远道求学，既多未便，学生毕业后竞求留省，各属教员又苦缺乏。至是乃于曲靖、昭通、蒙自、普洱、永昌（保山）、丽江，分设初级师范六区。皆以省费支办。并考选中学校及工业学校学生中之颖秀者，使加习东文，资遣日本留学。时都督方注重军国民教育，谓中国积弱已数千年，此时欲发奋自强，非于小学教育养成军国民之资格不可。而欲于小学教育，养成军国民之资格，非于师范学生授以军事教育不可。乃令省会师范毕业生加军事教育，以三月为期，毕业后分派各属充任教员。并通令全省小学加授兵式体操。厥后中央教育部所颁发教育令，多与本省以前之设施者若同符合辙也。

第四，关于实业者。滇省实业以盐务矿务为最。其次则气候温暖颇利农桑，山岭绵亘尤宜树畜，惟工商业则未甚发达。滇军政府初成立，都督以本省财政困难，民生凋瘵，非急振兴实业无以为自立之地。乃先从盐务矿务入手，更进而经营农桑、树畜、工艺之事，兹分别言之如下。

一整顿盐务。反正后以盐务归并实业司办理，时值引额滞销，外私充尽之后，整理殊难。乃详加体查，新订简章，分设督煎督销机关，使以各专责成，更可互相纠查，交通行岸。无论盐厅均听民自行购食，不再加以抑制，查收存盐分别销解清楚，以清界限。暂减销额，以疏积盐。新开边井，以抵越缅外私。并派临时调查委员，专司稽查各井煎销数目及井员侵欺私卖一切事宜。积弊既已剔除，课额亦少蒂欠也。

二曰推广矿业。滇省矿产之富，甲于全国，惟未经开采者甚多，至令货弃于地。自英法隆兴公司矿约废后，滇人益注意于此。惟前清矿章綦严，民多观望。反正后，乃拟订云南矿务暂行章程，以开放为宗旨，如无窒碍者均一律维护，以辟利源。又刊发表式，分别已开、未开之矿山及已开荒废矿山三种，通令各属地方官暨实业员悉心调查，分别具报。又于省城设立矿物化验所、地质调查研究所，而于个旧之锡厂，东川之铜厂，尤力为维护。两厂之发达，方骎骎未有已也。

三曰注重农林。云南农务总会创设于前清宣统元年，卒以筹款维艰，迄未成立。反正后酌提归化、华亭两寺年租，作为农会常年经费。又于省城设农林局，各处设蚕林实业团，订定垦荒牧畜森林章程，并于种棉、制茶力求推广改良之法，均已渐收成效。

四曰提倡工商。反正后即拟订表式，通令调查全省工艺出品及全省商业状况。复因前清劝业道设立之劝工总局，所制物品半属无益玩具，而成本太巨，销售为难。乃改设全省模范工厂，分为金工、化学工、染织、编造、缝纫、陶磁、图印各科，就滇中原产物料及固有工艺品分配制造。又整顿商品陈列所，以资观摩。沟通莣忠寺、城隍庙两庙，筹设劝工厂，以为开拓市场之计。其它业经计划，而尚未施行者，则概从略矣。

第五，关于交通者。滇省交通要政，反正后所注重者铁道为首，电报邮政次之，汽车马路又次之。兹分述如下。

一曰滇邕铁路。滇省自前清时已设滇蜀腾越总公司，至宣统年间乃倡先修滇邕之议，曾由滇督奏陈经部派员踏勘。改革之际，事遂中止。反正后都督复电陈中央，略谓："滇桂一线较之滇蜀尤为切要，其路线以由曲靖经兴义、百色达南宁为宜。此线修通厥有数利：一则路线较短，成功较易，需费较省；一则滇粤交通互相策应，运输捷速，可固边防；一则与滇越路不平行，免滋外人口实，且离越较远，于兵事甚为安全；一则滇、黔、桂三省之地，可扩商业，可辟荒土；一则滇川、滇黔两线将来便于延长；一则东川个旧矿产便于运输。且此路一通则滇越线路之势力顿失，既可阻其伸张之势，并可徐图偿还之机。惟锷前游两粤，近复来滇，足迹所经，详查形式〔势〕，觉滇邕铁路尤以延长至龙门岛为要。查龙门岛去南宁不过四百余里，为泊船最良之海湾，而风浪不惊，较北海为尤善。海水深广，可泊兵轮。港口颇窄，间有暗礁，新到之船亦难遽窥堂奥，若营为军港以屯海军，将来铁路军港，首尾衔接，滇桂不致坐困，庶可巩固国防。"得交通部电云，已派钱世禄、陇尊显前往调查，俟复到再定办法。惟国有一节，中央限于财政，目前尚难筹及，望协同粤、黔、桂三省都督筹措，中央再设法维持。寻电商粤、黔、桂三省都督，均得赞成。惟路长费巨就地筹款力有不及，三省分担亦尚无成议矣。

二曰延长电线。自四川铁路事起，自云南至泸州电线多被毁损。滇军反正后，出师援川，悉为修复。又筹设五路电线，一由省城经昭通至叙府；一由东川经会理至宁远；一由思茅至顺宁；一由丽江经中甸至巴塘。凡五千二百余里。后以财力不济，一时未全实行，乃先设丽江至中甸线四百余里，又续修至阿墩，与川省合力筹设阿墩至巴塘无线电报，旋又修永平电线延至六库。

三曰添置邮政。滇省邮政未通之县，为威远、镇边、新平、南安、双柏、易门、罗次、禄劝、剑川、云龙、中甸等处。至是亦一律增设，全省消息渐灵通矣。

四曰创设汽船。云南山多水少，航业不兴，惟滇池、盘江间有船艇。然民船载货无多，且多危险。乃仿苏杭内河行驶汽船法，先于滇池制汽船一艘，开驶以来商民便之。

五曰筹修马路。云南素号岩疆，道途险阻，工商业不能发达。职此之由，而雨后泥泞，行旅尤为不便。反正后乃倡修全省马路，颁发表式，令各处将所管地方应修道里，先行勘丈，并将应需修费核计报明，筹定的款，择要举办。

以上所述皆就本省建设而言，至关于全国大局，都督蔡锷建议颇多，虽未尽见诸实行，而中央亦时加采纳。兹摄其要者言之。

当南京临时政府初成立，锷致电孙大总统暨武昌黎副总统、各省都督历陈三义，谓：我国幅员既广，省界夙严，势涣情势，每多隔阂。此次武昌倡义，各省响应，已除往昔秦越相视之弊风。惟改革之初，事权莫属，不能不各设军府，以为行政机关。然宜有通力合作之谋，不可存画疆而守之势。设用人行政，省自为谋，恐土豪浸起割据之思，边境又有孤立之虑，于国家统一障碍实多。今中央政府成立，缔造经营，当先从破除省界入手，此宜注意者一。我国人士蜷伏于专制政体之下者数千年，几以谈议国是为厉禁。自外力内侵，清廷穷蹙，国人激于时事，急图改良，于是革命、立宪、君主、民主各党竞出，虽政见不同，而谋国之心则一。今政体确定，全国思想皆将冶为一炉，即平日政见稍殊，果系杰出之才，皆可引为我用。现值肇造之初，万端待理，只宜惟贤是任，不可过存党见，使有弃才，益自树敌，此宜注意者二。清廷朽腐，弊政相沿，诚宜扫荡廓清，与民更始。惟外鉴世界之趋势，内察本国之舆情，必审慎周详，节节进步，庶全国得以按弦赴〔符〕节，不致有纷扰碍滞之虞。若期望过高，变更太骤，恐事实与理想不相应，而人民未易举行，或法令与习惯有相妨，而急切难生效力。故新旧递嬗之交，目光固宜高远，而手法则不妨平近，此宜注意者三。

复致电谓：虏氛未靖，战事方殷，琐屑者固不暇计，惟大纲所在，似宜先为规定，期于全国一致进行。窃观目前情形，当从数端入手：一、用人。各省军府组织机关，互有异同，宜由中央参酌各省之现行制度，拟具大纲，颁布通行，以归一律。其上级长官由中央委任，次级官由本省呈请大总统委任，下级官由本省委任后，报明中央政府。至关于外交、财政等官，应由中央遣派。似此办理，庶可统一事权，将来地方制度颁行，亦不致多窒碍。二、财政。我国各省区域不同，丰瘠互异，往往省自为政，痛痒漠不相关。即以目前而论，有为边要者，有为敌冲者，若专恃一二省之财力以为支持，虽反正者十数行省，而实则力分而不厚，谓宜将各省岁入呈报，由中央视各省缓急情形，量为分配，庶可得酌剂盈虚之益，不致以一部分而妨害全局。三、军事。现中央已设陆军部、参谋部，而各省北伐军队皆受节制于总司令官，是军事之有渐趋统一之势。惟反正之后，各省多添募新兵，略无限制，至非〔有〕临战区域，亦有以一省而骤增五六镇者，枪械既缺，饷糈尤不支，恐将有不戢自焚之祸。谓宜由陆军部体察各省情形，酌定应编镇数，通令汰弱留强，勤加训练，已成之镇，悉听中央调遣，庶全国军队联为一气，可以互相策应。

逮南北议和时，争论建都地点相持不决。锷又通电南、北京及各省，谓：建都之议，章太炎、庄思缄两君已阐发无遗，而鄙意尤所虑者，果建都南京，则北边形势当为之一变，恐遗孽有乘虚窃据之虞，而强邻有蹈隙之渐，黄河以北沦入毡裘，甚非民国之利。尚望早定大计，建都燕京，可以控驭中外，统一南北。续电谓：共和成立，南北一致。惟建都之议未定，内则人心摇惑，外则强邻窥伺，大局岌岌可危。前陈建都燕京之议未审达否，伏望统筹全局，早定大计。至北京积弊，亦诚如议者所云，应请袁公于用人行政之际，破除畛域，以协群情，痛扫弊风，以新耳目，使秕政余毒不致复生，民国基础得以巩固。

厥后临时政府移置北京，未及一年，唐、陆两总理相继辞职。锷致电谓：数月之内总理屡更，国势迍邅，何堪再摘。继自今深望举国一心，共图巩固，实民国无疆之庥。

时军人多入政党，锷电呈大总统，谓：民国成立，望治方殷。海内士夫，咸思组织党社，以为促进共和改良政治之地。惟军人入党，则锷窃有隐忧。此次改革，数月告成，军人之功，炳耀寰宇，惟审察现在国情，伏莽未靖，国防未固，此后整军经武责任尤巨，专心一志，并力戎行，犹俱不给，若复为政界心分，难期整顿，其弊一。凡一国内政党分歧，政见各殊，各出其才力以相雄长，每因竞争，而国家愈益进步。然以军人入党，则因党见之争持，或致以武力盾其后，恐内阁之推倒太易，实足妨碍政治之进行，其弊二。自军兴以来，各省多增募兵卒，市井无赖混厕军籍，呼朋引类，歃血为盟，甚至军队变为山堂，将领称为哥弟，拔剑击柱，军纪荡然。虽政党性质不同，而士卒有所借口，方且谓统兵者亦身入党籍，更何以禁士卒之效尤？会党军队混为一途，部勒偶疏，动生变故，其弊三。虽此时祸机未著，而流弊要可逆睹。锷私忧过计，以为国家进步，政党自然发生，然宜让政客之经管，而军人无庸羼入。非独消极的以限制军人的行为，实欲积极的以完军人的责任。伏恳明颁禁令，申明条例，以振纲维，而杜流弊。

继因党争甚烈，复致国务院、参议院电，谓：临时政府成立数月，内阁瓦解，组织綦难。政府现杌陧之形，国本有动摇之象，非必当世贤达置国家于不顾，实因政党为厉之阶。自改革以来，政党林立，在诚心爱国者，察世界之趋势，欲以政党趣国家之进步，用意非不甚善。无如标橥既揭，浅者不擦，辄复剽窃名义，竞相标榜。是丹非素，伐异党同。如旋风卷地，一入其中，迄颠倒而不能自拔。常士固然，贤者不免。无是非之公，则泾渭莫辨；有门户之见，则冰炭难容。祸机伏于萧墙，乱象悬于眉睫，驯至强邻伺隙，狡焉思启，犹复争持意见，等国事于弁髦。嗟我邦人，莫胥念乱，谁为为之，孰令致之。以锷之愚，窃谓治化演进，政党自然发生，然政党之成，必几经陶养，始达健全，而不能为一时之凑合。吾国一般人士，岂惟乏政党之能力，抑且少政党之观念。今以数月之号召，遽纷纷附政党之帜以博名高，灞上棘门，皆儿戏耳，一哄而集，无裨国闻，万窍齐鸣，徒乱人意，其弊一。国体新更，人心浮动，如新涛出闸，横决四溢；如沙砾走盘，抟而不聚。故欲齐一心志，维持统一，虽极力芟夷枝节，使群伦视听，同规一鹄，犹俱弗克。若复多立门户，竞长争雄，感情所驱，不可遏制。竞争之极，斯互相倾轧，倾轧之极，斯敢于破坏，恐法兰西恐怖时代之惨剧，再演于神州，其弊二。政党者基于宪法，促国家政治之进行而非必由政党之势力，可以制定良宪法。法国革命后，以政党制定宪法，因政党互相起伏，而政体之变更者九。北美建国后，以人民之公意制定宪法，虽政党时有消长，而政体仍定于一。今吾国宪法未定，党派已繁，正恐编纂不成，已起盈廷之聚讼，他日奉行不力，又作翻案之文章。机局转变，轻若奕碁，根本动摇，危于累卵，其弊三。锷初不察，亦尝与闻党事，今默观时局，熟审国情，窃谓此时以讨论为重，而不必强于主张。以培养为先，而勿庸急于号召，较为得之。若广召党员，坚持党见，究之利也而不胜其弊，则有也而反不如无。今海内大党无出同盟会、共和党、统一共和党三者，锷妄不自揣，愿与三党诸君子首倡解散之议，以齐民志而定危局。

继复迭陈军事、外交、财政三者，宜亟先谋统一之方。语至激切，中央皆嘉纳之。时四国借款及军民分治二事，内外断断，争论不决。锷复详电中央，谓：民国初立，肇造万端，建设改良，非财莫办。一年以来全国注目于大借款，一若大债借成庶政毕举。不知外债非不可借，然只能作特别计画之基金，至普通政费当尽内国财力支办，欲行此策，非中央通筹全局统一财政不可。而统一财政，非仅以空言责令各机关枝节减削，宜确定大计，何项政务当注重，何项政务当减轻，一切计画先为筹定，然后准此编全国预算，量入为出，以巩固财政基础，而以借债扩张生利事业。则财政有整理之日，外债有清偿之期。若军队未能缩小，政费未能减轻，则今日借贷，明日告匮，誃台增筑，何有已时。埃及之亡，可为殷鉴。

又致国务院电云：修正官制原案酌理准情，筹画精详，极深钦佩。惟锷愚意此事关系国家经制，宜规久远。吾国省制，相沿日久，然幅员太广，治理为难。故前代于州县之上复置府道，府道之上复置督抚，层累而上，期于递相督察，耳目易周。然阶级既多，互相钳制，地方官救过不暇，无余力以考求民间之利弊，而谋地方之治安。政窳民疲，实由于此。今欲扫除此弊，惟有缩小行政区域，减少监督官厅，庶无鞭长不及之虞，亦无十羊九牧之害。至军事区域则视国防缓急，另为画分，而不必以行省为界限。将来军事区域与行政区域分别画定，则军民分治问题，自不烦言而解。若此时惟于都督、省尹之间，为迁就调停之计，意见既难一致，推行未必咸宜。故鄙意为目前计，可暂仍现状以免纷议，而为久远计，宜别筹良法以利推行。

及召集国会已定日期，锷通电中央及各省，谓：民国成立，业已经年。临时政府，不过草创时权宜办法。迩来内政纷如散沙，外交危于累卵，非从速组织正式政府，则对内难实行开国久远之政纲，对外无以促国际团体之承认。顾正式政府之组织，必以宪法为根据，宪法一日未经确定，即正式政府一日不能成立。现在国会召集，为期已近，应请大总统于国会开会时首先咨明两院，以宪法为第一议案，一二月内将民国宪法议决颁布，以便组织正式政府。否则纷争聚讼，不知临时期间将延至何日，国事危急，岂能久待。各都督民政长对于民国宪法如有意见，祈早日提出，预为国会储备研议之资。

复拟具电稿约程德全、冯国璋、张锡銮、陈昭常、周自齐、阎锡山、张凤翙、胡景伊、唐继尧、赵惟熙、张镇方、孙道仁、张元奇等，联名致电北京研究宪法委员会云：宪法为立国根本，民国安危，视此为衡。诸公职司裨谌，责任綦重，自必有伟识卓见，奠定国基。惟编拟宪法所应采取之主义，及近日颇有争论之问题，不可不准量国情，详慎究商，期臻至当。某等深忧熟议，窃有所见，陈备采择。查吾国情形，非建设强有力之政府，不能统一内政。内政不统一，则国防、外交必因之废弛失败，此为势所必至者。民国成立迄于今日，省自为政，中央力薄，不能收指臂之效，以致财权损堕，政令纷歧，外患内讧，相缘以起。推求其故，则现政府法律上之实力不能发展国权，实为一最大原因。故民国宪法宜以巩固国权为主义，国权巩固，国基能立，然后有发达民权之可言。欲巩固国权，则凡障碍国权发动之制度，决不可采，于是有应行先决之问题二事：一、大总统不可不有解散议会权。就法理论，立法权固当尊重，行政权亦须有严格之保障。若立法对于行政部有过度之干涉，而无救济之途，则行政权直被立法权侵压束缚，而无所施，是国权只有消极限制之作用，不能有积极活动之能力，势必日即于萎靡。且议会若有违反国民利害之事，不能解散，以诉诸多数国民，亦与共和精神相背。就事实论，解散权与责任制关系极切，议会无宪法上之制裁，易流专制，使政府不能自行其政策，必将以议会为诿卸责任地。责任不明确，何能得强有力之政府？更何能发展国权？故法理、事实两面，解散权均决不可无，但使解散有一定手续，自不患有侵犯立法权之弊。二曰任命国务员不必求国会之同意。夫国会监督政府其要点在有弹劾权，事前之同意，实属赘疣。况弹劾权以连带责任为因，国务员既负连带责任，即不能不抱同一政策。设组织时不能得国会同意，得同意者又不同其政策，将迁就调停，旷日持久，始能勉强成立。然政策互异，何能连带负责？连带责任制一破，更何有强有力之政府及巩固国权之可言？极其弊，必有贬节以媚国会，冀博国务员之位置者，恐满清末季之腐败现象将由此同意制而复活矣。且国会既经同意后，国务员若有失职，照法理言之，国会当分任其责，此尤与弹劾制极为冲突。以上两端所关至重。此外如大总统之制定官权，对于国会议决法案之认可不认可权及任期七年以上并不负责任等事，皆缘所采主义及上述各理由相因而生，想诸公必能力持定见，排去莠言，不至为法理论及形势说所拘牵，致与国势国情相左。民国之福，维兹是赖云云。

锷前后建议皆力持大体，切中时弊，不为依违迁就之词。兹书所采辑者，以民国元年十二月以前为断，余皆不及也。

张文光光复腾越记

编者按： 本篇资料辑录自李根源编《永昌府文征》文录卷20，是转引的仰光《光华日报》（日期不详）的记述。

辛亥九月初六日（1911年10日27日），张文光起兵光复腾越。文光字绍三，腾越人，家巨富，尚侠有大志。尝与杨振鸿及黄子和、杜寒甫、马幼伯游，由振鸿介入同盟会，时戊申年也。先是河口革命溃败，振鸿被拒海防不得登陆，遂奔缅甸，联结党人腾越间，图再举，因识文光。相与泣涕，言种族大义，并谈滇缅画界叠次丧地之历史，出革命宣言密交文光，散布汉夷人民。未几，振鸿以帝后丧有机可乘，潜入永昌举义。又败走蒲缥，呕血死。子和时在文光家卧病，稍愈展转出蒙化、下关，入省投效陆军。杜、马等则匿居文光家年余。已而片马界务危迫，滇人士四方奔走，言争界事甚急切。陈荣昌奏参兴禄、石鸿韶画界失地，王人文、赵鹤龄奏争重勘滇缅界，杨觐东上界务书，清廷均不应。李根源赴片马侦英兵，绘山川道路地形要隘图归省，大吏弃之弗用。人情异常愤激，热血之士咸思脱满清羁绊，谋独立。

辛亥秋八月，武昌难发，各省谋响应机大动。初五日，文光与陈天星、李学诗、彭蓂、方涵、钱泰丰、李光斗、张文运、张映宝、张鉴安、李治等密会于迭水河五皇殿。议定，推文光为都督，并特定禁令十条及采用革命方略等事。遂于是夜三鼓起兵。防军哨官李学诗，同盟会员也，于南城楼上枪杀防军第四营管带曹福祥，率队拥入镇署，围攻镇署及军械局。总兵张嘉铨吞金自毙。转攻道厅署，官吏遁走。时已五鼓矣。榆标陆军排长陈天星，字云龙，枪毙陆军管带张桐于财神庙，而夺其兵，亦率队入城。两军遂占有腾城。天明事定，市井晏然，鸡犬不惊。文光以陈天星为总指挥，李学诗、彭蓂、钱泰丰为统领，杨大森、祝宗莹、张鉴安、陈廷员等为军事参谋，寸开泰任民政；设财政、公捐二局，审判一厅；李治办警察兼总十八练团务；与税司英员好威洛订约，缅政府不得干涉；并护送关道宋联奎、腾越厅温彝良各由缅甸回籍，而留盐务督销总办彭继志于腾，以清官款。新增兵六营，地方编士林队一营为征集民兵先导。逾三日，遣陈天星、李学诗、彭蓂、钱泰丰、刘得胜等分三路出永昌、顺宁、云龙，以规取大理。在缅党人寸尊福、李瑞伯、刘玉海等亦纷纷携款回国相助云。

大理狱中供词

祝宗莹

编者按：本文作者祝宗莹，“是光绪年间腾冲高等小学教员，张文光的秘书。在杨秋帆到腾冲时与李治一起参加同盟会”。（李根源先生来函）腾冲起义后，起义军陈云龙部曾和大理起义军发生冲突，祝宗莹因此被捕，在大理入狱。“祝与陈云龙系在起义时结合，大概无深切关系”。（李根源先生来函）祝宗莹不久经云南军政府电令释放。当时军政府派李根源西上处理迤西诸事，此供词即送交李根源者，曾收录于《西事汇略》及《永昌府文征》内。本资料即从《永昌府文征》文录卷20选录，原件注有：“寄至吕合行营接获。”所述主要为张文光起义经过，可作腾冲起义的补充资料。

腾越革命之起也，造端于张文光。张君苦心经营，三年于兹。纠合陆军七十六标第三营右后两队，防军四、五两营，于初三日誓师，初六日举事，异常秘密。是日初更，陆军陈云龙请于管带张桐，桐愕怪，陈即击毙之。防军哨官李学诗当时亦毙其四营曹管带。两军混合，率队入城，围攻镇署及军械局。张镇台闻变，服金自毙。转攻道厅两署，道宋联奎、厅温良彝越垣遁走，腾遂恢复。旋理善后。当此事之未起也，即与军人约法，不许滋扰街市。又复致书税司，令勿惊恐，兼及教士、教堂因领事早赴密支那。税司初不料文明如是，曾避于弄璋街，三日后以彼幕友代请回腾，照旧代我办事。甫三日，彼探

得省榆未有消息，恐文明难以终始，坚辞回缅，只得派兵护送，复索得彼据，有缅政府不得干涉之约，此交涉之崖略也。民政于次日俱集自治公所开会，得自治员赞可，即以理财、裁判、钱粮归局办理，以议长寸开泰首其事，参赞以各议员。军政除旧有之各营外，添募四五营以剂其虚，并办有士林队一营（由腾越高等小学、和顺两等小学、大董两等小学、绮罗两等小学挑入），入队者皆学生及略识字之人。警察以李昆田办理兼总十八练团务，参谋有由仰光来者数人，并有腾越一二人。腾越于六七日规模草具，即将督销彭（盐务督销总办彭继志）留腾，永府陈及道厅护送回籍。初十日即得龙陵军捷报，攻毙龙管带，全军反正。旋调查永事，永以罗管带将怒江船只阻止我军不得济江，留禾木树者二日，后永接省光复电，罗管带长庚与教练官郭林昌积不相能，冲突于电局，毛令惧祸之及己，即仰药以毙。教练官复以省电不可为据，令全城将已树汉帜拔去，罗长庚亦拥兵自固，不愿反正。郭即率队回榆，渡沧江以东，将桥板扯去并砍电线。至黄莲铺，腾军先锋十六日抵永，罗长庚闭城抗拒，旋为该军及团兵枪毙。时腾派指挥官陈云龙大队已到，永事即定。虽知省垣光复，而榆以桥扯线断之故，反正否未得其实。陈云龙即率队东下援榆，以桥断阻，至桥修妥济江已二十五日矣。抵杉阳得曲统领信，始知榆已独立。有说陈返永者，彼云到省投效，随即拟电，至黄莲铺拍省，至则电局人已亡去，后寻回，局人云二十八始能拍去，二十九日抵曲硐即接省电，谓省兵力尚厚，勿庸东来。时彼新得永平县，为彼参谋大言炎炎深入其脑，而始有欲入大理之意，然其本心实非歹意。惟不晓事之蒋树本复讨奋勇，率曲硐无赖径取蒙化，时陈云龙至漾鼻，而先锋队刘竹云已抵平坡。榆举代表周华国、马鸣远到合江会合，谓必欲入榆只可单骑以进。后复援同志入榆妥议，或仍请率兵退腾永，或使彼单骑到榆，限三日解决。岂知榆代表与同志方入榆之次日，两军即起小衅，此腾永与榆军之龃龉，实自陈一人酿成之也。

蔡锷致李根源电稿

蔡 锷

编者按：以下电稿选自李根源编《永昌府文征》文录卷20，各电月份不明，先后顺序仍照原来排列，仅就能考知者附注释于各电下。

一[1]

急。行营李师长鉴：智电悉。我军起义，志在脱专制淫威，求人民幸福，并非黩武穷兵。腾永军光复各属，吾辈方深庆幸，乃陈云龙率兵东向，经此间屡电劝阻，该匪反肆野心，诚恐蹂躏生民，始檄榆军迎击，事非得已，心实恻然。兹得尊大人出而调停，意在罢兵息民，将使迤西生灵得安衽席，非独我辈所深望，即榆军亦必有同情。已电嘱榆军派员到漾濞迎接，并饬沿途竭力保护，一俟尊翁到榆协商，即可和平了结，使生民早一日得休兵革，即吾辈早一日得卸仔肩。惟既撤合江、漾濞之师，并须云龙、喇井之师亦一律撤回，方足

---

[1] 据《雪生年录》，李根源于辛亥年10月19日到楚雄。下即叙述"先是云南与大理军哄，电信不通，大势岌岌，张少山及地方父老坚请先考赴榆调解。先严辞不可，张起至永昌。电报得通，与樾村师商定停战办法，并制止各路之兵……。二十四日，先考由永回腾"。本电文"尊大人出而调停"，又言"一俟尊翁到榆协商"。似为10月24日以前之事。电末"箇"字可知此电为阴历10月21日（公历1911年12月11日）所发。《天南电光集》录为1912年2月8日。

以免人民之惊疑而稍安无事，否则既止东向又肆西行，祸结兵连，何所底止。此间得永来电，已将此意复之，并望兄电达鄙忱，果能一律退师，除陈云龙一人包藏祸心，首开衅端，仍应惩办外，其余均免株连，庶事早得结束。兄素为腾永信仰，得兄一行自易解决。为大局计，为桑梓计，不容辞也。委刘有金〔书充〕管带一电均悉，即照办，并闻。锷叩。箇。印。

二

行营李师长鉴：连接彭蓂、林春华、李学诗等电，方谓迤西生民可免涂炭，乃倏得榆电，据云州民飞禀，州已反正，忽有永昌白芝瑛率匪屠戮云州，惨无人理。已电檄榆军星夜赴援，迎头痛击，并电告腾军果以保同胞为宗旨，何又纵白芝瑛蹂躏云州，合方围剿，歼此蟊贼，以拯生民。腾军既云撤兵回永，忽又纵兵掠云，其意何居，请兄以此诘之。锷叩。梗。印。

三

行营李师长鉴：两马电悉。彭蓂豫附，迎机利导，荩筹极佩。云、顺各属请公委妥员为地方官，并委各该地正绅帮同办理。酌允就地筹款，募兵自卫，一面先行示谕，以安人心。当否？诸祈临时核办，省难悬揣。帑电已复，并电榆矣。锷。祃。印。

四

李师长鉴：俭电妥洽之至，便可拍发。西事得公料理，自易解决，一切处分，公可便宜行之，此间不为遥制，惟求将腾永所立之营切实淘汰，缩小范围，所有人数必以所有军械为准，至多不可出七营之数，每营以三百员为限。此实目前最切要之着，不可稍有迁就，其余善后事宜亦希与樾老（赵藩）预为计画，随时电闻。锷。东。印。

五[1]

李师长鉴：真电悉。清内阁派唐使到沪议和，民军以战事延长终伤元气，如果溥仪退位，赞成共和，自可和平了结。提议各条，以清帝退位后之待遇，清室之年金等为重，民军皆承认优待，乃清廷忽主张民主、君主问题取决国民会议，又有清帝退位临时政府亦同时取消之说，此则民军所万难从者，故其余条件均未议及。现在和议决裂，战事已开。我军在固镇颇获胜利，惟虏势尚张，皖之颍、寿、三河，陕之灵、阌、潼关皆入敌手，迭接宁电通告，滇北伐队已饬令改道入蜀，并拟〔调〕蒙、临、开、广国民军八营继发，合援蜀军，顺流东下，出荆襄以截敌攻鄂攻秦之后背。川军亦拟出汉中，援西安，均有成议。近接遂［鄂］电，段祺瑞通款，拟率兵北上，促进共和。果尔，则大局可望早定，但未识段究可靠否。虏族〔廷〕反对共和，以铁良、良弼等为最，良弼现被炸伤足。袁世凯前亦被炸，未受伤。内部闻颇轧轹。要之，虏廷断无幸存之理，惟苟延一日〔则〕多一日战祸，外族因而生心。近时俄以独立煽蒙，英〔亦〕添兵入藏，皆关系大局，为可虑耳。此闻。余续电。锷。元〔文〕。印。

六

赵樾老、李师长鉴：据永昌府留省同乡会代表刘德泽等禀称，祝宗莹素业教育，行谊不苟。此次因陈云龙迫胁到榆，今被监在狱，实属为人所累，恳准监察赏准开释等情。查祝宗莹既系迫胁，情尚可原，应准取保开释，希即照办。锷。艳。印。

---

[1] 本电文中有“近接遂电，段祺瑞通款，拟率兵北上，促进共和。”据半粟《中山出世后中国六十年大事记》，段祺瑞等秉袁世凯意旨，通电要清帝退位宣布共和，为1912年1月26日，即阴历辛亥年12月8日。如为。本电末署“元”字，当为阴历12月13日，即公历1912年1月31日之电。《天南电光集》录为1912年2月12日。

七

李师长鉴：唐提督现经黔都督电令华坪周管带连彪、苴却熊管【带】其勋及该两营内黔籍兵丁一并偕往。闻两营各有黔兵百人，拟饬挑出，率带回黔。苴却防地拟调合宝珍所带之南防第十一营填扎，并令合营汰去老弱，遗额即以熊营余兵归并成为一营，其华坪周营余存之数拟并入永北，尹营仍饬汰弱留强，编足一营，分防永北、华坪两处。惟查华坪之第八营已委陈松寿接带，该营现既并入尹营，拟将尹管【带】明玉调省，该营即以陈管【带】调充，似此归并调拨，是否妥协，希裁夺迅复为盼。锷。真。印。

八

大理李师长鉴：月密。删电悉。陈香亭为哥老会巨匪，既戕郭教练，复敢鼓煽党类谋为不轨，现又拐饷潜逃，实属不法已极，亟应正法，卑〔俾〕昭儆戒。郝景桂捐躯就义，深堪悯念，候饬登庸局议恤，以雪冤诬，而矜毅烈。都督府。筱。印。

九❶

大理李师长鉴：月密。鱼、麻两电均悉。荩筹本极赞成，惟体察近情，尚须商酌。顷接我军叙府电，成都独立，端诛赵遁，蒲殿俊为都督，又因放饷被戕，仇杀相寻，势益糜烂。我军此时宜先收泸、叙，急趋成都，为之扫荡廓清，整理内政，恢复治安，若取道宁远，似嫌过迟。且接会理公呈，已经反正，而邛、雅一带多为同志会所分据，若专事假道，则粮无可筹，欲节节进攻，则多费兵力。虽沿途多樾老旧属，然近日地方官势力已失，呼应亦恐不灵。又腾永军甫就范，善后尤待经营，印公即行出川，西事恐难巩固。愚虑所及，辄以

❶ 《天南电光集》录为1912年1月25日。

奉商，卓裁如何，仍希赐复。锷。虞。印。

一〇

大理李师长、赵樾老、丁硕翁鉴：江电悉。鹤丽镇移驻永北，借资坐镇而保治安，荩筹甚善，即可定计，由硕翁前往布置。惟取道永北援川一层，尚须计议。闻宁远一路道路艰险，军资缺乏，不利大军行进，宜先派员前往侦察再定区处。锷。歌。印。

一一[1]

李师长鉴：月密。彭、钱死事已饬议恤。惟彭系督带，而钱系何职，无案可稽。李歧山系钱卫队管带，奋身殉彭，尤人所难，应予优恤。惟三人均非临战捐躯，又非因公毙命，似以名义〔誉〕恤赏为宜。如追加职衔及其子孙长成入学堂免收学费之类，如何办理，希核议电复。锷。漾。印。

一二

赵樾老、李师长鉴：麻、青各电均悉。财政事项分别管理，裁撤审判一厅公捐两局，并出示停止公捐办法甚善。开支各款俟文折报到，再行饬部核销。商会、巡警、学务、自治各内政切要之图，惟巡警可设百名。此外由商会组织商团以辅兵警之不足，较为妥善。两国事贤劳，心力交瘁，实深悬念，切望珍摄。所委商董等各员候行部备案。锷。文。印。

一三

李师长鉴：巧电悉。查旧有腾永各巡防队第四、五两营驻腾城，

[1] 《天南电光集》录为1912年2月23日。

第六营驻蛮允，第七营驻永康，第八营驻龙陵，第十一营驻古永猴桥，第十三营驻永昌，保卫队第一营驻陇川，秋季薪饷已由前防团兵备处照章筹解交大理府收存。现据周前守册报，反第十三营来榆具领，余均未发，尚存榆局等语。惟反正后闻第四、五、七、八、十三等五营均被胁溃散，其余各营是否仍扎原防，迭经电查，迄未得复，前接尊处宥电，有腾永确系二十三营之语，应请我公到腾确查旧营未溃逃者，应接届接续发饷，新营按成军日起支，饷照旧章。款暂由大理饷局拨发，实有不敷，再由省筹济。惟滇饷奇绌，公所深知，以一隅之地，骤添十余营之多，饷力断难为继，希体查情形，将新营大加裁汰，妥遣归农，以复旧有八营之数为断。并请查明确定，即将营数饷章及管带姓名、驻扎地面详晰电知，以便饬令编制，俾归一律。锷。阳历胥。印。

一四

李师长鉴：鱼电悉。腾永各营经台端分别裁并，并将各营卫戍地及驻扎处所布置妥当，深佩伟筹。此外西防国民各军拟仍以李提台兼带之营编为第一，熊其勋营为第二，归大理提台统辖；李德泳所兼之营为第四，马遇春营为第五，姜德兴营为第六，归丽维统领统辖；尹明玉营为第七，周连彪营为第八，归鹤丽镇统辖；杨钟骥营为第九，赵勋泰营为第十，归西道统辖，庶与尊处所定之第十一至十七营前后编次衔接。惟旧时之第三营为第三，系前顺云协马长安兼带，驻扎缅宁，反正后该营右哨溃散，只余两哨，不足一营，应以此营编。但旧时之第三营系归大理提台统辖，兹李协之营既编第三，应否仍归大理统辖，抑归腾永统辖之处，统候察夺办理，饬遵电复。再第十一至十七营归何处统辖，并盼复。锷。齐。印。

一五

李师长鉴：月密。东电悉。所示改土归流办法，快刀斩麻，自是百年大计，弟当无不赞同。惟梓畅（李曰垓）颇持重，专改腾龙十司为不妥，请兄熟筹之。锷叩。支。印。

一六

行营送李师长鉴：卅来电所分配迤西防戍各地区域均妥，应即照办。惟中维两厅划归维西协防戍一节，查维西协仅带一营，沿边地面辽阔，似难兼顾中甸，且中甸营哨系丽统领坐营，亦恐呼应不灵。丽统防地仅鹤丽剑三属，区域较狭，台端拟于划分后仍令该统兼管中维，自系有见及此，应切实责成该统勿因防地划定，遇事稍分畛域，免滋贻误为要。锷。冬。印。

一七

大理李师长鉴：青电悉。据军政部呈称，查此电请设弹压委员各地，与前电请设巡捕委员各地同在一方，既设巡捕又设弹压，未免重复。且设弹压乃改土之始基，宜暂避此名，以释土司之疑。据军政部呈称，前后两电请设各员均在边地，拟专设一项，名曰边务委员，除前设之交涉员仍旧设立，一律更名为边务委员外，尚应添设三员，一驻盏西，一驻猛卯，一驻蛮牛坝，尤为适宜等情。查该部所拟尚属允当。希即查照办理，请即拣员充任报查。锷。删。印。

一八

李师长鉴：筱、啸电并悉。弹压与巡捕权责既不相侔，自应分别办理，所请照蒸电分划区域；设陇以弹压兼交涉副委员一员，以杨春培委充；猛卯遮放弹压一员，以周谟委充；芒市、猛板弹压一员，以杨鸿仁委充各节，应即照准，并候分饬备案。至巡捕委员，虽为腾永龙镇四属边地特设，是否仍设其驻所，是否照军政部议，或照执事原定地点，希即电复。锷。马。印。

一九

赵樾老、李师长鉴：号、祃、哿电悉。赵营到永，即令协同由守（永昌府知府由云龙）办理清乡，以清余孽。李营给饷遣散甚善。锷。敬。印。

二〇

永昌李师长鉴：霰电悉。永绅谓谢宇俊曾许捐银五千两一案，饬据民政司复称无案可稽据，旋经警局申斥息事，并将勒捐字据追缴，是此案已经取销。惟永昌此次兵变，居民被害甚多，情殊可悯，该谢宇俊任永日久，诚如电文于义无辞，拟饬令该员捐资助账等情，当即批由该司饬捐银五千元，俟缴到汇永应用。锷。有。印。

二一

李师长鉴：月密。筱电所言英人私立界石、驻扎多兵等事，已将从前界务及现在情形详达袁总统，请其亟商英使正式开议，勿得暗中袭取，并派员赴京钞界务及外交重要档案地图，预备将来严与交涉。现在国基未定，自难轻开衅端；然一味含默，后患更无已时。惟有一面由中央与之交涉，一面于彼兵队未到之地亟先派人抚绥经营，早为地步，应可稍戢野心。锷。宥。印。

张文光致李根源电稿

张文光

编者按：本篇资料辑录自李根源编《永昌府文征》文录卷20，各电月份不明。

一

李印泉先生鉴：廿日接获鱼电悉。现陈云龙已调回永昌，各军队均撤退，惟望兄速临永腾，合商一切，不胜欢迎之至。同志弟张文光叩。马。印。

二

李师长鉴：筱二电均悉。钱泰丰实由腾派，宗旨无疑。至陈、刘一层，实系镇康刀上达谋夺永康，残害生灵，已调伊到彼剿抚。陈云龙已回永转腾，现在是非未明，若遽正法，恐寒志士之心。拟俟驾临榆后，将二面隔阂情由确察清楚，从公决罪。至蒙化之兵，接省电后已飞函调回。顺宁带兵者系同志李学诗、宋宝奎，均属革命同人，忠实可靠，誓死无他。一切谣言讹传祈勿轻听，面晤时自可尽释猜疑也。张文光叩。

三

李师长、赵樾老鉴：元电谨悉。杜文礼桀骜不驯，向匿迹镇康一带，并非此间部伍。九月初六腾越反正后，杜匪即日回永昌纠集党群五百余人，窜往漕涧各处，希图劫掠。文光得信后即经派拨军队，驰往清捕。旋接李辉祖具报，杜匪之党已在喇井经丽江军队击溃，旋又为辉祖所挫，现在不知去向，并附到六库土司之函，词旨亦同。文光一面派探侦查，一面密饬钱指挥、马提调设法诱致。该匪果投入钱营接管卫队。因其党羽太多，发之过蹙，恐致惊及地方，刻已札调宋保奎回永相机图之。正在布置间，适接尊电，与文光之意不谋而合。除密饬钱、宋妥速办理外，三五日后必当有以报命也。文光叩。翰。印。

四

李师长鉴：杜文礼凶悍狡险，因其党羽甚众，在永惩办恐致惊及地方，是以将其计诱来腾，廿日到橄榄寨，经哨官马占标突前刺之，杜匪连开两枪，马弁登时倒地殒命，杜匪旋为我军格毙，其死党受伤者二人，逃窜无踪。查马占标格匪身亡，猛勇可嘉，请转禀军府，从优恤赏，用慰忠魂。文光叩。哿。印。

五

赵樾老、李师长均鉴：删电悉。两公命驾来腾，曷胜欣慰。军队带三千余人，多多甚善。惟念六起节似觉太缓，光仰慕公等有如饥渴，恳改期从速，勉副仰望。改期何日，并祈赐复。文光叩。铣。印。

六

李师长钧鉴：陈云龙心殷北伐，度日如年。又有仰瓦各代表俱怀此志，坚邀速行，已于本日起程，留之不能，实深怅恨。彼犹有函呈，一时难达，特先奉闻。张文光叩。艳。印。

七

永昌黄君鉴锋、宋君学诗、李君光斗、张君定甲鉴：此次在腾解散各营士兵，俱已谕其回籍务业，不准沿途逗留。诸君部下切勿收用，致干未便，特此电达，希即遵照。文光。青。印。

迤西各属光复记[1]

由云龙

民国光复，不数月而告全功。然当发难之初，伏莽四起，苟非群策群力，亦何能奠安闾阎，维持秩序耶。云南自重九省城光复，鸡犬不惊，民居安堵，咸以为在省诸公镇摄维持之力。若迤西则腾越反正在先，丽江、顺宁各属平定在后，其间筹划开导，镇定维持，有不可灭没者。

先是，九月初六腾越张文光起义。电至大理，咸怪诧之。迨永昌警电连来，益惊扰，谋为抵御，盖以此君素无声望，又探其部属流品太杂，故疑其为不正当之举动也。迨初九日省垣反正电至，乃由族长曲同丰集合官、绅、商、学各界于大理府署，议从速。曲君及周宗麟君、赵绍周君首云服从，咸同声赞成。有谓宜再斟酌次日复电者，由云龙谓既赞成，奚事游移，反生枝节，宜及时拟定电稿。在座齐签定拍发，议遂定，并电省。

是时谣传蜂起，军民摇惑不安，土匪及野心家均乘间思起，大局岌岌。复集合各界于府署，议以大理为迤西各地之枢纽，官失信用，一切政令无所归宿，宜设一总机关以为号召各属之总汇，定名为迤西自治总机关部，草立章程。于十四日在考棚内开总机关部成立大会，投票公举赵藩为总理，由云龙、李福兴为协理（赵藩因有他项任务，未就职。由云龙兼代，旋即公举为总理。赵藩事详后记），张肇兴、

[1] 本篇经原作者校勘并附后记。

李文源、范宗莹、周宗麟、王巨卿为参事。周雯、张锡铭、张汝厚、洪桂馨、赵荣章为庶务、文牍各职员。遂电省垣，并通行各属，宣布反正始末，安慰军民；并特电顺宁、丽江、楚雄三府，永北、蒙化各直隶厅，令转饬所属一体反正，悬旗庆贺。以张参事肇兴在楚雄素有信用，特加电报服之。标统涂孝烈夤夜私逃，卒以秩序大定，无所牵扰。

十五日开庆祝会于校场，到者数千人，升旗，三呼民国万岁，唱歌绕场三匝，始各整队归。各街市亦一律悬旗结彩庆贺。

三月十六日回民多以悬挂汉字旗，恐有畛域之分，悉相诘问，周、李诸君乃演说回汉一致，五族平等之旨。并令举回民代表二人来部办事，始各帖然。

榆标营兵心怀叵测，时有危言。丽江张继良亦有异志，腾永警电纷传。乃定议调练乡兵二营，克日成军。电省截留乔后盐款以作饷糈；一面派侦探赴丽、楚、顺、蒙各属，通告宗旨，并探现情回报。城乡添设临时警察，以卫公安，通告本届钱粮及府县商牲税课，均仍解由地方官照收；又遍示各属禁止造谣生事，人心稍安。

十七日楚雄、丽江官绅各界复电，一体赞同反正，并已分转各属照办。榆军有私立团体曰同志会，密谋推戴涂孝烈戕杀官绅，至是已渐消灭，惟各属尚有以自治为名，侵越攘夺为患者。因由部详订自治规章，及自由之界说，分发各属遵守，各属地丁、钱粮、税厘、盐课亦不免乘机观望，甚而有侵蚀者。立电各属公举正绅监征，部中严为考核。适奉省电委赵藩署西道兼巡按使，遂公推由云龙为总理，李福兴为协理，各职员仍旧。议练迤西三十属乡兵七千人，以资保卫闾阎，巩固边圉，请提黑白琅三井附加盐款月一万八千两以作饷需，拟定呈稿。适永昌驻防陆军，由郭教练官率带回榆，行至观音塘，被第一营管带假传曲统领令戕之。曲君立传蒋管带至协部，蒋供认不讳，并开手枪，遂命左右缚斩之。曲乃至标营演说，枪声四起，营中大乱，曲统领遂乘骑逃去。机关部遣人追之不获，乃邀集督队官王太潜、二营管带孙绍骞，晓以大义，力为镇压，始稍宁贴。然与曲为难者尚有多人，至晚间下关驻营借口曲统领已去，饷需无着，向商号勒借银三千两，有否则不任保护之语。居民大恐，即夕迁徙一空。

是日又有腾永发兵数千，分道进取之信。由君拟遣妥员前往说明宗旨相同，彼此罢兵，以免蹂躏小民。讵在下关索银一事，为由君厉斥，遂愤恨逸于第二营管带孙君，孙于夜间突发令派兵围杀由君，经王巨卿、杨恒昌两君力解乃已。腾越张文光派陈云龙称都指挥，率大兵分三道下榆；刀安仁亦自称都督，行文至大理，迫令李提督封锁军装库，听候该兵到榆，居民极惊扰。乃先备文移复，告以大理各郡均已恢复，勿庸带兵前来，并派代表周华国、马明远前往犒劳；并晓以大理、丽江、顺宁、楚雄各郡县光复在先，该兵允宜退守边境。乃陈云龙及其先锋刘竹云均不听，仍分三路出窜，经电奉军府命令，遂分饬迎头痛击。其扑喇井一路被李统领德润兵败之；扑蒙化一路被兵团合力败之，杀伤尤伙；扑下关一路，亦被榆军击退。其扑顺宁者，经顺宁迭次告急，经赵巡按使密檄，将乱党谭占标擒杀，并遴委张汉皋往摄郡篆，妥办善后，地方始定。

时浪穹亦有巨匪郑云标等纠合党徒欲自麦地进掠，经派赵泮香带队至花甸哨防堵，并派榆军一队，往汇团堵剿，乃窜去。各属人心渐定，省中已特任李君印泉率师西上。同人咸以机关部之设乃一时维持地方之计，官治、自治仍应切实画分，乃可以规久远。于是电省裁撤，奉准后，先将所招乡兵二营，晓以大义，即时遣散。将余饷、军装、文件等项封备，于十月廿七日李师长印泉到榆，机关部总理由君、协理李君及各职员，始将经手一切分别交代于赵巡按及李师长处，机关部即日裁撤。综计部中所办要事，约有五端：

一、光复之初，迤西各属官绅极其观望，若文电不通之地，惊扰疑惧尤甚。自机关部成立，颁发文言、白话通告各属明白开导，遂相率来归，赞成反正。各地方官骤失信用，政令不行，机关为综理之事，有所禀承，有所归宿，而地方以安。

二、各地方劣绅及好事之徒，乘扰攘之际，与地方官吏为难，一方面复造作种种匪语，以鱼肉小民或抗厘税或妄捐输，民心惶恐。自机关部成立，严定官治、自治之分，申明反正后一切继续办理，毋得率有变更，反复警诫，而秩序稳静，无所伤损。

三、榆标各营习气极重，入哥老会者尤屡次联络党羽，思乘间抢劫饱扬，一夕数惊。机关部成立，立调练乡兵二营，以隐相钳制，意不得逞，城市以安。

四、张文光反正虽属义举，而用人品流太杂，屡欲窥取大理为根据地，迭次解说不听，竟以重兵分扰各郡。经机关部分段严防，如顺宁、云州、蒙化、喇鸡、云龙、下关各地，均被指授机宜，痛加剿击，始敛兵而退。至于楚雄、永北、丽江及所属各郡县，皆由机关部号召联络而一体服从焉。

五、榆军反对，曲统领不得已逃去，各属闻风大恐，机关部力为抚慰镇摄。其最枭杰如孙绍骞、钟鸿飞、王太潜等，均帖然就范，卒为部所利用，以收勘定之功。其它如派员分赴各属演说宗旨，劝谕禁烟，照旧上学，纳粮上税，各守法纪，则又淡中着笔，不无裨益云。

后　记

云南重九光复省会及迤东南情形，有别种记述，如粤人孙璞（字仲瑛）《重九战记》等书，可供参考。今特补充几点：

一、清朝主要官吏：一为总督李经羲逃避于龙井街陆姓私宅，与其姨太眷属及子李国筠，经绅民访得，资送出境。一为镇统钟麟同率二百余残兵占据五华山，抗拒不服，自杀殉清。一为布政使世增（旗人，以交涉使升任），被杀。一为提学使叶尔恺，官僚气十足，因其父任四川知县，尔恺在川日久，濡官毒最深，其妻又系张之洞族属，学使太太出入要鸣炮（从前无此制，而张妻力争得之）。尔恺在滇学使任，屡兴学界大狱，光复前力劝经羲募黔兵平滇乱，又屡以义军秘密报经羲，以讲武堂为重点，尤嫉视。光复胜利，叶逃匿民间，被讲武生何俨然、蒋光亮等搜获欲杀之，得学务公所科员李净涵等以私人感情力救得免，仅击落三齿，割去一辫，给护照送出河口。叶在滇学务无表现，而专以压制学生注重琐事为务（如派佣妇坐女师校二门内，见有女生缠足者，即执而力解其缠缚，致女生不能行走，即其一例。至于私人在浙沪名誉不劣，能终隐补过也），后卒于上海。

二、赵藩是从清朝四川道员，丁忧起复，由剑川县原籍行到大理。值省城重九光复，李印泉有私信给他，将委他任迤西道，而自治总理一职，先以点缀颜面。实则赵官派太重，人民很反对，因此虽以虚名推举，并未就职。李印泉撰其师赵藩七十寿序，谓“驻榆陆军协统曲同丰集绅民立自治总机关，遮先生任总理”云云（《曲石文录》卷一《剑川赵樾村先生七秩寿序》），实则初议改革时曲同丰与营长孙绍骞持两端（因镇统不服，反抗），又误杀排长蒋宗毅，曲方集合讲话，忽队伍中枪声四起，曲遂从后营门脱逃，仆等乃收拾善后，安辑地方。盖重九起义后，仆在大理，以清朝京秩——内阁中书与云南提督李福兴、绅士李子清、范宗莹、张肇兴、周瑞章等及模范学校学生倡导起义，响应蔡都督通电，推翻清政府，号召独立，设迤西自治总机关，公推余任总理，合楚雄、大理、丽江、顺宁四府，维西、中甸、永北、蒙化、景东五直隶厅，共四十余州县，皆暂归统治。迨李根源奉军都督命率第二师巡视迤西，始将所辖军（自辖一营及巡防营）民钱粮诉讼册籍及剩饷悉数点交，转送军府。而是时赵藩奉委任迤西道，坐绿呢大轿，鸣炮出（住在尹姓当铺内），大摆官派，人民于街头掷石打击，詈骂不休，方自救之不暇，何有任总理之事。

此外辛亥起义以前，尚有数事堪记者：

一、发起以公费派遣东西洋留学。清季自庚子以还，苏浙南北洋各省竞派留学生，不获公费则以私费供给，而且多学实业。云南僻在西南，若罔闻知。是时仆以盐捐团费委员驻白盐井（今之盐丰县），与一传教牧师相好，借得报纸一份，时时阅看，顿觉云南留学不可缓，乃以举人委员的资格，通禀请筹公费派遣留学。原籍姚州，先呈到州，知州梁政麟人极开通，大加奖赏，直到督抚（巡抚尚存在），立饬善后局筹款考选留学日本陆军二十八人，实业、法政三十余人，师范八十余人。后来训练军队，开办小型实业，教育师资皆取给于此。

二、创办《云南日报》。仆兼教育总会会长时，与同事钱君用中拨会中公款，创办《云南日报》，是为云南有日报之始。世人多误会忽略，甚至以《义声报》为开始之报，非也。钱倡导新政最力，后又聘文学著名之赵式铭、甘德光等为撰述员。历数年而《义声报》、《民意报》等乃相继而起。

三、清云南总督锡良创练陆军时，仆以中书京秩与督抚司道平行来往，是时官吏颇改变态度，有关地方时政颇延纳访求意见。锡良议及时事，慷慨流涕，尝向仆深深一揖说："请足下多多帮助办新政。"护督沈秉堃继之。幕府中人如刘希闵、李光炯辈皆稔熟。于是仆立开单请调士官毕业生廿二人回滇，如李根源、唐继尧、顾品珍、叶荃、赵又新等皆列在前，照单调用。于是云南陆军成立，而讲武堂之军事教官，尤以士官生为骨干。

宦滇日记（选录）

崇谦[1]记　宝铎注

编者按：崇谦在辛亥革命时为清楚雄知府，今自其日记中选录有关辛亥革命部分，由其后人宝铎加以注释，反映了辛亥革命时地方绅士的活动。

宣统三年九月初九日（1911年10月30日）　晴热

早接电局钞来透电[2]，腾越兵变，闻之心惊。天下纷纷多事，岌岌可危，曷堪设想。传王光裕、姜仕周[3]催关厢垣栅工程。传宋哨官[4]饬派兵检倒塌城砖，拟粗为修筑起。起删改保甲章程。饭后往议

---

❶　略历：先公字仲益，又字益三，号退葊，行二，雅尔湖瓜尔佳氏，正红旗满洲人，同治五年（1866年）生。由生员选授礼部主客司铸印满档房笔帖式，光绪丁酉科举人，充玉牒馆总校官。历任云南南安州、善后局收支文案、通海县、东川府、厘金局提调、洋务铁路局提调、代理厘金局总办、盐井渡厘金督办、楚雄府、保升云南补用道。反正后，李师长委自治局名誉总理。壬子回京，未再出山。乙亥（1935年）病故天津。邓之诚先生《滇语》卷四有传。工诗、文、联语、书、画、清篆、刻印。所著有：《宦滇杂志》（壬寅——乙亥日记）四十六册（此编在第十四—十五册内），文稿二册，尺牍一册，《南安宪纲》、《东郡识略》、《楚游纪略》各一册，《山爱庐琐记》、诗稿、《唾余吟草集句》各一册，联稿三册，印谱（名《石头记》）一册，禀稿札示九册，判牍十册，均未印。

宝铎侍宦云南，当辛亥革命时，年十三岁。虽已晓事，而公牍多未遍阅，宾客亦不尽见，故所知者少。且事隔四十七年，文献多阙不足征，今仅就能知者略注，较无注为差强云。

❷　时以消息难得，又无报纸，故命电局委员，凡往来电报有关时事者，皆抄副本送署。

❸　王字耀庭，姜字渭珍，皆楚经费局绅士，王兼楚雄中学堂庶务。

❹　巡防队第二营，带中哨全哨驻防苴（音左）却，其地距楚四百余里，属大姚。左哨一、二、三、四、五棚，驻防府城，扎西门（德胜门）城上。哨官宋元德，字克峻，鹤庆人，曾拜先公门下。

事会，监督议钱粮及哨界保甲等事。晚饭后，请聂春伯[1]同杨少山[2]商楚县粮。

初十日　晴热

早拟保甲告示。饭后厘员谢兰生来。去后，往议事会商楚县钱粮事毕。步行登城，看堵筑城墙工程。归疲极，少憩，比佃户讯沈保之。晚饭后往电局，询腾越事，值省线不通，腾情形甚迫，不胜惶惧。

十一日[3]（11 月 1 日）　晴热

早，定远县刘晓川[4]，镇南州伍香珊[5]，监征委员曹大铸（甘肃人），聂正熙均便衣来，就留早饭。甫饭毕，电局王委员[6]来告“省城陆军已变，制台[7]不知下落，所有公报省局不收”等语，闻之涕零。决定以保百姓公安为主意，急饬刘、伍两君遄反。即往议事会，聚集众绅，宣布腾越之变（省事未敢即时宣布，恐乱人心），赶速调团，各界刻难齐集，商于城内外先调百名。商定，往电局约大理周善伯[8]，询彼处消息，候久未到。回署，南安蔡寄生来[9]。往城外财神庙点团。归，上城抚辑营兵，先将分布城厢。晚饭后，到议事会（改团防保甲局）筹商一切。发号褂。夜十二点钟，出查城内各团。

十二日　晴暖

早接省城新立军政都督府蔡电告各府、厅、州、县，谓“军政府已立，于重阳日宣布独立，占领省城，各府、厅、州、县照常办事，省城已定”云云。当邀李、王二绅[10]来阅，即往电局探询省事，并致大理电，询如何拟复军政府。归到团保局，传齐城厢各街长，嘱赶将

[1] 聂名正熙，监征委员。

[2] 杨名沛霖，丽江人，刑名钱谷幕友，非端人。

[3] 初十日为先公生日，因先祖于初十日病故，改于十一日，刘、伍、蔡诸君，盖皆祝遐〔嘏〕来者。

[4] 楚雄府七属，为：楚雄县、镇南州、南安州、广通县、定远县、姚州、大姚县。刘名光铣，定远知县。

[5] 伍名毓崧，镇南知州。

[6] 王名绍昌。

[7] 云贵总督李经羲，字仲轩，合肥人。

[8] 周名安元，广西人。

[9] 蔡名慎益，南安知州。

[10] 楚绅李王两姓颇多，此当为李云鹄、王耀庭（李见后）。

保甲成立，宣布条规。归。饭后，得少眠养息。厘金委员谢兰生来，点收由县提过快枪笔码❶，往团保局点各界团兵。张子玉由永北查案归，来谒。去后，闻姚州甘德芳❷由省回，邀来询问。又找宋哨官极力安抚该哨。电局钞送致各道镇电称："李制军已在议局率司道办事。"苴却熊、宋❸两君告："边防吃紧，调兵并请示入川。"即写复函，又饬李载阳❹团来署守军装。一日绅士往来不时。

十三日　晴暖

早移签押房作参议处，同绅商拟复军政府电。饭后往团保局，点已到各团及检各枪支。宋克峻乃兄宋明三来谒，久谈去。谢兰生来，缴存解款。晚各绅来，谈至二炮❺去。

十四日　晴，午后雨数点，风凉

早上城答拜宋明三。饭后，南安州团绅李莱成等来，请示宗旨。接军都督府电三张，咨议局电一纸，拟稿答复，斟酌至再。晚邀宋明三便饭。饭后电局王委员来支款。定远绅士来询复军政府电法。往团保局宣布各电，并复电稿毕，会印拍发。本日由省起身来楚者与进省趱回者人马甚多，传言甚众。

十五日　晴凉

一日监视发枪。

十六日　晴暖，晚风，雷雨一阵

早饭后，杨少山有家信来❻，称："消息不佳，恐难见容。"拟以身殉。李云鹄等同来见，泣涕勉余以大义，恳保地方为主意。余亦感泣允许❼。彻夜未眠。

---

❶ 云南呼枪弹为"笔码"，或云"笔"当作"逼"。

❷ 甘氏为姚州世家，德芳字子直，行八，优贡。

❸ 熊为管带，宋为巡检，名光枢，字伯垣，贵州人。

❹ 李名朝春，楚绅。工治馔，凡办席者，多倩助理。

❺ 清时，外省衙署，每晚饭时，鸣炮一次，谓之"头炮"。至九时，再鸣炮一次，谓之"二炮"，借以报时。

❻ 杨少山之父，反正后，常由省来家信，有畏人知者，往往用彝语译音写之。

❼ 先公拟殉清，召集绅士谈话，议会议长以及知名绅士均列席，不仅李云鹄数人。李名文蔚，眇一目。昔因公事往往与先公争执，先公颇畏之。反正后，共患难，遂相水乳。当日，有耆绅安履端声言：如时局久不解决，即请先公为临时民主亦可（安见后）。自此日后，先公每有公务出署，或步行，或乘马，则绅士前后左右拥护以行，恐有人不利于先公也。

十七日　晴，午雨一阵，凉

早邀李云鹄来，商拟贺电稿。午拟电稿三❶。南安州绅杨条莘来。

十八日　晴凉

早张罗悬旗❷事。十二点钟，会同同城官绅到自治局，合城绅耆均列坐议事厅，官绅登台演说毕，兵队送旗悬挂大东西两城门及各署公局。回署，阅省城新出《大汉滇报》，排满之说更烈，不胜焦灼。倘为世所不容，拟命玉琴❸将六儿❹携逃命，夫妇偕殉。而六儿又不忍离，全家尽哭，是将全家同殉而已，伤哉！

十九日　晴凉

早邀李云鹄来商余事。午写催镇、广、姚、大、赶电军政府信。拟捐廉加赏团兵号火医药等资。

二十日　晴凉

早饭后，李云鹄来说："定远绅到自治局，欲电省告地方官，将起冲突。"即拟谕官绅札并告示。当传定绅乔凤高来开导回县。得省电称："陆军不日西上，来楚驻扎。"同云鹄商其驻所并犒军礼物。时挨近署之民居，多有迁徙，颇形惊恐，即拟告示安民。

廿一日　半晴，风凉

午闻少山又有家信到，索阅，风声甚恶，心焦万状。拟电至三更始息。

---

❶ 电稿内有李子通一电，借探省城消息。李名炳泰，楚雄举人，当选议员。电文云："省咨议局议员李子通鉴：接省电，民间不无惶恐，兼闻广通连界地方，匪徒乘间迭出抢劫，人心愈觉不安。涂县患病（见后），茫无头绪，幸赖崇府深明大义，会绅竭力经营，始则调团筹饷，清理军械，备置旗号，督修官厢倒塌垣栅，堵筑倒缺城垣各工；继又办理城厢保甲，推广各乡，组织团保局分科办事。官绅夙夜不遑，直至昨日，甫布置周备。现在人心安定，即悬旗庆贺，全体欢欣，商学各界，均各照常。曾将情形电报军都督府矣。用舒锦注。楚雄县议事会劝学所公叩。"

❷ 旗为"汉"字旗，时称"大中华国四千六百〇九年"。至壬子，改用阳历，始称元年，悬五色旗。

❸ 时眷属为先母（姓王佳氏）及先公侍姬，名玉琴。

❹ 先公先伯两房中，弟兄名之上一字均用宝字，小名均用曾字，上冠以排行。宝铎行六，故曰"六曾"。

廿二日　晴，风凉

早李云鹄、赵汉槎❶同杨少山拟上绅民保电❷，感情最切，其电即日拍发。午将现存款库市平四百、楚平四百、龙元一千三百元、法元三百元，及灵乐峰❸寄顿龙元六百元、银一百两，全交会计绅安履端、丁彩堂、倪谦吉❹收存，用拨团饷各项之用。下晚，闻禄丰❺扎之陆军，颇有疑吾楚有抵制之意，谣传甚杂。商遣周乐山❻、王耀廷二绅前往，致函迎迓。

廿三日　半晴，雨一阵，凉

早大姚侦差来郡，当将唤入，询两姚地方情形，遂写致两姚信及钞电，交该差带回。发镇、广禁烟告示。晚，何明光、涂暗臣❼来称："驻禄丰陆军石管带，与伊世交，有信致伊，略云：该军不日到楚，欲诛灭贵上司，与涂无干。"云云。涂促余逃，未允。是夜心颇焦灼，旋接军政部电，即答绅保电，饬印刷遍贴❽，稍安。

❶　赵名长源，楚绅。余曾从受业，品不如学。

❷　电文云："军都督府暨参议院钧鉴：前奉电饬：崇守涂令，仍旧供职等因。仰见兼容并包，钦佩无既。崇府亦仰体德意，会同绅等，昼夜宣勤，不辞劳瘁，以维公安。刻下人心大定，居民安堵，深赖崇府之力。窃念崇府到滇以来，历任南安、通海、东川各州县府，总以爱民为宗旨，故所至有声，口碑载道。莅楚三年，实心实政，七属绅民，无不感戴。此次闻省宣布独立，即表同情，毫无疑异，似此贤吏，虽在汉员中亦不可多得，咨议局员，均可询证，非绅等之私见也。在崇府布署后，即欲避位让贤，退归农牧，因绅民等再三泣留，故尔中止。现在省军西上招安，纪律文明，沿途称颂。维我楚民，知识浅陋，均以崇系满人，代为耽忧，致生惊惧。绅等宣布我军政府大德优容，既蒙录用，自与同胞一体相待，解释群疑。然恐宵小狎侮，轻举暴动，累及治安，敢请我军都督府参议院，俯念地方重要，明白电示，以靖人心而慰民望。并请电告来楚兵官，到境晓谕安抚。绅等为维持公安保护贤吏起见，不敢壅于上闻，伏乞速电示遵！楚雄县议事会劝学所暨绅商学界公叩。"

❸　前白盐井提举灵琨，字乐峰，行四，满人。反正后，入滇籍不归，改名赵柳泉。

❹　安名汝祥，丁名修华，倪师讳克恭，均楚绅（安为倪师之舅）。

❺　自省城西南来，至楚雄，计行六站：一安宁州，二老雅关，三陆丰县，四舍资，五广通县。

❻　周名崇仁，楚绅。

❼　数涂名建章，楚雄知县，与何同为四川人（何名联荣，疑为涂戚，由涂介绍，历为蚕桑教员、府署收支、楚雄税局各职，曾拜先公门下。其人与涂，皆阴险可畏）。涂自反正，即以足疾请假，百事不理。新任至，始办交代，帐目不清，为绅士包围，几难成行。本日之信，为恫喝先公无疑。参阅廿六日日记。

❽　电文云："县议事会、劝学所鉴：此次义举，是政治革命，并非种族革命，不得妄生满汉意见。崇守涂令，均有政声，理应力为保护，以为爱民者劝。除径电饬大理曲统领（见后）传谕所属军官，道经楚雄地面，妥为保护外，凡该属土著客籍，所应仰体德意，不得别生意见，致累贤良。电到，仰会所将电文印刷多张，遍为宣告。军政部漾电。"

廿四日　晴，风凉

早闻曲统领[1]已由榆起程，同李云鹄商接待事。昨军政部电，当由局用文明版[2]印刷，发大路及各属自治局分贴。是日接省电："饬各居民，如有存项，须存纸币，不得存留现银。"云云。将来财政困难，即此可见一斑。

廿五日　晴暖

早接镇南州信："曲统领昨日宿镇，今日准到楚。"会绅商预备接待各事。午往西城外接官厅，率官绅迎迓，至两点钟到，驻中学堂。旋同李云鹄、赵汉槎往谒见，谈甚洽。先是曲未到时，汉槎、云鹄、彩臣[3]等即预持军政部电，迎于三家塘，及两次相见，颇安慰余，幸疑团解破。傍晚曲统领来拜，甚谈衷曲，意颇亲切，并向余借三百元作路费[4]。盖渠之此次进省，因杀蒋管带，其部有欲变势，曲惊而出走。昨大理机关部来电，嘱代之留。曲不允，拟仍进省。故出榆时，仅带二十余亲信。

廿六日　晴暖

早同众绅至中学堂，送曲统领起身。倩俞文华[5]至电局钞曲抄〔拍〕省之电。傍晚王耀廷、周乐山由禄丰回，陆军已回省，并无石管带之说。廿三晚涂暗臣送来之信，颇有可疑。

廿七日　晴，风暖

早写复镇南、两姚、苴却各信。午后杨少山仆张祥由省城回楚，阅带来《大汉滇报》及杨少山家信，谓"省军廿五六由省起【身】，嘱少山赶即迁出署外"云云。风声仍属不佳，合家焦灼无已。

三十日　晴暖

……傍晚，有护西道宋菊坞之家丁，由腾逃至告帮，称："腾永现有一股，自称腾越军政府，兵曰国民军，有独立之势，闻有掠下关之信。"当邀众绅商电大理机关部一询。

---

❶ 曲名同丰，字伟卿，山东人。

❷ 毛笔写印之誊写版，云南当日谓之"文明版"。

❸ 按楚绅有丁彩堂、王宷臣二君，此云"彩臣"，当为丁彩堂之误（王见后）。

❹ 曲借之款，至癸丑正月，先公在京，与曲相遇，立将此款清偿。

❺ 俞名光富，楚绅。

十月初一日（11 月 21 日） 晴暖

接镇南、苴却两信，即复。机关部未有复电，拟再电询。宋哨官迩日酒后乱言，实招祸之媒，甚属可忧。且自反正以后，颇不听余言语，动辄抗横，已非一次，其心地糊涂，不可理喻。奈何！

初二日 亦晴亦雨

昨夜一点钟，接大理机关部电称"腾永军举动，颇有可疑，似非同志"云云。愁思至两点钟始寝。早约李云鹄来，筹商电省请兵。宋哨官送来羊一只，在大堂大肆狂言而去，差帖请假十日，不胜气恼，时至今日，又不得不勉为忍气。王光裕、赵汉槎前往解劝，将其同来，只得用言安慰。晚饭后，下关绅商舒良辅（字少夔，鹤庆人）来，谈及："榆事甚危，渠将号事暂收，进省暂避。"夜接机关部电告急，专团往省路迎投，并即电省。

初三日 早大雾，旋晴暖

将宋哨官之羊作成，今早约众绅在二堂摆列同餐，以了其事。闻机关部张提调今日到，绅来约往接，未遇。恰接马、杜二安抚使归，马、杜二君到自治局，请余往会，人甚和平。晚马、杜遣叶姓陆军来请打电，并恳封马（?）。

初四日 晴暖

午接阅新委楚雄府缺黄廙叔[1]致自治局绅电。众绅仍有禀留余意，当邀李云鹄来，告以不可之语，转告他绅。商找房事。晚查电线委员五人，来楚侦查地方，手提洋枪，均少年学生，势若不善，颇怪楚民多未剪发，当即拟稿速写晓谕。

初五日 早阴，旋晴暖

收拾寄顿衣箱六只及发房各卷，并焚字纸。沈华庭[2]来慰余。晚邀厘金委员谢兰生来，询其沙桥闹局事。再邀城绅，嘱其切勿禀留。镇南李竹筠孝廉来。

初六日 半晴，微雨，不时凉

早李竹筠来，送阅电稿。午仍收拾寄顿各物。晚顺宁监征委员刘

---

[1] 黄名彝，广东香山人，为先公旧友。

[2] 沈名宗舜，楚耆绅。曾修府志，未脱稿而卒。

秉阳逃至，面述琦叔敏太守被戕事[1]，当令电省。兔死狐悲，深为惋惜。适接机关部电称："顺宁匪恐东下，须防。"当邀周崇仁、李竹筠同来商，谕哨地乡地严为防范。

初七日　晴暖，晚现五色云

早邀王耀廷来，托其收拾西院墙垣门户。邀李云鹄商找房及寄物事。晚南安杨姓学生由省回来谒。寄各绅家衣箱七只。

初九日　晴暖

早镇沅厅石兰生到郡来谒，同午饭去。午紫溪山各佃数十人，向王光裕滋闹。王来署，该佃众即随之蜂拥进署。当传施锡才[2]解散。

初十日，晴，风暖

早监视打扫西院。午涂暗臣来。晚饭后，王光裕来署，众佃又随之拥进。当将为首之黄玉中、李彩庭、王本善传入，辩论非余任内之事。而黄玉中等异常狡强，恐酿事端，许将各约纸簿据交与自治局收存，听议事会公议。

十一日（1911 年 12 月 1 日）　晴，风凉

早饭后，有杨少山同乡学生王温卿来，送新定远县彭坤年及方管带致余之信，略称："方管带营将到，慰余莫疑。"王温卿并称"黄廙叔明早同来"之语。当即搬移物件于西院。晚魏、孙两排长来谒（方营前站），写致方、黄二信，派团兵连夜前往广通迎投。

十二日　晴，风凉

早县署来报："黄新府本日到。当即迁徙西院完备。午后陆军方管带到，迎迓于东门外接官厅。见面颇为安慰，遂即到店往拜，未面。旋来拜余，言极和平，人甚明白，又慰余者再。晚邀李云鹄来，商恳方管带留队驻扎，一面撤团事。

十三日　晴，风暖

……午拟同众绅往谒方管带，说留队驻守事，因其率队到小校场

---

[1] 琦太守名璘，满人，顺宁知府。反正后，谭鸿勋入署戕之，谭后为李师长正法（李见后）。当时知府，满人仅三。其一为广南府桂福，字筱岩，瓜尔佳氏，还居北京，解放后卒。

[2] 施字品三，楚绅。

打靶未归，不果去。晚约方管带便饭。席中，罗梅卿❶由顺宁逃归到郡，谈顺宁各事。闻方管带于打靶时，将聚集各队长兵演说：切不可暴动生事，谓余在楚声名颇好云云。众皆赞成，故此队来楚，颇称文明。

十四日　晴，风暖

早商请方营队官宴，写知单邀请，均辞。团兵甫及一月，众皆要求领饷，颇有鼓荡，故于今日结算饷帐，就监发讫。陆聘三❷携其堂侄陆光荣来见（陆为炮队长），当称欲驻署内，来势不佳，众绅告其驻中学堂始允。方营队长杨星焯等三人来谒。是晚，即闻陆光荣有排满议论，意欲动作，当被众绅解说劝释，始就寝息。

十五日　晴，风暖

昨夜半接罗梅卿由广通密函称："在广闻陆军到郡，有掠署之说，嘱即趋避。"云云。即起告知李载阳，致全家坐守未眠，并预备署后逃避之路。俟天明，即邀李云鹄、赵汉槎来署，告知昨夜事，遂往告方，随同来署慰我，并称"机关枪队亦到，即往中学堂演说"等语。去后，前白井委员霍筱屏❸来。方管【带】又来告知："已到中学堂，向该两队各兵已经演说，风潮已息。"方又暗中布置保护，甚属尽心。眠息时许，留驻楚雄队长杜、王二人来谒。去后，杨督队来送保护告示，嘱照缮多张，送店用印张贴。晚方又来辞行，此次颇赖方力，情极可感，即与联盟❹。半夜，方来函称："适接李师长❺电，饬该营全队开拔。"留楚之中队又作罢论，焦闷万状。

十六日　晴，风凉

早六点钟，送方管带于西郊官厅，归复眠。早饭后，陆聘之、倪谦吉同来说："陆光荣并无他意，请放心。"云云……晚邀霍筱坪〔屏〕来，询省中近况……夜两点钟，接李师长由舍资来电，即拟复。

十七日　晴，风凉

早同李云鹄商拟复大理机关部电。午涂暗臣来，商明日接李师长

---

❶　罗名念慈，贵州人。宣统二年，曾以查案来楚。

❷　陆名之珍，楚绅。

❸　霍名维滨，当盟叔杨伯纯（尚懿，四川遂宁人）为白盐井提举时，曾为收发委员。反正后，杨不知下落。

❹　方名炳，大理人。

❺　李师长，名根源，字印泉，腾越人。此次西上，即为腾越之事。

及预【备】办站事……夜又接李师长由广通来电。

十八日　晴，风暖

早饭后，会同众绅往东门外接李师长，待至三点钟始到，接后同往长兴店拜谒，见面深承谬奖。见毕回署，乃被陆军进署，内宅眷属畏而躲避于老谭❶破屋中。余见陆军出入无忌，往来甚多，意不测，即随赵祥❷潜至后院，藏匿无处，亦绕至老谭屋，眷属在焉。因该处亦难久藏，商欲出署外。适宋哨官寻到，即随之往左济生❸家，因舒绍葵住于彼处，或可保护，眷属亦随往宋哨官家。时左绅意颇恐惧，语间似下逐客令者，余遂拟往自治局。至局闻眷属在宋哨官家，其房主张姓亦难相容，当令宋哨官将眷属亦接于自治局中。倪绅谦吉将六曾携去❹，眷属即安置局之耳【房】，余随王宋臣、张玉书❺歇于南厢房。当由各绅往探，署中陆军仍有出入，且有在内宅同吴升饮酒者，亦只好听其出入。乃至夜半，陆军遍处寻余，卫队蔡二少爷（蔡幼堂之子）❻ 及范宝桢之兄，迫家人余升、吴升说余下落，两家人往局来询。张玉书、王宋臣两绅将余匿于被中，而蔡、范二人带兵持枪，在局中穷诘，势甚不测，张、王二绅又将余匿于床下，待蔡、范二人去始出。当同商拟远避之策，又拟将眷属移出局外，余遂改装作团兵式，待将眷属送至局丁李万家，余与各绅同哭而别。随哨弁王维富并团丁四人作巡城，登城至东南墙缺处，将余送下。顺城往南行，拟至王维富家——荷花村，半路，王维富归城，乃同团丁许光亮、许光前改往小东村许光亮家。一路竭蹶而行，二许或牵或负，至时天犹未明，而中心忐忑，甚悔此行。到即家〔写〕信于绅，仍遣许光前天明

---

❶ 谭为大班，即轿夫也。

❷ 赵为仆人。

❸ 左名维泽，楚绅。

❹ 初逃出在下午三时，宝铎随玉琴藏于仆人吴升家中（在署内西南方）。傍晚，仆余升负余至左家，宝铎在此见先公一面，其时先妣及玉琴当在宋家，左、宋既不容，复至自治局，与先妣及玉琴同在东北厢屋中暂避，时已上灯矣（局门东向，西为上房，故东北隅为厢房，日记中先公亦歇于南厢房也）。少时，倪师来，引宝铎回家。以后消息不通。次日（十九日），倪师一日未归，合家皆惧（此即倪师同王宋臣往迎先公于小东村之时也（见后））。二十日晨，倪师始送宝铎回署西院。

❺ 王名建章，议事会副议长。张名凤诰，皆楚绅。

❻ 蔡名自辉，为李师长副官。其父名正绰，景东厅同知。

回城，送与李云鹄，意谓：请众绅往见李师长：如欲竭力保护，即请明示，余即回城，否则将远行不归矣云云。即暂息于楼上草榻待信。

十九日　晴，风暖

昨一夜未眠，奔彼虽疲，而万虑千愁，不能合眼。一经思及，中心如焚，前途如何？何堪涉想，许光亮及其父学彦、兄光宣互来陪伴安慰，无如事在心中，坐卧不宁，每自言语，或绕楼徘徊，焦灼不堪言喻。又恐累及许家，拟明日定另逃避。然又思逃避无所，只好寻一自尽，回首妻儿不能相顾，日后如何归结？伤也何如！挨至下午约三时许，倪谦吉、王宷臣随许光亮前来寻，告以：众绅往谒师长，师长甚不过意，宣布定极力保护，接我速归。闻之心释，诚始愿不及此。念及昨宵，伤定思痛。许家又待余家（?）一饭，备马送余回城。倪、王两绅均步行随走，往返四十里……抵郡城，天已昏黑，待将小西门[1]开，潜行至自治局，遂同众绅先谒丁军门，同往见李师长。师长见余甚道歉，并称昨闻余逃避乡间，一夜未曾安眠。爰将奖札稿给阅，不惟垂谅，而过誉余在楚声名美政。饬地方送公地一区，奖银五百，即入楚籍。另札委自治局名誉总理[2]。余愧谢，当代抢署各军乞

---

[1] 小西门名仁福门。

[2] 李师长札一：（此文载《曲石文录》卷5）“云南西防国民军各营总统官节制迤西各属文武官吏李为札饬事。照得此次建义，拨乱反正，实以扫除专制，改造民国为职志。此固政治之革命，不杂种族之问题，举凡汉、回、满、蒙、藏以逮沿边苗夷诸族，其生息于中国者，皆中国人。方当共同组织，以建立我中国统一之民族国家。第为中国编民，义利必无偏畸。其各属官吏，身任地方，但当问其贤否，不当强生差别，果属循良之长，尤为崇奖所先。兹查楚雄府崇守谦虽出满洲，久官滇土，起家牧令，所主有声。追守楚雄，尤多美政，绅耆黎庶，翕然称之，此在汉族之中，犹不数觏。方今整饬吏治，登进贤良，所宜首予旌奖，以示矜式。又查满蒙诸族之间，一切习尚，大抵与我同化，惟民族名籍，尚存别异，实畛域之未除者。前代编定谱牒，改易杂姓，所以泯种界之褊见，章同文之郅治。该守世长中土，服习礼教，应准改姓黄氏，取同为黄种之义，入籍楚雄，媲昔人居颖之风。至该守在官，廉洁自持，民被其惠，为该属士绅所共认。兹既解任入籍，除由本总统呈请军都督府，从优奖给银五百两外，并由该属自治局公同酌议，拨送公产一区，为该守资生之具，以表我地方酬报之忱，用奖循良而劝来者。除分行外，合行札饬，为此札仰该守即便知照。特札。右札仰卸楚雄府知府黄崇谦。准此。大中华国四千六百〇九年十月十九日札。”右印文：“中华国云南陆军第二师长印”。左印文：“云南西防国民军各营总统官节制迤西各属文武官吏关防”。

恩邀免，不允，至于跪求，盖不欲结冤于其众也[1]。谈毕，同过蔡二少爷、范葆桢乃兄房间去坐，始悉蔡为报乃父过楚余相待之恩，故昨夜遍处寻余，致彼此参商，疑惧而受惊惶[2]。稍谈即归自治局，有李师长谕派之保卫队排列，及蔡二少爷同陪至局，在局同饭乃去。饭后，同宋哨官至左绅家，见舒绍奎〔葵?〕稍谈，拟将眷属接回署中。至署，则宅内抢掠虽未成空，而杂物纵横狼藉满地。闻黄廙叔将到，时已近三更，即往迎迓于东门外【接】官厅，归署，草草安置就寝。

（续前）札二：“（全衔）为札知事。照得楚雄自治局名誉总理一职，亟应拣员委任。查有卸任楚雄府知府黄崇谦，政声卓著，众望允孚，现已入籍楚雄，宜予委任斯职。除呈报军都督府暨札委外，合行札知，为此札仰该局知照。特札。右札仰自治局。准此”（年月日同前）。

黄守移文：“云南陆军第二师兵站长署理楚雄府兼管县事督办楚雄厘务节制驻楚陆防军队黄为移知事：案据议事会议长杨怀仁（字泽宽，楚绅）、副议长王建章呈称：案奉总司令官李札开：（全文）为此札仰该局，即便遵照办理，并将办理情形具报查考等因。奉此，遵即调查得大净室华严会寺产，坐落楚雄民东界大乌郎田一分，计二百七十工（楚雄每三工为一亩），年收市谷租三十一石；又冷水阱新旧米康郎山地租，折银二十二两，应完楚雄县民赋秋粮二石五斗五升二合八勺；并坐落城内旧县街裁缺楚雄协专城汛署一所，以作卸任黄旧府尊资生之具。备文呈请核转等情到府。据此，当经据情转报军政府，请饬民政司发给执照，以为券据在案。除俟奉到批示再行移知外，相应备文移请贵卸府烦为查照。须至移者。右移卸任府正堂黄。大中华民国元年二月初七日移。”

民政司告示：“云南军政部民政司为出示晓谕事。大中华国四千六百〇九年十一月十三日，奉军政部批：据楚雄府呈称：据楚雄县议事会议长杨怀仁、王建章呈称：奉节制迤西各属文武官吏李札开：（全文至黄旧府尊资生之具）理合备文呈请核转等情到府。据此，知府复核无异，理合报呈军政部查核，转饬民政司发给执照，以为券据一案。奉批：呈报阅悉，仰民政司查核给照饬遵，并通行一体周知，呈发仍缴。等因。奉此，除复缴并分别移行外，合行出示晓谕，为此示仰合省官绅士庶，即便一体遵照。切切特示！右仰通知。大中华国四千六百〇九年十二月　日。告示实贴……晓谕。”

附记：李师长札内：一改姓黄氏。北回至津，始改姓关；奖金五百，折还白井旧欠（宣统二年十二月，大姚军务需用浩繁。曾向白盐井提举杨伯纯，假用千金未偿。反正后，白井收发委员霍维滨，查报实业司，下令向先公追索。即以此五百两折还一半，另筹一半偿清。原借九百五十八两，合省平一千两。事在民元十一月）；寺产及汛署均于民元十一月回京时呈军都督府，捐入杨文烈公祠（明末，杨畏知，字介甫，陕西宝鸡人。守楚郡，为孙可望所害，私谥文烈）作香火之用。

[1] 李师长此次所带军队多为杂牌。至于掠署，主动为军人内应，为仆人吴升等，本地人（见后）亦染指焉。李师长以碍于陆军名誉，甚怒，必欲究办。先公恐其激变部下，为害更烈，故再三请其勿究。李师长西上后数月，寄声先公：“其掠署之军人，已伏法矣。”

[2] 蔡幼堂任景东厅同知，于辛亥四月过楚，病于旅店。先公为之延医（赵汉槎善医，先公令其往诊，赵要挟不肯去，先公颇怒），照拂甚至，蔡衔感不忘。至其次子自辉，在李师长部下，随之西上，预备报恩，不但先公不及知，恐楚郡知者无一人也。乃李军至郡掠署，师长意旨叵测，先公逃避无所，忧疑兼并之时，忽有陆军率弁，遍城大搜府官（闻各庙宇均搜到），此已可畏矣。乃至自治局，见绅士后，犹复“持枪穷诘，势甚不测”。倘在局声叙以前交谊，此来专为报恩，则复何所畏而不敢见乎？至先公回城见蔡，乃抱而呼曰：“老伯何往？累吾寻久矣。”呜呼！非此根寻，乌能奔波一夜，几至于自尽乎？

二十日　晴暖

早会同众绅送李师长于西郊官厅。回署，黄廙叔过谒，与余联宗。盖昨李之奖札改余姓为黄（取同系黄种之义），因见妻子。倪谦吉将六曾送归。众绅等陆续同来看余，谈及昨归谒李师长之事：当时谣称欲将杀余，致百姓惊惶，盖因李师长派卫队送余回局，在前排列。有劣绅谢丹诰者，衔余特甚，当时在余后即大言："祟某也有今日"。故随后人众拥挤甚多，均由谢宣言而起也。今谢丹诰见昨无事，又在茶肆演说，并于武庙开会（名同志会），攻余入楚籍，遍街肆骂，谓余非楚种，不认其入籍。所纠合皆系滚龙滥人❶，势将摇动人心，颇于公安有碍。众绅商同余过廙叔处同见，告知其事，即应弹压。黄即命将李师长保护余之告示张贴，如有造谣生事，即照军法从事。

十一月廿六日（1912年1月14日）　晴暖

昨阅黄廙叔处奉电，改用阳历，按十一月十三日，为正月一日，明日为正月十五，补贺元旦，本日即为除夕矣。晚邀廙叔及诸幕过我便酌，聊应新典……

廿七日　晴，风暖

早廙叔约称："陆军杨副官❷率队在大堂行庆贺元旦礼，尊余与廙叔同为长官，一体庆贺。"余以为不合，昨已再辞不获，难拂其意，只得同廙叔在大堂行此礼节……

廿八日　晴，风凉

昨闻大理有开赴北伐队之说，路必经楚，然余现已交卸，雅不欲再出应酬。饭后……阅新到北京《民视报》，此中议论，尚属持正不虚。虽北京政府尚照旧办事，而各省糜烂已不堪问……

十二月初三日（1月21日）　晴，风冷

……午，陈益斋❸、安履端、丁彩堂同谢丹诰之族祖来，代谢丹诰邀恩求释，爰令："过黄太尊处相求，余不便管。"……

---

❶ 滚龙滥人，滇语，为土豪或土匪无赖之代名词。滥即"小人穷斯滥矣"之意。
❷ 杨名承禄，字觐墀，保山人。
❸ 陈名思增，楚耆绅，年最长，须发皆白，行动须人扶持。

初四日　晴，风凉

早朱昌廷[1]过来称："昨有粤人二，由缅入滇，经腾永榆至楚，宿于署中，廙叔遣其来告：不识其人来历，可暂勿过"云云。……晚饭后……李俊贤[2]由省来楚，奉委查楚、姚、下关、弥渡、景东等处厘金差。谒谈，即宿于府署花厅。

初五日　晴凉

……晚……廙叔邀往见粤人。缘今早俊贤称："昨与同餐，阅悉其奉委来滇之旨，略谓：滇与满人为难，与革命宗旨相悖云云一条，故可与见。"晤其人，甚和平，一系陈警天（仰光总机关部首领），一系朱仕周（敢死党）。

[1] 朱名知绪，黄廙叔幕，为先公故人。

[2] 李名建基，江苏武进人。

云南辛亥革命长编

编者按：《续云南通志长编》，稿本，藏云南图书馆。今选录其中《大事》中《光复》一部分，改名为《云南辛亥革命长编》。文中《迤南》章前有《军政府》一章，即孙璞《云南光复军政府成立记》，为避免重复删去。

起　源

光绪间外患纷乘，甲申、甲午、庚子诸役，国疆日削，赔款以亿万计。创巨痛深之余，清议渐起，驯至蓬勃不可抑，士大夫亦侃侃谈国事。清廷震恐，始派遣学生出洋，而欧西思潮因之输入。大江南北号称革命党人者所在蜂起，而杨振鸿由海外驰归，倡革命于云南。

先是同治十三年越南与法国立西贡条约，认越南为自主国。光绪九年复立哈尔曼条约，认越南为保护国，内政外交受法监督。已而兵进西贡，俘其君幽之南非洲，越南遂亡，而滇之南防危。光绪十一年英师袭缅甸，驻英公使曾纪泽与英外部议立君存祀，守十年一贡之例，英人不许，缅甸遂亡，而滇之西防危。滇自缅越失后，英伺其西，法瞰其南，巧取豪夺，互相生心。未几而有滇缅划界蹙地千里之约，未几而有攫取滇越铁路建筑权之约，未几而有擘七府矿产之约，未几而有云南、两广不许割让他国之约。部臣不敢拒，边吏不敢争，而西南之祸烈矣。滇人士逼于外患，渡海求学者先后达千人，或习师范，或习法政，或习陆军，多以救国自任。而陆军生尤激烈，杨振鸿又陆军生中之尤激烈者。

振鸿昆明人，光绪癸卯入日本振武学校。既毕业，滇督丁振铎电调归国。道出越南，亲见所谓亡国惨状，则大感喟。时法人已筑滇越铁路，滇人谋筑滇蜀铁路为抵制，扼于财力，事未举。振鸿为书上父老，举缅越事以为滇人镜，人传诵之。滇大吏疲苶，知不足与谋，乃结三迤志士，创设死绝会、公学会及体操专修科，壹以革命为志。适滇缅间铁路英人欲恃强修筑，振鸿愤极，遂结全省士子抗之，势张甚，英领率为所慑，乃寝。大吏滋不悦，出为腾永第一营管带。振鸿简军实，勤训练，以待时，而益开扩党。会腾越镇李宝书、关道关以镛因索盏达土司贿，为振鸿所持，未遂，心衔之，造飞语中伤。滇督锡良蒙古人也，尤仇视革命党，即密电镇道捕振鸿。振鸿走永昌，知府谢宇俊捕之，复走新街。历南洋群岛，再渡日本，入振武学校。

是时有《云南》杂志者，滇人居东之所作也。其书痛陈清廷不纲及列强谋滇政策，由海外流入中国，读者快之。而在滇人士亦有《云南日报》、《星期报》、《云南公报》之设，又为《苦越南传奇》，授伶人奏之，座中至有泣下者。同时革命党人张儒澜由东毕业，归任农业学堂史地教员，自出讲义，宣传民族民权主义。又党人徐濂由越南游学归，秘密宣传革命，于是革命思潮遂浸润于三迤。

戊申夏，革命军起河口，振鸿谋归滇助革军，乃至云南杂志社结吕志伊、赵伸、黄毓英等，开大会于东京神田锦辉馆，到者数千人，所称云南独立大会者是也。振鸿被举为干事，偕同党数人南归。至香港，革命军败，关吏逻察严，不得入，徘徊久之，谋以黄毓英、杜钟琦、王尧民进干崖，说土司刀安仁；喻华伟、李遐章、何畏进腾越，说防营管带；而自居仰光，与居正办《光华日报》以通消息。中更蹉跌，事卒无成。振鸿离仰光，经腊戍、昔董，出盏达，至干崖，赴蛮允。说管带杨发，为所绐，重趼至蒲缥，主何子仁家。适与何畏遇，因共筹起事之策。振鸿策袭永昌府为根据地，编练乡民成军，以出大理、腾越、顺宁、云州三地，包举迤南，进图省垣；再北出黔湘，西略川陕，戡定中原。策定，振鸿任先锋，何畏作内应于城中，宋某、唐某集乡民数百人，约夜间三句钟会于讲武厅之后校场。会腾越、镇康两处防营调驻永昌城，乡民气先夺。又召集失期，及杨何至，则已先溃散，相与仰天长叹。俄有报缇骑至者，乃踉跄返蒲缥。未几，振鸿病作，渐笃，遂于戊申年十二月十一日没于蒲缥。

光　　复

清廷腐败，秕政百出。滥借外债，供私人挥霍之用。宣统三年夏，外人瓜分中国之议起，而清廷方攘夺各省民修之铁路，于是全国物议沸腾，群起反抗。六、七月间蜀中争路潮起，军民激变，影响波及云南。初滇护督沈秉堃调留日士官生回籍，李鸿祥、谢汝翼、张开儒、李根源等分委步炮军职及办理讲武堂，于是兵卒学生皆言革命。及武昌发难，湖南继之。本省军界由协统蔡锷与将校中之同志密议多次，九月初七，蔡锷、李鸿祥、沈汪度、殷承瓛、韩凤楼、雷飚、张开儒、谢汝翼、黄毓英、刘存厚、黄永社等十余人议于唐继尧处，决心于九月初九日举义，为他省之声援。复定恢复云南全省作战及分途出师川黔计划。

九日下午，锷令李参议官根源率步队七十三标由北校场向省城北门及东门一带进攻，管带李鸿祥、教官刘祖武佐之。罗统带佩金率步七十四标由巫家坝向南门及东门一带进攻，以唐继尧佐之。命炮队统带韩国饶率队一营，分三部联络步队，进城后列西南东三门城楼附近。命教官张开儒等率讲武堂全部学生发自城内，为开城之准备。命机关枪营分属于步炮各队。均于夜半开始行动，同时攻城，于拂晓前将全城四周城垣及城内之圆通山占领确实，俟天明时同时进攻。以步队七十三标攻击军械局及五华山，以炮队据置城垣，协同步队施行射击；置豫备队一营于江南会馆，为各队之策应。

午后十时，锷在巫家坝集步炮两标重要将校详细规定攻击计划后，十时三十分更集两标全体将校述明举义宗旨，词严义正，每出一语，各将校齐呼万岁，欢声雷动，誓出死力。宣布既毕，将校中有欲将军官之满人容山、惠森二人处以死刑者，锷与佩金力为禁阻，命暂行拘留，俟后释放（翌日即纵之使去）。正值判决之际，有人从黑暗中射二人，幸未中。复集合两标士卒，将举义宗旨简单宣布，士卒莫不欢欣鼓舞，乐于用命。遂于当场给发子弹，检查武装，于午后十二时陆续出发。时城内火发，枪声四起，即命分道急进，以路重天暗，进行迟滞，炮队尤甚。

初，步队七十三标正值准备之时，事机泄漏，该统带李鸿祥率标署卫兵出而弹压，顽固将校亦群起干涉，两方遂激起冲突。官兵中死伤二十余人，清标统丁锦遁去。根源遂率第二、三营向城垣急进，时初九日午后九时也。九时三十分李部攻入北门，派队占领银元局、兵工厂等处，以其主力逼攻军械局。其时清统制钟麟同以五华山空虚，率巡防队两营、辎重营、宪兵营、机关枪队及镇署卫兵占领之，顽强抵抗。军械局内守卫兵六十，亦据险盛行射击，机关枪之发射尤烈。我军死伤将校以下三十人。肉搏数次，均未奏效，仅占领五华山北端一部。根源以敌兵据险以守，兵力甚优，且弹药将竭，乃举火为号，冀巫家坝军队之来援（时已十一时半），而仍竭力攻击军械局。排长文鸿揆以长梯登，中弹而殪，我军益奋。初十日午前一时半，机关枪队（仅两队，余为钟调去）至天台会合于本军，分隶于步炮两标。一时四十分抵南校场，时驻扎南城外巡防队二百人来降，锷优予嘉奖，命分扎南城外，弹压匪徒，保护居民。二时抵大东门城外，遇马标队伍，锷与该标统带田书年相晤，令其梭巡城外四周，预防匪类，检查宵小。马标之城实系麟同调以防革命军者，锷误以马标预知其事，而田亦误以革命军奉钟之调来相救援者，遂得相安于无事。午前三时步队七十四标第一营已占领城西垣，第二营已占领城南垣，第三营已占领江南会馆（预备队），炮队则于东南西三城门附近占领阵地，准备攻击。

午前三时半，步队七十四标第一营管带唐继尧率所部向制台衙门突击，二次未得进。而第三营管带雷胜以一队增援七十三标，猛扑军械局数次，亦未得手。

午前六时，根源军至危殆，天微明，据城各炮队向五华山敌人阵地及督署开始射击。七时，李军及罗军第三营之一部攻五华山及军械局，罗军第一、二两营攻督署。时据圆通山军火局之巡防队向预备队所在地射击；而七十三标反对派之官弁收拾残兵在东城外向城垣一带射击，遂分预备队中一队御之。敌据山地颇得形势，相持亘二时之久始行击散。

午前九时，谢汝翼洞军械局围墙，更以药炸之，谢先入，我军从地道随入，军械局五华山之全部几为我所得。敌军全数降。遂令围武侯祠。韩凤楼以机关枪来助。麟同尚抵死不退，因以负伤，经医兵舁出南门，为兵士所见，处以死刑。王振畿于被擒后自愿投诚，嗣复为众兵所杀。军械局既为我军所得，各队弹药得以补充，士气百倍，遂占领五华山全部。督署同时陷落。军司令部乃出示安民，一面饬各队整顿队伍，分头驻扎，并定警戒区域及警戒法。是夜军队于五华山及城垣四周彻夜露营。综计是役，彼我死伤者将校以下百五十人。我军死亡二十余人，伤者四十余人。翌日，清藩司世增、清督李经羲、提法司杨福璋、提学司叶尔凯、巡警道郭灿、粮道曾广铨、劝业道袁玉锡、盐道毛玉麐皆就获，全城光复。十三日，军政府成而宣告独立。

迤　南

辛亥九月十一日，驻临安（建水）新军得省九日光复电，队官何海清、盛荣超遂倡议响应，教练官赵复祥领之，然犹以必得朱朝瑛赞同，事乃有济。朱朝瑛者雄于赀又素负乡望，建水大姓也。先是，朝瑛接龙济光电，代募兵三营到粤东，已募四百余名，分驻四城楼观音仓等处。适佴致中归自粤西，朝瑛约与共事，谓所募之兵接龙电催速往，行止将若何。致中曰："兵无妨招，粤东可勿往也。滇革命军将起，请姑待之。"九月初旬，朝瑛接匿名书函二，亦风劝勿之粤东，隐隐示革命意。佴致中同观之，问复函否，曰未也。致中曰："当急复之以表同情。"曰"不识为何许人。"致中曰："可揭一广告使闻之。"即代拟广告，略谓朝瑛所募之兵非与新军反对。甫张出，复祥即使李镜明、吴传声到朝瑛家，秘密商议革命事。新军民军始相联络矣。

九月十一日既得省垣光复电，赵、朱密议即于是夜九钟时举事。军中推赵复祥为临时统领，朱朝瑛为副统领。午前九时，朝瑛与佴致中、范嵩龄、王诒湘分往四城楼密谕民军，言今夜新军入城，当开城欢迎，勿放枪，违者惩以军法。午后十时，一、二两营同时发难。何海清、盛荣超夺其军，各在操场宣告起义宗旨，众呼万岁。先后率队向南城直入，先攻府署。知府吴昌祀逾垣走，标统罗鸿逵闻变夜缒而去。是时北校场第三营竟夜寂无声，乃以号兵自北城上号召，三营连声应之。黎明绕由南门入城。防营管带张鼎甲驻兵镇署，已先通消息，表同情。两军于民秋毫无犯，临安全城光复。

十二日晨，赵复祥、朱朝瑛就自治公所集军民各界筹议，复祥推朝瑛为统领，愿下之而自为副统领。佴致中为参谋。即将光复情形电省军政府，取销七十五标名称，组织南军军政府。是日决议朱朝瑛任镇守临安，赵复祥任统军，攻取蒙自。爰添募新军，派吴传声率一中队出发。

蒙自关道龚心湛者，在满清官吏中有能名。初，闻省垣光复，冀图反抗。及临安军起，中学堂监督李曰垓说以与临安军联络，保治安。心湛遣曰垓诣临安光复军，代表赞同意；而阴遣督带孔繁琴自个旧率防军三营先攻临安，十三日至攀枝花。时复祥先派进取蒙自之军将出发，朝瑛所招民军三营为预备队，顾尚未知敌兵之突来也。有建水役马者李鸿宾行至普雄，见敌兵汹汹至，即出赀雇人飞函报警。朝瑛急遣邓云广、张禄、尚毅德带领民军逆战。复祥派新军一队同赴前敌。当光复之初，朝瑛、复祥以心湛拥兵为梗，电请省军府救援。回电云：能战则战，否则固守临城，现已遣罗统领即日南征等语。南军闻之，争先奋往。行抵丫口山麓而敌兵卒至，相持良久，子弹已空，新军将弁见民军战甚力，乃分子弹予之。邓云广督军猛进，张禄以我军迎攻不利，即绕道玉屏山，拊敌之背夹攻之。鏖战逾二时许，孔繁琴中枪仆，敌兵舁送十里外，始大奔。营管带盛荣超星夜蹑追至普雄，遇溃兵三十余名据守观音阁，我军攻之，遂缴械投降。闻孔繁琴宿孔姓旅舍，乃擒而枪毙之。是役也，杀防兵五十余名，虏三十余名，获枪弹甚多。余众溃散，我军阵亡一人。龚心湛闻孔繁琴败死，十五日乘早车遁去。蒙绅集团防兵五营守城，是晚守军装局兵劫快枪数十枝走阿迷弥勒。次日吴传声、张鼎甲先到蒙自，联络各界悬旗反正。赵统领随率军至临安，众欢迎。寻奉省军府电令，委赵复祥兼署蒙自关道，朱朝瑛署临元镇，郡人王垂书署临安府知府。

初，省垣光复后，军府以南防毗连越南，且防营势力颇厚，反侧未安，乃编成步队一联为基干之混成支队，以罗佩金为统领，庾恩旸为参谋，率之南征。开化镇夏文炳慑于兵威，于十九日先举旗反正。自是南防各营皆率所部降。惟反正伊始，各处土匪蠢蠢欲动。个旧一邑尤为滇财富要区，平时匪娄麇集，比闻临军举事，即啸聚思逞，商民惶惧。朱朝瑛鉴昔周云祥之乱，乃募民军三营，以张和、钟文学、苏镇南为管带，分防镇慑。和有威望，群匪敛迹，个旧赖以安。别派李家祺、刘凤祥带兵两哨巡防石屏、嶍峩、河西、宁州、新兴、江川一带，初至石屏龙朋里，击毙匪首龙向起，余党各鸟兽散。复于新兴后裕乡杀毙著名匪棍王云章。又派李哨弁追迹浪广积匪史春能、史奴生叔侄，该匪率党百余人进省投效，朝瑛先电军府声其罪状，比该匪至省，遂歼厥渠魁十数人，余党取保放归。澄江各属得以安靖。佩金至临、蒙劳军毕还省，未几有蒙自兵变之事。

先是复祥当临安光复后，以新军缺额綦多，乃仓卒招募以补足之，盗犯痞棍土匪悉羼入。比驻蒙自，拟取开广达粤入湘以援鄂，而兵额不足，复招新兵一营，然多系防营溃兵，变乱之机伏于此矣。重以第三营新军独无发难功，行赏之日，一、二营目兵各给银五元，三营减之，仅各给三元。军中无识者动加丑诋，遂至积羞成愤，以图一逞。且军纪不严，赌风甚炽。时河口副督办许德芬以军府成立，需款甚殷，将署中所存湖北协款解省济用，复祥截留二十余万作蒙自军饷。营中赌而输者窥道署多金，已萌抢劫之意。而参谋官李镇邦谋充司令，马队军士龚裕和志在饱掳掠，邑人李某从事道署，更阴与匪通。至十月十三日遂至爆发，全部叛变。先攻军械局抢快枪二百余杆，继攻道署，库储饷项劫夺一空。焚掠市场，商埠亦被蹂躏。将校以下逃匿殆尽。复祥闻变急走河口，南防震动。越南法兵调集沿边，势将借口侵入，事机危甚。军府与法领交涉，谓蒙乱指日可平，铁路一带当派兵沿途驻扎保护，决无他虞；法商所受损失事后议偿。法领夙感军府诚信，无异言。一面电谕蒙自叛军，速复旧状，勿得擅动。电饬临安开广各军严加防堵，即先由省派遣军队保护铁路，沿途驻扎。令朱朝瑛赴蒙抚慰叛军，严守个旧。复命佩金单骑赴蒙，剀切宣慰。越十六日，佩金及朝瑛莅蒙，分调驻个国民军第四营张和、第五营钟文学、驻临国民军第二营张禄屯扎要隘，申儆开导，该军始帖然。佩金密电省，请将驻蒙新军全部编为北伐军，陆续调省，俟分别惩处淘汰。濒行，在关道署将为首之李镇邦、龚裕和等数人枪毙示众，其余叛首郭耀龙、张志江等二十余人先后在省正法。军民为之肃然。蒙自关道，军府委何国钧署理。蒙自乱遂平。

自蒙自而南距二百数十里为开化府，知府石家铭与开化镇同城，初闻省垣反正，已电军府共表同意。石就地募士兵一营，以邑人余树松管带。既而树松叛变，石吞洋油燃火自烧死。余匪遂抢劫，掠城中富商。经夏文炳督军弹压，变兵溃散。余树松惧罪潜逃，嗣被获解省，审讯不虚，寘之法。迤南之乱悉平。

迤　西

自昔有云南者必先扼榆城，然后足以左右南服。辛亥八月武昌举义，九月九日滇垣反正。十一日电至，守者匿不敢发。明日协统曲同丰知之，乃集官绅府署中会议，出军政府电传观，众默然。郡绅赵绍周先发言赞成，遂复省电，邀众出集军门右，说反正宗旨。众欢然，即分兵守四城。惟标统涂孝烈、管带蒋辅丞蓄异志，不赴。复反与绅士议善后，佥以大理为迤西总汇，又驻陆军，力足号召各属，宜先设总机关，联合迤西各属，遂定议设迤西自治总机关部。适剑川赵藩因事赴省过榆，榆绅邀之出，十四日票举为总理。递举由云龙、李福兴为协理，范宗莹为参事长，分设团务、民政、财政、军事四科，以考棚为临时办公所，即日宣告成立，电告省垣，并约事定即裁，并通行各属，明布反正宗旨，安慰军民。分电顺宁、丽江、楚雄、永昌诸府，永北、蒙化各直隶厅，均令转所属速赞同，并举地方代表到部。标统涂孝烈谋抵抗不遂，夤夜遁去。十五日，清真教回民见旗书汉字，疑之。次日机关部集回民会议，说回汉一致五族平等之旨，并邀其代表入部共事，始各帖然。

初，涂孝烈之逃也，走丽江，投鹤丽镇张继良。继良固李督亲信，闻变在丽招兵谋抵制，孝烈附之，声言朝夕南下。时腾越复有电至，言初六日举义后无确报，道路纷传同志会者私党也，密谋戴孝烈为魁，于是军心浮动，人民摇惑。乃议定募乡兵二营，克日成军。电省截留乔后盐款约二万两作饷需，派侦探赴丽、楚、顺、蒙各属，令实以现状报城乡，添设临时警察。并通告本届钱粮及府县税课均解地方。十七日楚雄、丽江官绅各界复电，一体赞同反正。各属代表陆续到榆，乱萌渐消。惟各地尚多借自治之名侵越攘夺为患者，乃由部详订自治规章，分发各属遵守。适奉军府电，调赵藩署西道兼巡按使，辞总理机关部，公推由云龙代之。练迤西三十属乡兵七千人，请提黑白琅三井附加盐款月一万八千两为补助费，余由各属自筹。适驻永陆军由教练官郭龄昌率之回榆，永昌反正时，龄昌本狐疑，与第一营管带蒋辅丞有隙，而军至观音塘，为蒋部以曲统领命枪毙之于城南。蒋久有逆心，曲侦知之，至是召蒋诘问，蒋以手枪迎曲，曲命左右缚斩之，即往宣其罪营中。忽闻枪声，警而逃，由官道星夜赴省，时二十二日午后也。曲既走，营中俶扰，枪声四起，乱党乘隙骚动，匪类杂其中不辨，持械入城，游弋市衢，人民大恐。机关部追曲不获，乃遣人往营中晓谕。二营兵多土著，愿共保桑梓，军中党分各为戒备。时城中义务团亦骤增，合以新旧乡兵及赵巡按卫队，共千数百人。统带孙绍骞借出标营新式枪弹及服装，由部配发兵丁，分屯城内外守卫，以防暴动。藩与绍骞等召开军官商联合会，机关部承诺代办陆军临时筹饷所，陆军承认自维秩序，与地方乡兵分任防守，共保治安。于是人心稍定。继而政府已电擢绍骞为标统，军营有所统率，乱萌始熄。未几有腾永发兵取榆之耗。

先是滇垣光复前三日，腾越张文光兵起。文光尝与杨振鸿、黄毓英、杜钟琦、马幼伯游，入同盟会最早。戊申河口革军事败，振鸿、毓英奔缅谋再举，联党人腾缅间，遂识文光，相与泣涕，言滇缅画界叠次丧地事，出革命宣言尽散布之。汉夷人民自是多怨望满政府者，振鸿乃乘机谋举义，即败愤死。毓英遁入省，投陆军。党人多匿文光家。已而界务危迫，滇人士四方奔走，言争界事甚急切。陈荣昌奏参兴禄、石鸿韶画界失地，赵鹤龄奏争重勘滇缅界，杨觐东屡上界务书，言滇事阽危，动摇大局。清廷均不应。李根源赴片马侦英兵，绘山川道路地形要隘图归省，大吏弃之弗用。人情愤怼，热血之士咸思独立。王九龄、杨大铸自日本旋滇，与李文治等发起保界会，会员以死争者相望。辛亥秋，武昌发难，省中军学各界谋响应，机已大动，计旦夕间事。而文光适自腾越一路以同志会联络会党及陆防军，争先发难。

先是榆标陆军因片马交涉分三营，前左队驻永，后左队驻腾。腾军排长陈天星又名云龙者，在军中有势力，称同志会代表。文光用之以号召，党人发难前三日，陆防军官兵借野操会文光等郊外，既盟定，初六日举义。是夜天星戕管带张锢而夺其兵，防军亦同时杀其管带，两军混合，拥入城，围攻镇署及军械局。总兵张嘉钰服金戕。转攻厅署，官吏遁去。兵四塞，遂据腾城。众推文光为首领，称都督。天星称都指挥，以杨大森、张鉴安等为军事参谋。悬重赏募兵勇，收官权归地方自治，设财政、公款、公捐三局，审判一厅。与税司英员好威洛订约，缅政府不得干涉，遣兵送之归。新增兵四五营，复编士林队，为招民兵先导。既据腾，乃分兵前进，意欲得榆为根据地，以进规全滇焉。然文光为人，知之者绝鲜，讯至大理，咸怪诧之。天星又骄蹇自恣，六七日间搜款数十万，增兵二三十营。一旦桀黠游民闻风蜂集，多以戕官掠民为志。旋发兵攻龙陵，破其城，东下攻永昌。永军拒之，禁怒江船不得济。兵留禾树木者二日。而永已奉省光复电，保山县令毛汝霖集绅民宣告悬旗反正矣。而管带罗长庚与教练郭龄昌冲突于电局，汝霖惧，仰药死。龄昌以省电为不足据，令拔去已树之旗，而自率队渡沧江，断其桥，砍电线，至黄连铺，屯兵江桥东观变。

十六日腾军抵永，永兵自戕长庚，迎陈天星入。于是永城二次反正。遂西向腾，一切设施惟天星命是听。天星既得志于永，遂议分兵窥榆。其先锋刘竹云陷永平时，大理西南北三面警报频来。浪穹有巨匪郑银标等纠众自山后麦地进掠，杜文礼自永昌率众窜云龙、丽江，入掠漕涧，占喇井本里响水河一带，而蒙化、顺宁告急之书一日数至。佥言各路匪股皆陈天星派出者，乱人主迎天星，游民匪类纠纠作异军苍头状。鹤丽镇散勇络绎入关者日不下百数，朝溃之暮复集，人民惶惑莫知所适。机关部议派妥员前往说明宗旨相同，毋庸用兵，欲天星驻兵平坡，单骑入关相见。而刘竹云迫大理投降之令至，干崖土司刀安仁亦称都督，行文至大理迫令降。由是军官绅民咸愤激，谋抵御。时大理反正已二旬余矣，乃由机关部议增乡兵及义务民团，分守要隘，而以陆防军出巡各路，以遏匪乱。即移文刀安仁，告以大理各属均已赞成滇军政府事，并派代表周霞等往。霞字华国，老而有侠气。年六十二，游学日本归，劝学桑梓数年，尤热心国事，地方人士多信仰之。旋入榆标陆军为军医官，气益豪。腾军逼境，求代表不得人。霞奋臂起，愿以身先。赵州杨峦者亦老而勇，邀之同行。黑夜出玉龙关至合江，直赴陈天星营。天星不见，且要挟多端，词气狂肆。霞等往见竹云，告以情理，阻其前进。竹云亦不听。十月四日引兵犯茅草哨，炮击榆军。适奉政府电谕，大理军迎头痛击，绍骞乃分兵破之于合江四十里桥，更破之于平坡，追至漾濞，而蒙化团长姚淑虞亦破蒋树本兵。丽郡李德泳破杜文礼于喇井、乔井，大使何诰进复云龙。于是竹云遁走，天星无所恃，不复东下。榆军拔队返，人心稍定。而顺宁告急书又至。

先是顺宁府琦璘奉省电，即传谕所属一律反正，而自愿捐俸助饷，与地方共维治安。军府曾电奖之。突有土匪谭占标等倡乱，县令逃，贼得琦刃之，遂据官署，破牢纵囚，广收匪党，土匪李正举、石甸司亦为匪得。于是顺云一带居民纷逃，各局所学校悉糜烂。地方绅士乃密遣赵珩等赴榆求援，而袁恩锡则取快捷径自乞援于永昌。是时腾永军由顺下云蒙，以取大理，即派李学诗为统带，恩锡为前军督队军官兼参谋，驰顺宁捕杀谭占标等，余匪悉降。腾永军裹胁益众，顺人稍稍苦之，复阴遣人乞援于榆。腾永军乃分兵他去，留恩锡驻顺。时政府已命第二师长李根源统师西上，将至榆，李学诗由云回顺，力靖匪乱。藩请以宾川州牧张汉皋署宁府，电告以安民心。张文光始撤陈天星部下漾濞兵回永，诱杜文礼回腾，令马占标劫杀之。而以讲武生刘有金入云龙、保井，与榆联络。有金军纪严明，机关部电请李师长委为驻井管带。云龙亦靖。刀安仁闻省军西来，自分不能为都督，已先逃逸。自是大、丽、顺、蒙一带声息相通，人心渐定。

初，迤西各属反正，永北独迟疑。总机关部迭行文催饬厅丞田亮勋从速赞成。田已悬旗庆祝，时劣绅黎元和、谭华等潜来榆，言永城并未反正，机关部复发以政府文电各件。元和回永乃纠党设立自治机关分部，逼官交印捐饷乞免，强收钱粮税课，胁夺军械文牍，劫狱纵囚，抄抢江外地、花坪、紫杆各村及顺州土司地，羊沙喇、黑早郎、大石桥一带，四乡惊扰，岌岌不安。总机关部与藩查知其事，电政府将元和诱榆惩办，乱乃定。至是云龙等乃密电省政府，请申前约，裁撤总机关部，以清官治自治权限。奉准后，先遣散所招乡兵及城乡各义务民团，而移其余饷、军装、文件于根源及藩。计自设立至裁撤，为期仅四旬，用款不及万金。然初则维持地方治安，使各属消息相通，宵小无从构乱；继因腾军出扰，各路请兵请械，莫不设法应付，且联络陆防军指授机宜，俾兵事早日敉平，复破坏之秩序，安惶惧之人心，识者多机关部之力焉。根源乃电请军府擢由云龙为永昌知府，协理李福兴为参议官，奖参事范宗莹等以同协都尉以下职有差。改机关部为陆军饷械局，而大理绅商界感陆军保城池功，公议建纪念亭南城外。军人之枭桀者亦以名誉相勖，自是军民相安无事，迤西各属文武一切政令，悉出自第二师司令部。

根源之出也，以第二师师长兼国民军总司令节制文武吏。自楚雄以下之直隶厅、三十五州县，举以畀之，悉听裁决，不为遥制。权专威重，事皆易集。抵榆后以提督署为总司令部，改西路各防军为国民军。署丁彦为鹤丽镇，李学诗为顺云协，皆兼带国民军。编孙绍骞军入第七联，以绍骞为联长，委参谋官秦恩述署大理府兼摄太和县事。十月初一日，腾永代表至榆，根源特提安抚各事，裁兵收械，停派捐收，置官吏，军人不得与政事各条，诸代表悉从命。大理军绅虽欲甘心天星、竹云，至是已无人出而争执，事遂平。

二十八日，根源率师由榆出发，抽其旧部省兵并带榆军王太潜一大队西上腾越。赵藩带国民军两营驰其后赴西到任。由云龙亦随赴永昌守任。当是时，腾人心志大定。然以兵多饷不济，取官款、盐款、铁路公司存款、粮税各款数十万，用罄，不足；至按户籍派捐集十余万，亦不足；又行钞币，名军用票。所略地用军兴法，官司悉废坏，人民漫无归束，兵多抢攘，而土司刀安仁亦乘隙索张文光饷与械，煽西南诸土司为乱，强发纸币数万。及安仁逃，其余众犹纷纭不可收拾。军中独张文光识大体，诸将心犹叵测，又与榆军有隙，憎其来。根源与赵藩谋，乃以榆军与腾军攻战者留城中，其未相见者从行，又分布诸路以杀其势。所过郡邑抚其所驻军，皆受约束，各置守吏，收其权。至腾，改腾越厅为腾冲府。见腾冲兵最多，次为永昌，计先裁腾兵，乃调永昌兵入腾，以次裁之。遂与张文光议罢捐派，设官布政令，一切皆具。保文光为协都督，授总兵官，镇腾冲。大裁其军，一日遣数千人，无哗者。将调永昌军，而难作。

初，文光保其部下彭蓂，人笃实可任使，根源使守永昌。黄鉴锋者，故无赖，同主兵，不能遽去之。未几，钱泰丰以彭蓂误发枪击死，其部下围杀蓂，几酿乱，得部署旋定。黄鉴锋又与城中匪通，夜焚数百家，大出劫夺。王太潜军及府署卫兵亦与通，故难作。永城溃烂，腾中为摇惑，夜数惊，牵及在顺之腾永军亦群情汹汹，乱机四伏。驻大理者亦因而动摇，城中惊恐。根源佯慰其众，诱黄鉴锋杀之腾，而遣王太潜军出永昌退伍，益裁汰诸路兵，合西防军，定民军编制，画卫戍地。腾永军二十三营裁并为七营，编入西防国民第十一营至第十七营，令分防各要隘。自是号令日肃，盗贼稀少。惟榆军闻腾永军变后，常不靖。根源电军府请分榆军取道永北、会理、建昌援川，适省中援川军已出发，而建昌官绅速电阻兵，榆军遂止不行。根源乃密饬孙绍骞行退伍法，满役者皆以次退，不及期者遣归。然后行征兵制，选官长，严教练，以为国防备。方退伍时，为难数倍于裁兵，幸榆军多邻近民籍，绅士又屡以名誉拘制之，得晏然无事。顺宁亦经知府张汉皋调停，筹给饷资，使稍慰欲壑，得免于乱。根源复自腾永诸路严缉变兵拿办之，杀其头目多人。其未属变兵而留赘与在籍者，则从严限制之。自是兵患始息，人得安枕。根源乃锐意政事，凡应兴应革者与赵藩昕夕筹谋，政无不举。其在师中所为，如置漾濞县、弥渡县，定保山、永平、顺宁、蒙化、云龙地之相错者。革弊俗，正风化，废旧祀之不合祭法者，而建明代开创殉国遗逸祠，修乡贤之祀，表忠烈之墓。复迤西模范中学校，设永昌师范学校，试行强迫教育，资遣腾永学生出洋留学。饬各郡县兴棉业、林业、畜牧、矿产，合腾永两府设实业公司，附以垦殖，开商会，立银行，整币制，欲行之以规久远。已复经营西南土司，与之土地。建二策于政府，一主急进，一主渐进，军府从其后策。自南甸以下诸土司地，各设行政委员一人，又择其冲繁者增设巡捕员四人佐之。其区域权限悉如根源议。惟六库、老窝、登埂、鲁掌、卯照地皆与片马相接，而上下片马实属登埂，乃先设治，名泸水县；邻近有练地，亦土巡捕，以永昌府经移治焉。怒求地者，怒江求江之东西岸，恩梅开江以内是也。地险恶，绳桥以渡，道路未通。其人犷野，椎埋为俗，稍成部落，未有市府。汉人不能至，故设官尤难。根源初自片马归，即图其地形，经营之未得行。至是乃遣军中习夷情者，率士卒杂员版工匠之属，分道入探之。兵入怒地，数濒险，卒得出，且降其众。修道路可往来焉。乃增其兵为殖边队四队，以出怒江，设殖边局管之，以备兵食，便策应。移人民开垦，凿通工易市，为异日设官之备，且以绝外人东侵之渐。

初，英兵入片马时，腾永奸民伍嘉瑗等为向导，至是根源捕治之。英领大忿，以根源在迤西威权无限，力谋去之，电请军府撤退根源还省。又电驻京英使，向外交部力擿根源短，以迤西巡按使赵藩与有龃龉，并请更易。军府据理力争，坚持不允，英领无如何。复以张文光过界捕人违约，电请惩处。军府以过界捕人非文光意，允罚捕兵，事遂解。既而根源闻西藏饷道绝，悉番人将蠢动，然事犹未亟，巴、里塘诸所犹有小军戍其地，因驰檄告川军，无溃散，为任援应，供转饷。使其事行，则驻藏兵不溃，番人不叛，而藏乱亦不炽。会蜀政府与援川军交恶，边使不通，川军遂溃。襄城叛，巴、里塘皆相继陷。始于阿墩、中甸、维西、永北诸路严戒备，土番不得窜扰。更收川军散亡者数百人为入藏向导。后政府议自中维出师以援藏。赵藩辞职。根源乃与藩并辔旋大理，请以张文光为大理提督，李德泳署腾越镇，调孙绍骞为国民军统领，使驻维西，杀王太潜以谢永昌。以缪嘉寿为第七联联长，驻大理。根源以病求解职，都督连电慰之，求益坚，乃令殷承瓛督师西征。根源与赵藩、杨琼等徜徉山水，间访遗书，搜剩迹，标榜文事为乐。是时迤西各地已靖，虽腾永散兵余波时有起伏，不足为患矣。

援　蜀

军政府之成立也，都督蔡锷以光复大业非一隅一方之事，北庭未复，其责未尽，故谋合江左右同志联军北伐，而分一支道蜀入秦陇，以箝其臂。西蜀天府，进可以控御中原，退可以据守自固。当是时，清川督赵尔丰犹据成都，重庆张、夏两都督及川省绅商请兵赴援，而旅滇宦商刘存厚等情词更切。清臣端方又奉旨率军入川，且阴嗾北清臣之属滇籍图滇。锷以四川据长江上游，若使丑虏得志，挟其兵力财力，北连秦晋，东下武汉，西抚藏卫，则足以制民国死命，故欲北伐，必先保西蜀，则靖蜀乱，实为北伐之首事。是时滇西南两防大致已定，新军倍于前，乃搜集军实，成一师，以军务部总长韩建铎长之。九月二十一日，分命参谋部第一部长谢汝翼为第一梯团长，顾品珍为参谋，黄毓成为骑兵联长，张开儒为步兵联长，取道昭通，诣蜀之叙府。命步兵第一旅旅长李鸿祥为第二梯团长，杨发源为参谋，率师由毕节出泸州，而会师于成都。谢师次昭通，端方闻之，阴嗾泸、叙独立，以缓我军。汝翼不为所惑，十月二十二日，军薄叙府。鸿祥亦由黔北上，尔丰闻之大惧，始移军政大权于川人。十月十九日，成都反正，尔丰遂遁入藏。至是而新命四川总督端方亦为其下杀于资中，馘其元，送之武昌民军。成都民军推蒲殿俊为都督，锷即命汝翼与鸿祥暂驻叙、泸，协商川中军府，镇慑地方，安抚人民，无庸前进，免起猜疑。

当是时川事糜烂，仇杀相寻，军府林立，不能统一。而北清钦差傅华峰、统领凤山、驻藏大臣联豫领兵万余，由雅邛进扑成都，蜀军屡败；西藏叛军进据巴塘；英人亦增兵入藏。锷又惧清军乘间袭秦陇，尔丰鸠余党厄我军之吭，而拊鄂军之背，则不惟蜀乱难平，蜀民受其辜，且必摇动大局，故令汝翼扫荡孽丛，修治民政，以巩军势，勿任其蛮触争雄，致碍国家。顷之成都兵以放饷激变，殿俊跳走，政府助匪残民，自号借公口为团体，而哥老会首领自为渠帅，政府为会党私社，而私掠宾萌，横杀文弱，巡防同志新军复先后三次兜抢，公私交困。重庆亦惨杀倡义诸人，外属各县同志会麇集，将成流寇，势极危殆。成渝又分立不相下，全蜀骚绎，民不自安。会叙属伪同志会数千人，欲掠汝翼军，围叙城数匝。汝翼谕给资遣散，不听，且汹汹煽守军为乱。汝翼知其为乱党，非驱逐不足以靖地方，遂于十一月七日炮击翠屏真、武两山，更分兵冒险渡江攻吊黄楼匪军政府，斩其渠帅关连升、罗选青及标统六人、管带十三人。匪军溃散，追击三十余里，戮伪都督胡棠，叙城大定，人民欢忭。

是时自流井匪徒周鸣勋，聚众五万余，亦称都督，蹂躏地方。士绅迭请兵于汝翼，翼商之于黄毓成，毓成以盐井为全蜀财源之地，而下通江流，尤便转输，关系北伐勘乱皆至重。遂于十一月二日命毓成与顾品珍擒斩其帅渠，据其地。毓成因与锷论蜀中形势曰："我军援川目的，原以平川难，促其独立，借固滇藩而维大局。我军行动，自应视川难之曾否敉平，蜀人之确否独立为进止。乃查蜀之军政府则纷纷角立，都督则所在皆是，如成如渝如泸如宁其最著者。至外县之盗名窃号者尤指不胜屈。既无完全之建设，又乏强大之武力，彼此竞争，各不相下，日形冲突，莫期统一。甚至一军府中亦复人各一心，互相倾轧。各处匪类，大则带甲数万，盘踞外县；小则纠众千百，打家劫舍，大都假名同志会而实则盗贼之行。各军府微特不足以制之，反借为声援，其内患如此，伪钦差傅华峰、伪统领凤山、驻藏大臣联豫等，带兵万余，由雅邛进扑成都，蜀军屡战皆北，满贼长庚纠合甘人三万余，谋复陕西，陕军又败，近更有进攻汉中之说，其外患又如此。川祸未已，北伐之计恐非滇能独任，况蜀不惟不能济我，反忌我而排挤之乎。刻下我军已定叙府、自流井、富顺等处，查蜀中财源，大半出于自贡两井，约计年出款几近千万金。但因匪乱破坏，运输不通，我军虽将盘踞匪党驱除，稍复旧规，然不乘势扫荡川东南，则运道仍阻，不惟长江一带有淡食之虞，且以此最大财源漫无经理，将何以平蜀固滇而维大局乎。目前鄂豫停战，南北局成，亡国之祸，迫于眉睫。蜀以天府之国，不惟外人视线所集，其势居长江上游，又取天下者所必争。满势未减，必由陕入川，力争上游，则川亡而滇亦亡，中国前途何堪设想？故欲固滇藩，维大局，非速平川乱不可。然川政府无力维持，非我军监督改造催促进行不可。欲达此目的，又非据自贡两井财源，打通江路不为功。是以毓成现拟办法，惟有死守已定之地，多筹游击之师，俟兵力稍厚，节节进取，大要打通江路，连贯湘鄂，既握饷源大纲，亦便兵器运输。小之足以富强滇蜀，大之足以接济各省。将来北征计划自易为力。此愚者千虑，以为不如此不足以为全蜀者也。"云云。时犍为、五通各处会匪势仍猖獗，汝翼复命开儒率一混合支队逐之。出雅州，并袭傅华峰军，捕斩匪首袁香圃，傅华峰降。富顺、南溪、屏山诸县亦靖。遂分毓成军驻自流井，开儒军驻五通桥以镇摄之。至是而川南会匪悉平，四境宁谧，居民乐业。

鸿祥之出毕节也，先清永宁匪祸，其前驱黄毓英、张子贞等，转战于永宁、合江、泸州之间。一年一月，收复合江，卒擒其悍贼。川乱之得早就平息者，滇军芟夷之功不可没焉。锷又恐贻川人口实，特电鸿祥云："川事迭经电中央请定办法，闻王采臣、胡文澜已抵蜀，就中以一为之，当易为力。若猝难办到，惟有仍赞助渝军，共平匪乱，我军以联络蜀军，勿分兵力二者为最要。联蜀则疑易释，兵聚则敌难乘"云。是时萑苻虽夷，而成渝两军政府仍分立，各不相下。渝军府较悉我军入川之意，故每得地，锷皆命交渝都督接理。鸿祥、汝翼复力调解，渐有归于统一之势。川事初理，军政府乃与之计划会师北伐，在蜀我军，亦厉兵秣马，以待长驰，而滇蜀交恶之象成。

初我军荡涤川南匪息，列营叙、泸之间，全境晏然无事。匪巢既破，其徒无所依，乃为流言，谓滇军有并川之意。群情未察，遂起疑猜。而军中偶杂散勇，容有与民情未调之处；合江之役，误杀重庆军府所派之川南总司令黄方，而巡按使郭璨复为开儒所辱（按：张以郭璨、陈先沅两巡使袒护恩安、永善两县令，私自撤换，郭、陈避匿，又派兵围搜，并拘郭弟于昭通自治局。郭本川人也。）。谰言四起，川人群忿。渝督张培爵使人虚与鸿祥商北伐事，又以陕甘危急之说，假滇黔代表，举为三省北伐团兵总司令，电锷，实欲滇军之速去川也。鸿祥与汝翼商，别请建铎、存厚向成都政府说以四事：（一）取消成都哥老会政府；（二）令同志军缴枪解散，另招新兵编练军队；（三）不得排斥外省人；（四）统一军政府。复与蜀军政府电曰："顷接养电，会师援秦等语。宏筹硕画，实深钦佩。但此事关系重大，非有我军府命令，不敢自由行动。以现在情形言，川省军政府未能统一，政治淆乱，伏莽遍地，全蜀糜烂。藏兵在西，乘间伺隙，滇川重兵皆出于西北，恐匪徒猖獗于内，藏兵乘之于外，川省不可收拾，鄂省即首承其祸，大局何堪设想。故今欲救西北，非先使四川之独立确实完全不可。倘能以最短时期速祛以上所陈二害，固当请命于本军政府，执鞭策以相从耳。"电发后，蜀军府不复。而鸿祥、毓成皆电告成都分兵诣资州、荣县，大书于帜曰："七千万代表尹"，尹者成都都督尹昌衡也。锷电李、谢，谓“我军急宜准备北伐，若蜀军开衅，可敛兵不动，与之和平交涉。勿轻启内哄，至碍大局。”并派存厚之成都商和平办法，不意存厚随员卫队全被拘留。二月七日，交涉未定，突于自流井北界牌防御处寻衅袭掠。并由资州，威远、荣县、富顺四路进兵，攻我军甚急。我军亦增援备战。锷与成都军政府电曰：“滇军援蜀，本属仗义兴师。嗣闻蜀颇怀疑虑，迭经电陈宗旨，又饬滇军协商贵军，速靖内患，联军北伐。顷接泸州来电，称成都发兵数万，在自流井以北攻击我军云云。现陕皖告急，敌势方张，正宜戮力同心，歼除鞑虏，滇蜀谊系唇齿，宁可反操同室之戈？万望释此嫌疑，共维大局。滇军早已饬令顺江东下，出襄阳，截敌攻鄂攻秦晋之后路”云云。鸿祥复请王人文、胡景伊双方调解。而渝军府亦屡电解释。至二十日，川两军府合派胡景伊、王馨桂、邵从恩亲来自流井与师长韩建铎商和平，遂以北伐条约，结束交恶之事。约曰：（一）川滇各军组织北伐队，分道前进，俟会师中原，认为必要时，临时由各上级官公推一人为总司令，统辖全军。（二）滇军北伐，一个梯团所需薪饷由川军政府担任，每月二十五万元为率，余先筹四个月分于重庆交纳外，后均按月接济。（三）北伐团所设兵站机关，由川军政府组织，其所需弹药、被服、器具、材料、马匹等项，统由兵站机关筹备，输送补充。（四）滇军出发日：（甲）自贡支队以旧历正月初五日以前出发完讫；（乙）五通桥支队以旧历正月初十日以前出发完讫；（丙）成都简州各部队（随刘参谋去者）以旧历正月初十日出发入泸州集合；（丁）叙泸军队出发之前一日，通告川军。（五）滇军援川以后，北伐条约未结以前，在各地筹获之款，由滇军报告滇川两军政府，由两政府直接商酌办理。（六）滇军援川时在叙府、自流贡两井，因一时权宜之计，暂行派员代理之行政事务，此后由川军政府斟酌办理。（七）本条约经双方调印以后即作为有效，从前所定滇渝调约及各项草约，一律作废。（八）此条约共缮四份，滇川两军政府各存一份，缔约人各存一份。

和约既成，锷欲遣我军东下至南京为警卫中央之用。时清帝退位，南北统一。而成渝军府亦合并，重庆镇抚总长胡景伊与锷有旧，多调停其间。时藏卫乱事方兴，锷又欲使在川滇军助川平其乱，川督尹昌衡不愿。国是粗定，无事北伐，恤邻之谊已遂。于是夏四月我军遂自叙、泸撤退。锷更编新军，以鸿祥为第一师师长，汝翼为都督府参谋厅厅长。

援　黔

援黔军即滇之北伐军，北伐军编定于辛亥十月。当是时汉阳失守，民军不利，南北议和迁延未决。识者虑北清复振，谓非联合各民军大举北伐，不足以谋统一而巩大局。于是长江以南各省咸组织北伐军。滇僻处天末，界连缅越，而光复后曾出师援川，用促川省独立。复以清廷尚在，后患滋深，都督蔡锷召集将领议，以援川之师循江东下，自宜昌登陆，进规襄阳，出潼关、武关之后，截击清军，俾不得逞志陕鄂。然后结沿江之师，直捣燕庭。编定北伐军四千，命唐继尧为司令。取道泸州与援川滇军合，径赴中原。适黔省反正后，执政如张百麟、黄泽霖、赵德全滥引匪类，盘踞要津，政权匪势混而为一。黄自充龙头，党羽鸱张，为害日烈，然皆拥重兵，黔人固无如何也。黔中耆老爰举代表戴戡，会同旅滇黔人代表周沆，乞便道移师入黔，代清匪乱。锷以北伐为重，又以事涉嫌疑，不允所请。黔代表再三吁恳，谓滇黔唇齿，黔乱滇难独安，即湘蜀亦受其影响。锷乃命唐继尧率师入黔，事定当移师北伐。

民国元年一月二十七日，滇都督蔡锷暨北伐司令官唐继尧誓师承华圃。二十八日支队长庾恩旸率师首途，二十九日继尧率北伐军本队出发。先后送者数千人。旗帜大书“不平胡虏，请勿生还”八字。临时省议会、女子爱国协会均以纪念白巾赠军人。二月五日军次平彝，奉锷电，谓“蜀氛未靖，陕势颇危，我军应改道入蜀，会合援川军，先平蜀乱，即援陕北伐，于大局关系甚巨。且探悉黔省党竞剧烈，我军一到，冲突立生，即代戡平，而收束匪易。审时度势，应暂置黔事，并力赴川”云云。时黔代表戴戡、周沆亦奉电，谓“此间黔人刘荣勋、钟元黄上书谓滇军助一二人之党争，将残七百万人之生命。浮言固不足恤，然黔军政府既生疑忌，将来到黔，难免冲突。我军既多树敌，黔省又重罹殃，已饬唐司令改道入蜀”云云。戡、沆复电，指钟、刘乃张、黄朋友，新自沪来，或不熟悉内容，故为危词耸听。且滇军入黔，已通讯预备欢迎；设中途作罢，则贵阳与谋诸人必遭残害，株连良善，势所必至，元气正气，丧失殆尽。是滇军不发，黔祸或缓须臾，滇军改道，黔害立见糜烂。至虑剿黔敌，所敌者仅少数匪魁，吾黔驯良之父老子弟，有感激无猜忌，可以断言。现唐司令迭接前队入黔报告，深悉黔民痛苦，热心赴援，忽受改道命令，乃决策北伐，置黔事不问，但又念成约所在，无从反汗，且黔不定无以平川固滇，故取道安顺，听候进止。又谓戡、沆对于黔局，只有是非无恩怨，此心可矢天日云云。于是锷复致电继尧，谓军情瞬变，不能执一。现接泸州电，蜀军数万在自流井北界牌与滇军开衅。而皖则三河失守，寿、亳均危；陕则灵关、潼关失守，西安亦危。自应先其所急，力顾大局。惟闻二月十五夜，贵阳黄泽霖扣饷肥私，为部众所杀；张百麟走安顺。黔人乞北伐军往助，可酌拨队伍代定黔事，余军仍须入蜀，以应援蜀之急，并速北伐之师。当是时，北伐前军已深入黔，继尧亦决意由安顺出重庆，以会合援川军。二十三日，军次安顺。官绅郊迎道旁，观者延长四五里。滇军整肃入城，居民惊喜。驻军二日，拿获匪徒数名正法，人心快甚。继尧以闻清帝退位，民国成立，全军欢慰。大局既定，本军计画，自应向〔相〕机而行。拟先平蜀乱，再由遵义出重庆。北急则联军以北伐，北定则并全力以援川，北、川俱定则经营西藏，以尽云南军队任务。电滇军府请示，得报云，滇川事已和平解决，且和局既成，战事自息，计画当稍变更，已电令与蜀协商经营藏卫。至黔事糜烂，迭经绅耆乞援，实难坐视，希即督率所部戡定黔乱为要。勿庸改道入川也。二十五日继尧遂率师而东。

二月二十七日滇军抵黔。至头桥，距城可三四里许，即有一部分军队及耆老会来迎。耆老会者，乃黔省士绅，大都硕望耆年，因睹黔省糜烂而思有以补救者也。滇军以黔垣为会匪盘踞，不欲入城，本部驻螺丝山，各队分扎照壁山、东山、观风台、九华宫等处。连日黔代表同耆老会诣司令部会商，不承认赵都督德全，要求唐司令为黔省临时都督，代剿防绿各营会匪，情词恳切。乃先由耆老会函告赵督，晓以利害，劝令辞职，并保全其生命财产。赵不听，谓黔民倚仗滇军，敢于怀二。转纠蓝鑫、叶占标等准备袭击，定期三月五日烧抢黔省。

黔绅耆及黔军将刘显世、胡锦棠两军佥谋先发制人。三月二日，我军各部队奉密令备战。次日拂晓，观风台炮队开炮击南厂，步兵一大队四面包围，第二大队攻头桥，第三大队攻黔灵山，干部大队、骑兵队、机关枪队随司令部在螺丝山高阜预备应援。刘显世领新军围攻都督府，胡锦棠领团防军监守各城及街市。我军分一部分攻执法部。午前十时南厂兵匪多伤亡，余匪四五百名皆降。执法部兵匪伏不出，乃调观风台炮队自城头开炮击之，始降。正午城内肃清。黔灵山、头桥两处兵匪颇顽强抵抗，复调炮攻之，亦降。赵、叶、蓝皆逃。军队投诚者无数，特会黔绅诛首恶数十人，余罔治。午后七时，一律肃清。黔民大悦，悬旗志庆。商民争以肴酒饷军，酬之钱不受，有感激泣下者。是役也，我军战死一人，伤六人。参谋长韩凤楼率步兵第三大队驻城镇慑，余归原宿营地。是晚，黔代表同耆老会复诣司令部，会商善后事宜。

初四日，改组军政府，公恳唐司令继尧为黔军都督。黔军政府既改建，唐都督继尧通电南京暨各省。同日黔省绅商军学界郭重光、刘显世、华之鸿、任可澄等电滇军府，共表谢忱。锷复电谓："唐司令器识恢宏，声望素著。滇中反正，厥功最伟。此次北伐，志在平胡虏，早定中原。适黔局不靖，屡经绅耆电请救援，复于沿途吁恳。滇黔唇齿，不忍坐视，乃允为戡乱，解此倒悬。至任黔都督一职，本非唐君初志，惟黔局甫定，喘息未安，不能不勉徇群情，暂资镇守。一俟全境安堵，仍望将唐君还我。所冀诸公赞助，早复治安，不独黔省之幸。黔饷维艰，不敷散放。滇军驻黔饷糈，此间当源源量力筹济。滇省医疮剜肉万难情形，亦诸君所同鉴。现于无可如何之中筹措五万金汇解"云。滇之视黔，不分畛域矣。

黔，山国也，夙贫苦。复经赵、黄等俶扰，公私赤立，财力尤窘。微邻省协济，几难自给。昔在满清咸同间，湘军尝援黔矣，而王壬秋氏撰《湘军志》，其援《贵州篇》至谓湘独受其祸，盖言糜饷劳师也。今滇之援黔，何独不然？自北伐军出发以至平黔，已糜饷甚巨，又源源接济之，黔事赖以维持。然黔省财政既绌，吏治尤窳败，各界之匪几遍黔中，隐患方兴未已。继尧以为非有绝大武力痛加弥薙，万难彻底澄清，拯同胞于水火。顾现在兵力颇形单薄，不敷分布，因请滇军府饬令援川军第二梯团顺道入黔，代清积匪，使贵州重见天日，谓此固人道主义所应尔，亦不负援黔之初心。此次分兵乞令分三路，一由綦江达遵义，一由水经黔西抵安顺，一由毕节径赴盘州回滇。遵义、大定一带得此雄师，不难勘定。锷韪之，谓我军甫定黔乱，不能不增加援军以为后盾。因饬旅长李鸿祥支队入黔，剿遵义一路匪乱。鸿祥军驻泸州，联长黄毓成、张子贞军驻重庆。奉滇军府令还师援黔，鸿祥率王炳钧趋大定，并檄张、黄两军克日起行。张联长率黄毓英、马为麟进军遵义、铜仁等处。四月八日，继尧复请调滇省东路游击军刘法坤赴黔助剿。盖是时黔垣及上游各处秩序已就恢复，惟下游一带匪势大张，而论言亦因之以起。

初，黔乱平后，张百麟逃至粤。其党有张泽均者逃至湘。沿途鼓动，遍播流言。于是旅居外省黔人不悉黔省真相者多附和之。武昌黎副总统亦有电至滇，谓宜严肃军纪，免召不韪。继尧爰将会匪乱黔真相十二端通电宣告。同时黔人周沆、戴戡、刘春霖、郭重光、刘显世暨绅商学界亦谓：黔省自反正后，张、黄、赵、蓝、叶诸匪涂炭全省，爰请命滇军府代平祸乱。黔局粗定，即拟遄行。黔人以匪党根蒂已深，非滇军留黔难资镇守；又以和议已成，无须北伐，公恳唐司令认〔任〕黔都督。前后二十日，治乱迥殊，商旅四通，妇孺欢忭，黔人感激有同再造。乃昨见川督通电，有滇军借名援陕，冀图经过成都，乘机夺取如占领贵阳情事云云。阅之骇异。夫滇黔同是中国领土，即同是中国人民。既非列国战争，何得辄言占领。黔省当张、黄肆虐时，糜烂已极，使滇军府稍存畛域，黔事必不可收拾，岂惟牵动西南，实将贻误大局。凡此苦衷，应为直省所共谅。而川督通告，似不免妄用猜疑。黔人虽至愚暗，宁肯自取复亡。况中央已定统一之局，各省必无分立之理。救灾恤邻，自是通谊。倘必深闭固拒，酖毒自甘，则是盗入其室而拒乡邻之救援，非惟不情，抑亦不智。且滇军驻黔所有粮糈概由滇支给，滇何利而为，当可不辨自明。又据侦探报告谓，川省公口仍盛行，故黔中溃兵散匪大半逃往川边，则滇军占领贵阳之说必出于匪徒捏造，川督不察，遂至误听。窃惟中国必当统一，一发或动全身，诚不宜如列国纷争，妄生猜忌。事关大局。缄默难安，用特通电缕陈。时元年四月七日也。前都督杨荩诚自武昌来电，谓已得孙大总统援饷助械，加给委任状，促令归黔。全省震动，佥谓杨若回黔，黔必无幸，通电阻之。荩诚乃复以黔人名义捏词宣布滇军罪状。黔人通电驳之，谓其诋斥滇军，全乖事实。

五月十日，中央袁大总统正式委任唐继尧为黔都督。次日由省议会及耆老商学各界举行庆祝。初，继尧定乱后重违父老之请，因留督黔。嗣省议会成立，复有请给状委任之举。继尧方与各界志士力谋进行，不图川督煽惑，谓出侵略，匪党含沙，尤肆污蔑。滇军劳师縻饷而竟蒙此恶声，用是电中央政府转饬全黔人民勿再挽留，俾得振旅还滇。时滇军府亦特电国务院，谓黔事渐平，滇军援黔义务已尽，且劳师久戍，饷糈万难支持，拟将滇军撤还，请大总统派员主持黔事。然是时黔人全体已特将黔乱始末及滇军状况一再电请中央，任唐继尧为黔都督，并令杨勿庸回黔，免致争个人私利，蹂躏数百万生灵。大总统因正式委任焉。乃杨荩诚抗不奉命，所部席正铭等复捏词宣布滇军罪状，在滇军仍决意还滇，以避嫌疑。而在黔人则群情愤激，由议会议决，一面泣恳唐都督，勿以小嫌萌退志；一面公推耆绅刘春霖为全黔代表，驻师铜仁，安置杨部黔军。

自陈开钊等扰乱下游一带，黔民苦之。继尧以刘联长法坤为东路巡按使，黄联长毓成为东路游击总司令。法坤克复铜仁，杨部席正铭复纳陈开钊为先锋，率匪万人来攻扑。激战多次，黄刘两军悉力击毙陈匪，席正铭败走，江口、松桃以次收复。黔军周旅长桑儒单骑入铜仁，与黄联长接洽，遂率师还滇。下游底定。兼借援川军回滇之便，取道黔中，代廓清各处积匪，黔省悉平。所可悼者，黄大队长毓英师还次于思南，遭伏匪逸出狙击以死。铜仁之役，副官尹盛德、参谋张开甲、中尉朱光藻并故死。署松桃厅李有崧城陷遇害，死尤惨。故或谓滇军之援黔也，既縻我巨饷，复歼我壮士，时贤犹或訾之。然滇军府初以北伐为重，迨南北和议成，乃援黔以敉定西南大局，当世讥评非所计矣。

云南辛亥革命参加者列传

编者按：云南辛亥革命参加者的传记，其流传较多者，不必再为重刊。今只就流传较少的《曲石文录》《永昌府文征》及未刊印的《续云南通志长编》选录19篇，供研究云南辛亥革命史者参考。至于内有很多不妥之处（如《谢汝翼传》称四川辛亥革命为“土匪蜂起”；称见袁世凯为“调京入觐”等），尚请读者注意。此外《张成清传》、《罗佩金事状》两篇略有删节。

杨君振鸿事状

李根源（卢滇生代）

君讳振鸿，字秋帆，一字志复。又变姓名为福升。昆明杨氏，世居东郭外小街。君少不羁，以事见系，乃自励，狱中读书不辍，出遂补县学生，故其学坚忍而不拔，能文有口，尤擅权略。癸卯游学日本，入陆军振武学校，感民族之今义，理亡国之旧闻，慷慨激发，毅然以光复为职志。又日从孙文、黄兴、章炳麟、汪兆铭、胡汉民、孙毓筠游处。所蓄日宏，而委身国事亦始此。既卒业，乡人公举回滇，整饬军事。君亦以将始事，宜有以借手者，乃返国，诡说当事，危切悚动，当事重之，得请，立云南体操学校，著籍者几三百人，董鸿勋、潘炜章、徐进辈皆出其门。又倡设公学会，开演说会于云南，路矿利害痛切敷陈，往往声与泪俱。于是滇人一时成振董，思自奋，而君名益章彻大行，远近来者以一见杨先生为幸，而当道则已稍稍忌之矣。会留东学生连名揭总督丁振铎失地丧权状，逐之去，闻其议发自君，益憾，斥君出为西防巡防军管带，驻腾越。人或谓君薄不为，君以为居边戍志气得发舒，又去省治远，便部署，率门人董鸿勋等从行。董鸿勋者，后入讲武堂，重九之夜据守五华山被重创者也。君既至腾越，寻有盏达土司袭职事，镇道索贿巨万不已，且构难焉，则假君以定之，而因以为功，君往抚其众，不用兵而难解。又发其征贿事，镇道畏其言不敢取，而衔之甚。会君开会演说，陈及大义，辞气尤慨慷，众皆为激昂。事闻，镇道喜且惧，遽上变，请逮治。同人觉，劝君行。至九保，过根源家，家大人里居，止君，因避焉。事急，间道走蛮允，主刘辅国家，以其力出八募，达日本。戊申河口兵起，君与根源暨赵伸、吕志伊集同志开大会于江户以张之，告云南独立于天下，会者近万人，所称云南独立会是也。时河口事已亟，君乃结黄毓英、杜钟琦、何伟伯、何汉、李光鼎、段宽、王九龄等归国为助。中道闻败，乃转入缅甸，留仰光与胡汉民、居正、吕志伊、张成清创《光华报》。于是党人在西徼以之势始立，而滇西南皆有所据矣。其年冬清室死丧相寻，胤嗣再斩，君乃召同志谋大举。于时君经营西事者两年矣，尝变服入诸土司地，说其土人，欲因之以发难，迄不成，独同志稍稍聚耳。然以为时不可失，将以一隅号召人心，为天下倡。而永康改流事起，城中不备，亟自干崖出潞江里布戛、蒲缥，以至马岭寨，收诸寨人，得兵千余，期十二月九日夜会城北演武厅，自大北门入。及期，兵会城下者才数百，守吏谢宇俊闻变，戒严不得入。且闻腾中有兵至，众散走。君至，独何伟伯在，相对太息，无如何，复返马岭寨，图再举。君犯瘴疠，敝心力，岁月已深，事败发愤。未至寨疾作，又传言逻者至，同人掖君走蒲缥。夜中大风雨，不能行，同人负之疾趋出陇间，颠顿不得宿，栖止败窑中。至蒲缥，主何兴家，呕血斗许，遂卒。方病革时，何伟伯、杨毓铣、何兴、吴品芳、彭蓂侍，顾曰："我死，滇事惟李君根源、罗君佩金可继。而不忘此日志者，宜以吾言求之。"其后吴品芳、彭蓂入讲武堂，于反正咸有功，奉君志也。君之卒，官吏求之急，杨毓铣以夜半启先垄生圹而藁葬焉。辛亥九月全滇起义，彭蓂率师定永昌，发圹求之，骨附土皆黑。敛时遗银一锭土中，与骨俱黑。观者几千人，皆流涕。于是具棺椁改殡于郡城。根源时居省中，乃于同人等理君死事，议所彰报，以昭来者。咸谓南中发难实首于君，爰累行义，诔曰忠毅，恤金三千元，以礼葬君太保山。彭蓂寻遭变死，以从君，葬墓左。君生于甲戌九月二十四日，卒于戊申十二月十一日，年三十有五。配角氏，无子。弟振国、振芳。以振振[1]之子铣为君嗣。女二，长奇珍，适谢；次感年，待字。君诗文率脱口而出，振笔而书，感时愤世，成即弃去不留稿。然悲壮之气，激楚之音，掇皮皆真，足以感人。散见于《云南》杂志、《光华日报》及邮亭旅壁者，暇当收拾，待《续滇诗文略》成刊焉。腾越李根源谨状。

此壬子仲昌师次，求赵介庵先生表墓，特请南康卢君铸代撰。寻闻思茅吕天民志伊为司法部次长时，与乡人郑炳然开文、谢佩青树琼、张致青大义、段漱泉宇清、何劲秋汉、何伟伯畏、张金山乃良诸君呈南京政府大总统孙公，得请，赠左将军。当述事状时未之知也，故篇中未及，补记于此。印泉自记。民国元年冬十月二日。

（《曲石文录》卷3）

张成清传

章炳麟

张成清，字石泉，云南腾越厅和顺乡人。父商缅甸，娶缅女，产成清。少颖悟过人，初习缅文，年十三归里，读书未三年，四子五经皆成诵。十七入厅学为诸生，旋赴缅甸习英吉利、印度、野人（景颇）傈僳、百夷（彝）诸方语，悉通晓。由杨振鸿介入同盟会，任仰光《光华日报》撰述，著《缅甸亡国史》，书未就，梗概粗具[2]。成清面峭如削瓜，而性和，能拊循俦辈。清光绪三十四年集云南死绝会于阿瓦，宣告滇人应与北京政府断绝，助缅甸、安南、印度独立，若

[1] 原文如此，疑有误。

[2] 《续云南通志长编》《张成清传》载："振鸿、汉民及居正以庄银安、陈仲赫之力，创设《光华日报》，成清任撰述。著《缅甸亡国史》，仅载《云南杂志》，未竣稿。"余与本文略同。

不成则我千五百万云南人同日俱烬，以免如缅甸、印度人之辱。时与会者近万人。英吉利所置仰光总督察其与缅人有异谋，捕杀之。年三十矣。逾年黄兴、吕志伊至仰光，闻成清死处在缅茅，往求其尸不得。

（《永昌府文征》列传卷4）

彭蓂墓表[1]

李根源（卢滇生代）

吾友杨君秋帆（杨振鸿）死蒲缥之年，余在日本东京，彭生尧阶与门人辈实负土以葬，又使人以书抵余，以秋帆之丧告。明年余始南归，尧阶来谒余昆明，又致秋帆之命而言曰："先生之死也，以先生之事属公，使蓂求公，而致先生之言，且使蓂从以求毕先生之志。"会讲武堂开乙班，又请曰："先生没，门人惧难不敢里居，又憾其学未就，故尝入中学校半岁，无所得，兹来愿得学于军旅之事，亦犹先生志也。"余既高尧阶之义，又重感其言，而庶几有以成亡友之意，因使变里籍入焉。卒业第最高，而讲武堂蒙嫌疑。于时出隶防军，复戍腾越，送之曰：昔杨君不耻于管带，人亦视其志何如耳。事无不可为者，腾又杨君生平所经营地也，生勉之而已。尧阶亦慨然往。寻余以片马事出腾，尧阶又来从，余过蒲缥里，使道以求秋帆葬处，固固不肯，乃望祭而行。是时秋帆没两年矣，党人怀愤，散走边徼，阴求徒党，势骎骎以大。尧阶之至，凡同舍生在兵中者又深结之。辛亥九月腾冲举义之役，一呼而四起，不战而遂定者，兵皆属也。夫秋帆之生，所为极难矣，而卒无成。此虽以其时，亦秋帆之死有以激之也欤。于是腾越既定，永昌犹抢攘，复分兵予尧阶守之。顾初举事，亟于号召，转相附从者日众，兵既不及简练，又出徇旁郡，势益分散，一二人不辑，全体几被疑。余率师来，独闻人言，尧阶守永昌能辑兵保民，甚嘉之。师次永昌，定危疑，解军兴法，布政令，亦多得其力。时议弭西南患，首裁兵，虑不能无动摇，属当至腾；乃召尧阶，

[1] 原题《赠正都尉彭君墓表》。

而以永事属。比去之三日，主兵者钱泰丰饯客于郭西门，尧阶与泰丰得手枪视人，试已，还之，机触弹出，中泰丰而仆。则皇遽欲自杀，为客所持；又请自诣狱抵罪，而泰丰兵至围攻之，身被四创死。方乱时，有泰丰部曲李岐山者，弹贯脑亦死。夏历十二月十二日也。泰丰兵犹汹汹不已。根源道闻变，电守吏由云龙等弹压之，始定。然未几而有黄鉴锋之乱，余是以益痛尧阶死，而永事无可属也。事闻，录守永功，褒赠正都尉，而令永人以礼殓。初尧阶至永求秋帆骸骨，改殡于城南寺中；尧阶殁，又于此殡焉。师旋驻永昌，永人谋所以葬，余以为尧阶保永昌有功，而事秋帆又特有始终也，元年四月十五日率将士发丧葬于太保山，而祔于杨君之墓。呜乎，以尧阶之才，而假以年，其所成岂可限哉，既有施矣，遽靳其用，其命也夫。虽然，尧阶从秋帆于难，而卒竟其志，死又得祔秋帆以葬，此亦可以无恨矣。尧阶名蓂，世居保山之蒲缥。父永年，母宋氏。年二十四，娶段氏，无子，以兄之子乃贤嗣，女一。既葬，永人以墓上之文请，而著其事如此，塞吾悲云。

（《曲石文录》卷4）

记云南张君文光死事

新加坡《国民日报》

一稔以来，国中殆无宁日。虽滇省远在南服，而骚然无一日安。视赣、皖、湘、粤之间又有甚焉。政府犹不自省，一切附之“乱党之煽动”，所以然者，幸得借是以屠戮辛亥之首义者也。若大理之事，主名为杨春魁，其人非独在远无所知名，彼中人亦罕知者，而政府遂得假手以杀义士。张文光之被戮，远近冤之。传闻被戮之日，文光方浴于腾越城南硫黄塘中，一军官奉唐继尧、谢汝翼命，率兵士二十余人就而毙之，并及同浴者前腾越保商营管带黄安和。使文光果闻其事，岂有大理已覆败，犹从容与人同浴，遂死于是，至死犹不明其故者耶。

文光死，有妾范氏，仓卒间闻变几自缢死，范有娠四五月矣，遗腹子生，名遗生。

按文光字绍三，腾越董库村人。任侠尚义。商于缅甸，为杨振鸿介绍之入同盟会。尝于腾越、永昌各地创自治同志会，得数千人。辛亥八月，武昌革命军起，文光自缅返腾，纠合陆防各军，刻期九月六日夜起兵，击杀腾越镇总兵张嘉钰、管带曹福祥、张桐等，相继光复永昌、永平、龙陵、永康、顺宁、缅宁、云州、云龙等十余府县及沿边各土司地，称滇西都督。军东下，徇大理，与榆军冲突。李根源为之双方解释，得以无事。省腾合并，文光任协都督兼大理提督，时民国元年四月也。继李根源解职去，大理团长李伯庚暗谮文光于省中当事。时滇督蔡锷形同傀儡，而当权者为李鸿祥、谢汝翼。李、谢随事疑忌而抑制之。文光慨然曰："今之时势尚可供汝辈争权夺利耶。此等鬼蜮世界吾不欲与居。"乃于民国二年五月请解职留学日本，得准，瓜代事毕，返腾省亲，遂罹是祸。又或传大理起乱，杨春魁假文光及李根源名出示号召，赵州、云县等处据之电省，唐继尧、谢汝翼不察，径电中央，故袁世凯有十二月八日通缉李根源、张文光之通令。继尧、汝翼虽察知张之未与其事，而为贪功冒奖之心所中，且又深忌文光滇西之潜势力尚在也，故必致之于死而甘心焉。呜呼，惨矣。余之记此非以传张君，亦存是非之真于不泯云尔。

（《永昌府文征》文录卷20）

罗佩金事状❶

李根源

君姓罗氏，讳佩金，字镕轩，云南澂江府河阳县人也。原籍四川华阳，明初有讳锦溪者，官呈贡令，遂家于澂江。传十四世至君曾祖淮，字自桐，邑增生，以杜文秀之乱殉难。配张氏。祖瑞图，字星垣，光绪丁丑翰林，配郭氏。考森，字宝书，光绪甲午举人。配汤氏，继配保氏，生子二，君居长，弟佩铭。星垣公梦引一沙弥入室，生君。自幼聪慧过人，9岁丧母，随父游幕远方。稍长，益喜交游，而弛跅不羁，凡昆明恶少无不知罗孙少爷者，尝为星垣公杖责。光绪戊戌（1898年）宝书公键闭君于斗室中，教为文，日作一艺，数月，

❶ 原题《勋三位上将衔陆军中将护理四川督军广西省长罗君事状》。

学大进。学政张建勋岁试，以第二名入庠。至是益放肆，挥金如土，每深夜逾墙出，星垣公恶之，逐出使别居焉。是时君夫人镇南徐氏已来归，婉语规劝，渐能折节读书，而行不检如故，室中几断炊，酒肆中则一饮数十金立尽。

癸卯夏，考入高等学堂，受业于陈小圃、孙少元先生。在校日与嵩明赵伸聚朋辈数十，高谈时政，多不循礼度。陈、孙两师察知，宣至厅事，罚长跪，责手掌，斥逐出堂。君内不容于家，外不容于校，遂有壮游四方之志。其友何庆三、朱耀南助以资，不足；徐夫人变饰珥作旅费，于是年冬步行至广州，投两广总督岑公春煊。岑公，星垣公弟子也。命题面试，问治两粤策，历一时，君条书十事，文长二千余言。岑公喜曰："尚有见识，文笔亦充畅，吾师有孙矣。"［注删］命移居节署，交总文案张鸣岐，派在奏折处学习。（君尝言，参劾苏元春、裴景福、柯逢时、李经义诸密折皆君所写。）

次岁，送之日本习陆军，在振武学校，颇为同辈所重，与昆明杨振鸿称滇南两杰。振鸿虽尚任侠，而言行不苟。君亲炙久，有感，乃立日记，日自讼其过，如老宿然。有议论，必引《论语》、《近思录》，几不知昔日之为狂少年也。

乙巳六月，孙公逸仙、黄公克强创同盟会于东京，君与焉。吕志伊举评议，推君任云南支部长。君曰："吾辈军人，在学成归国握兵权，负实行之责，名非所宜。"遂与根源、赵伸联名，请以志伊担任。而会中事君无不参与。方声涛为军事部长，凡有谋，胥就商。黄克强寓小石川，而章太炎先生居民报馆，星期休假，君不往黄必就章也。己酉（1909 年）春，士官学校将毕业，庄蕴宽衔广西巡抚张鸣岐之命至日本，约士官生入桂练兵，君亦被约。君曰："坚白（张鸣岐），书生也。急于功名，不足与谋大事。广西军事实力在提督龙济光，某与龙有旧，愿入龙部，可与桂林、昆明相策应。"于是君走上海，见岑公，求荐书至南宁，济光委以随营学堂总办，凡帮带、管带以上官，皆从君受学。逾月，余亦至南宁，见济光险狠谲诈，好利无远志，劝君同归，君不顾。洎后济光部下有马、赵姓者密讦君倡革命，龙使人侦君。君不自安，走书告余，余请于护云贵总督沈公秉堃电调君归，任十九镇随营学堂监督兼讲武堂步兵科教官。未几，总督李公经羲入滇履任，君偕根源请并随营生入讲武堂，君遂调充督练处参议官兼陆军小学堂总办。于是军事教育全权悉握诸吾辈手矣。君旋受命赴上海，订购德意志枪械，陆小总办推李烈钧代理，未半载旋滇。李督以总参议靳云鹏专权任私，颇疑之，一日召君与余入见，曰："靳云鹏眼斜心不正，难倚信，曷举军事人才告。"余疑李督意在试探，不敢言。君决然起，揭云鹏之失，举蔡锷可大用。李公纳之，命君密电召锷来，勿与靳知。时锷在广西，充新军标统，为桂人所排，复电允送母归湘，即起程。李公喜，命君汇千金作旅费。次岁四月，锷至滇，李公受云鹏挟制，无以处锷。君献策调王振畿兵备处，以锷任三十七协统领，君愿为其属，任步队七十四标统带。君并引用雷飙、刘存厚、唐继尧充本标管带。君之机警果决，余深愧弗及；而锷之名业亦发轫于此矣。辛亥中秋后，武昌起义，余辈多集君家密议，风声所播，李督与锺麟同、唐尔锟谋，斥君赴安南接运军械，君佯从之。延至九月九日，光复军起，君率所部从协统蔡锷自坞家坝入城，攻击总督署，并派雷飙援余于五华山军械局。时督署有机关枪八挺，卫队五六百人。君力攻数时，死伤枕籍，不能下，子弹将罄，幸军械局破，得补充。君督唐继尧、庾恩赐两营猛扑之，经羲逃，始攻入，全城大定。君与李鸿祥任警备，夜分兵变，君守南门，余与蔡公巡至君许，枪炮隆隆，君犹卧城门口，鼾声如雷，屡呼之始醒。足见君临战定，有天授，非常人所及也。次日，风传南道龚心湛兵至通海，命君为南征总统官，往讨之，适赵复祥、朱朝瑛、李曰垓起兵攻心湛，心湛遁，其部悉降。君巡阅蒙自、临安、个旧等处，旋省。时迤西乱事已亟，余西行，君继余领军政部事。未十日，蒙自兵变，公私掠夺一空，赵复祥、朱朝瑛失踪。复以君为南防总司令，出师靖乱。君至，剿抚兼施，诛叛兵数百，南防遂定。旋师，仍任部职，清吏治，整财政，革盐弊，设盐兴、盐丰诸县治，筹办援川、援黔、援藏诸军饷糈。君体虽强，君之心力已敝矣。或谓君只知应付现局，无远略，故无新之建树，盖不知君者之苛论也。时至八月，大总统袁公召各省军事代表入议，君承乏往。至京，双十节奉令补陆军中将。有清河预备学校反对贵胄学堂合并，全体罢课。袁公命君往调处，事竣，袁公拟任君保定军官学校校长，君坚辞。适副总统黎公通电倡军民分治，设各省民政长，二年正月，君被任云南民政长，出都赴滇任。能以简驭繁，以静制动，故政安人和，一时称颂。历十月，都督蔡公去职，君亦解任。继者唐继尧、李鸿祥。旋丁父忧，家居守制，垦辟黑龙潭田园千余亩，名曰茨坝果园。今其果木嘉荫，为苴兰园圃之冠。又朝夕与昆明李坤、张鸿范、张鼎，河阳李增讲论，所养愈深，而心气愈平矣。四年，筹安会起，袁世凯称帝，君愤甚，与刘云峰、赵复祥、黄毓成、何国钧、李曰垓、吕志伊、赵伸、杨蓁、邓泰中辈密谋抗袁。未几，蔡锷、李烈钧、程潜、熊克武、戴戡、殷承瓛、方声涛、陈强、但懋辛等至滇，唐继尧心遂决，与任可澄、刘显世于十二月二十五日宣布讨袁，组织护国军。蔡锷任第一军总司令，君任总参谋长，李曰垓秘书长。是时滇省财政支绌，饷糈无出，君以数世积累之产，押之殖边银行，得银十二万元，军始开拔入川。（编三梯团，每梯团步兵二团、炮兵一队、工兵一连、机关枪一连、骑兵一排。第一梯团长刘云峰率杨蓁、邓泰中两团出昭通，攻叙府。第二梯团长赵复祥率董鸿勋、禄国藩两团出毕节、永宁，攻泸州。第三梯团长顾品珍率何海清、朱德两团，随总司令部于夏历十二月十三日自昆明出发）五年一月二十一日，刘云峰进克叙府。出泸州之主力，前卫董鸿勋甫达雪山关，川军第二师长刘存厚在永宁宣布与护国军合，鸿勋乘势进占纳溪，攻下蓝田坝，以川军团长陈礼门守之，鸿勋由下游渡江攻泸州。而泸之北军反乘夜渡河，袭击礼门，礼门走死。鸿勋腹背受威胁，夜退牛背石，过江。于蓝田坝相激战中，而曹锟、张敬尧之众及驻渝川军周骏已抵泸州，过江进击鸿勋。蔡公得报，以君率第三梯团及第二梯团之何海清部，兼程入纳溪，敌我遂遭遇于纳溪前方之朝阳观、棉花坡一带，阵线延长三十里。激战二十七昼夜，死伤积野，血流成渠。营长曹之骅、赵荣晋、雷电光等即阵亡于是。北军伤亡过多，亦深掘故壕固守，我欲进击尤不易矣。（是役纳泸加入作战之北军：曹锟之第三师、张敬尧之第七师、李长泰之第八师、齐燮元第六师之一旅、周骏川军之第一师。叙府方面之北军：伍祥祯一旅、熊祥生一旅、冯玉祥一旅。其数十余万人，多滇军数倍。）蔡公忧之，以非攻下泸州，摧破曹、张主力，则全局皆僵；黄毓成军牵于龙济光兄弟，不能来。乃由叙府抽调金汉鼎、马鑫培两营，侧袭北军之背，亦无功。于是蔡公立退却，引敌前进，再乘机反攻。君赞之。于三月二日令君为左翼军总司令，分两翼撤退：蔡公率第三梯团，由纳溪龙头关退守大舟驿；君率第二梯团及金汉鼎支队，由左翼沿永宁河，退守北极滩，赶掘坚固壕堑。是时北军虽未敢追击，然已蹑至龙头铺之线，亦构筑强固工事，互相对峙。不意君与蔡公正咄咄书空间，忽接广西都督陆荣廷宣布讨袁通电。（又得唐公电，知李烈钧所率滇军第二军已至百色，黄毓成军即日经黔入川增援。又黔督刘显世通电，表示贵州全省听蔡公指挥，并派戴戡率兵一旅，由遵义攻松坎；王文华一旅入湘，攻常德。）全军士气为之一振。君曰："可以一战矣。"遂于三月十三日下令反攻，召将领面训，蔡公声哑，艰于言，君代之曰："今日之战，胜可望生；败则死，不胜不败亦死。"群感奋，乘夜推进，接近敌阵。拂晓攻击，战历两昼夜。至十六日，别选敢死队五百人，君与蔡公亲立阵头，督全线冲锋，自卯至申，肉搏数十次，而北军野炮机关枪猛烈排射，不能进。直至日将坠，天相义军，狂风陡作，杀声四起。君督中央顾品珍、何海清部短兵冲入，左右翼亦奋死前进，始将敌阵完全突破，毙敌二千余人，生擒千余人，夺获大炮十四门、机关枪三十余架、步枪二千余支、子弹二百余万发，辎重无算。张、曹狼狈窜去，溃至棉花坡，为李长泰所收容，仍据险死守。滇军亦停止于龙头铺，构筑阵地，收战死者之尸，得七八百具，伤者近千，可谓壮烈矣。是役也，共和帝制销长之几，所关岂细也哉。君右胫为炮片所中，幸不久医痊，然自是不能乘骑矣。同时陈宧命伍祥祯、熊祥生、冯玉祥三混成旅，分道向叙府反攻。伍、熊两旅先来，卒为刘云峰分段击破，溃不成军。冯旅后至，遂停止不进，以张之江、韩复榘通使问，君亦遣伍彪报之。盖玉祥心事本反洪宪者也。陈宧见大势已去，商曹锟等，派雷飙为代表，至大舟驿，请求停战一月，蔡公许之。时军务院已成立于肇庆，推君为抚军。由是浙江、陕西、湖南皆独立，而陈宧亦随之宣布反袁。乃世凯犹不悔祸，命周骏为四川将军，宧随冯旅北走，骏入据成都。六月六日，世凯自毙。黎公元洪依法出继总统。录君功，加陆军上将衔，授勋三位，二等大绶嘉禾章，补广西省长，而四川军民两政则授之蔡公。蔡公以成都犹为袁党所踞，命君率顾品珍、赵钟奇、刘云峰三梯团，出叙府，经自流井，向成都进取。一战于内江，再战于资中，三战于简州龙泉驿。周骏逃，君电请蔡公。蔡公由泸州经隆昌、内江、资中，于八月十五日入成都。君请解兵，赴广西任，蔡公不允。蔡公肺疾已深，音全失，不能支，请赴日本就医，得允可。荐君护理四川督军，戴戡署省长。戡以梁启超之故，与段祺瑞通，谓君倡大西南主义，一面命君裁遣刘存厚、周道刚、钟体道、陈泽霈、熊克武诸师之兵；一面密示诸师长反抗君，遂酿丁巳四月十九日围攻成都督署之事。君既免川督，授超威将军，滇将领主与刘战，君不忍夷伤滇士，糜烂川省，令全军西撤川南，促戴戡入省。未几，戴戡又为存厚所逐，死于杨柳场。其参谋长张成礼、旅长熊其勋、财政厅长黄大暹皆为川军所杀。滇将领又请乘机取成都，君仍不允。唐继尧深不慊于君，免君靖国军第一军总司令职（先是六、七月之交，督军团叛，张勋复辟。滇有靖国军之组织，君尚统在川滇军，故有是名）。在川滇军交赵复祥、顾品珍统率，直接由继尧指挥。君遂归滇，闭门谢客，尝居茨坝，以课耕写字研求佛典为事。七年，继尧畀以全省路政总裁，亦不就。广东军政府成立，总裁岑公电邀君。君复电曰："前于役蜀川，负川负滇，丛疚所集，无以自解。愿终身为幸民，不敢问天下事。"九年冬，赵复祥战死泸州，顾品珍返军入滇，迫继尧，继尧出走。迤南数十县竟成吴学显、莫补、李少宗诸匪巢穴，品珍请君任清剿事。君以迤南巡阅使名义，出驻蒙自，指挥驻军，从事剿匪。余意滇将领能此者何限，君未免轻于出也。君剿之急，匪不能不求生，继尧利用之，竟自桂边返滇。品珍阵殁于陆良天生关。继尧入昆明，君仓卒奔迤西，依大理第九混成旅长华封歌，抵镇南（南华），封歌不纳，反以营长杨信收其卫队之械。君乃急走华坪，冀渡金沙江入川，乃为匪首普小洪追至，团长李成桢战死，君被拘。小洪报闻继尧，遂于十一年壬戌四月初七日巳时与何国钧同遇害于苴却之双金坡。距生于光绪四年戊寅（1878年）五月初四日，年四十有五。苴却行政委员曾纯一为之棺殓，逾三月，运柩至省，继尧不准入城，厝于昆明城东之小松山，无一人敢往吊者。独有剑川周钟岳拊棺痛哭，文山陈价送挽一联。联曰："小沙弥杀戒已开，曾到人间来应劫；大江海风波历尽，谁知沟里去翻船。"价，君之父执，年已八十，尝闻君生时事也。十七年戊辰秋七月，继尧已死，其县人始公葬君于河阳县城西十五里之朱家山新阡，徐夫人祔。子二：曤、曙。

（《曲石文录》卷3）

赵伸墓碑铭[1]

李根源

君姓赵氏，讳伸，字直斋，云南嵩明杨林驿人。父连金，母王氏，生子三，君最少。倜傥有奇气，读书颖悟迈行辈。弱冠补博士弟子员，肄业高等学校。光绪甲辰（1904年）选送日本，入成城学校。感于种族大义，与孙文、黄兴、章炳麟、陶成章、陈天华诸公游处。乙巳同盟会成立，君与焉。创设《云南》杂志，君任总经理，使金碧声光得侪于革命先导之列，而与江浙湘鄂秦蜀诸志相辉映，非君董理之力不及此。戊申河口兵起，杨振鸿南归，君与吕志伊及根源倡设云南独立会。告云南独立于天下，与会者万人，君主席，辞最激昂。使署闻知，开除官费，而君蔑如也。更与黄兴设大森体育讲习会，阴教同党以兵学。学者有林时塽、刘揆一、焦达峰、孙武、夏之时、方声洞、林隐民、俞培元、杨大铸、张乃良、李贞伯、张大义、李伟、包绍杰、刘九畴、段雄、杨若、唐允义等七八十人。其后或死黄花冈之役，或预辛亥武汉革命，各建殊绩于当世。己酉君在日本任党中暗杀部副部长，遂从李英奇学制榴弹，暇则私演射击，力求命中。日警侦知之，捕君急。乃变姓名潜走台湾，入广西，充右江镇总兵龙觐光部下管带。觐光，君旧结义异姓兄弟也。民国成立，余与蔡锷迭电促君归，筹办云南同盟会及国民党事，凡政府政令兴革，君无不参与。省议会开，当选议长。癸丑赣宁事败，省会解散。君息影乡居，以杨林湖水之为桑梓患也，商筹父老，详度形势，从事开浚，历时三载，垦良田八千余亩。利国利乡，厥功为最。迨讨袁军兴，会办兵工厂，制弹药以供军用。叙州纳溪之战，榴弹之威屡挫强敌，然此不过君之绪余而已。君之干济则终其身不得施展什一，其气运使之然耶？不能不

[1] 原题：《故云南省会议长嵩明赵君墓碑铭》。

为君悲矣。余留东同志之友，乡人中惟君与杨振鸿、吕志伊、罗佩金为最契。振鸿、佩金已遭变死，而存者惟志伊与君二人，今君又卒于昆明，怆怀旧雨，涕泗横溢。计自壬子十月与君判袂，丙辰正月君赴日本，在香港得一晤，相与筹所以护国之略。壬戌，君补参议院议员，余居内阁，与君时时相欢饮，聚谈无虚日。未几，有六月十三日之变，君奔走南北，力伸正义，其气概不减于在东时，所谓百折不回者非欤。此后余栖迟吴下，君返棹滇垣，地北天南，竟成永诀，能不恸哉。君生于光绪二年丙子五月初四日，卒于民国十九年庚午闰六月初二日，春秋五十有五。子二、凌云、慕云。孙三、家尧、家赋、家永。卜于是年九月二十二日葬嵩明小松园祖茔之次。凌云走书吴门，请铭墓。铭曰：志士之志贞而强，睥睨东海天迥光；胸怀磊落神飞扬，激昂慷慨生锋芒。誓与浊世扫秕糠，目中已无豺与狼；平生爱国复爱乡，泽水泛滥忧梓桑。昔日横潦浩渺茫，今日四野稌与粳；六乡父老讴思长，芷庵千载同苾芗。

（《曲石文录》卷3）

顾品珍[1]

品珍，字小斋，昆明县人。以诸生考送日本留学，毕业士官学校。回滇任讲武堂骑兵科教官。辛亥反正，以功晋至师长，授陆军中将，旋调讲武堂监督。袁氏称帝，滇兴护国军，蔡锷任第一军总司令，编三梯团，第一梯团长为刘云峰，第二梯团长为赵又新，第三梯团长即品珍。率何海清、朱德两团入川，与北军曹锟、张敬尧部战于纳溪之朝阳观、柿花埂，死伤积野。北军掘壕固守，不易进击，于是退守大州驿。蔡与罗佩金督队冲锋肉搏数十次，而北军野炮、机关枪猛烈排射不能进。忽狂风起，品珍率何海清部短兵冲入，始将敌阵突破，毙敌甚众。曹、张溃败，川督陈宧命伍祥祯、熊祥、冯玉祥分道向叙府反攻，亦为刘云峰击破。宧请求停战，蔡许之。袁氏复命周骏为四川将军，宧北走，骏入成都。未几袁病殂，蔡命品珍及云峰、又

[1] 以下十三人选自《续云南通志长编》。

新三部向成都进取，迭战于内江、资中、简州、龙泉驿，骏逃，滇军开入。佩金代督军，品珍任卫戍司令。无何滇川失和，又新遇害泸州。品珍为部属所拥回滇，唐继尧出走，任滇军总司令。壬戌三月，迤南吴学显、莫朴、李少宗诸匪峰起，继尧由桂边入境，品珍出剿，阵殁于陆良天生关之鹅毛寨。品珍治兵从无欠饷，甘苦与共，且勇敢有胆略，在川与敌遭遇大小无虑数百，往往以寡胜众，亦近代之战将也。

谢 汝 翼

汝翼，字幼臣，玉溪人。以诸生入算学馆，考送日本，毕业士官学校。回滇任讲武堂骑兵科教官，旋调炮兵十九标三营管带。辛亥九月反正，率部夜入省垣。军械局久攻不下，汝翼身先士卒，冒弹火摧破之。清统制钟麟同战死，总督李经羲遁。全城以平。置军政府，推蔡锷为都督，时川督赵尔丰持两端，土匪蜂起，锷命偕李鸿祥领师入川戡乱，迫令独立。事定，率师还任第一师师长，晋陆军中将。及锷奉调入京，代理都督。俄放大理镇守使。匪徒杨春魁倡乱，平之。调京入觐，乘滇越铁道车，行至宜良糯租，被何荣昌狙击身死。何前任排长，因事撤职，怀恨谋杀。汝翼学术两科俱优，勇而有谋，在吾滇士官生中可称巨擘，不幸为部下谋害，未竟其用，论者惜之。

刘 祖 武

祖武，字继之，昆明人。年十七考入武备学堂，旋补县学生。逾年考送日本，毕业士官学校。清季回滇，任讲武堂教官。辛亥举义，历任步兵第八团团长、第四旅旅长、第二师师长。护国军兴，滇方出兵川桂，迤南、蒙自被匪扰乱，围逼城下，几牵动大局，祖武守御，得不破，省军至，悉歼败之。民国十年任政务厅兼财政厅长，俄代省长。十一年春，时疫猩红热流行，死者累累。祖武上疏为民请命，愿以身代，遽感疫卒。子先殒，妻亦逝，闻者莫不伤之。

李修家传李正棻附

李修家，字献廷，盐兴人。云南省议会议长正棻子也。由清廪生入云南高等学堂，选送保定北洋陆军学堂肄业。少有大志，潜心军事学，既得选送，专习军事。慨然曰："今而后可遂吾志矣"。毕业回滇，历任军咨处、陆军第十九镇等机关军职，改任七十四标督队官。见清政日非，与滇省革命诸哲日夜密谋改革。辛亥重九，光复军兴，率队攻城，身先士卒，奋不顾躯，冒机枪前进。攻克督署，占领南城，击毙清统制钟麟同，论功擢升步兵第二联第二大队长。调援蜀川，充右纵队长。攻克自流井、陕西庙、贡川、富顺县等处，擒斩伪川南大都督周鸿钧及首要悍匪秦夔龙、杨少兰、张青山、张昆山、范华斋、涂哲等数十名。每一战役均以少克众，以数百人或数十人击匪数万之众。川南各境始渐就序。云南都督蔡锷特颁感状，以纪勋绩。其光复、援川两役战功均详载状中。共和底定，凯旋回滇，以功晋陆军少将，改任步兵第二团团长并三次兼任云南全省警务处长、省会警察厅长。护国军兴，升任步兵第三旅旅长兼南防卫戍司令，驻军临安（建水）。是时吾滇以一省之力担任护国大任，竭全力入川，讨伐洪宪。军情万急之际，袁世凯特派龙济光之兄觐光，率数万众自粤经桂由江外入滇，并煽动南防土匪希图扰乱云南治安，为釜底抽薪之计。临安首当其冲，被围数十匝，攻势之猛莫可言喻。守城兵力仅有两营，外无援应。临安不守，不但全省安危难以逆料，护国入川之军恐亦因之动摇，其所关系者至巨。修家誓与城存亡，被围兼旬，镇静如平日。时出奇兵袭敌，卒将敌众击退，跟追至山心，鏖战三昼夜，敌众全部完全击溃，南防卒以保全，全省治安亦以稳固。共和再造，以功晋级陆军中将。民国十年赴北平考查时局。十一年任豫省总指挥。十二年任山东省曹州镇守使。十三年因病赴沪就医。十七年回滇省亲，就任云南省政府总参议官，改任昆明市长。抗战后忽罹危疾，航蓉就治，不效，寻卒。

李正芬，字映川。幼孤，赖伯母张氏鞠养，因以为嗣。先是父昆仲伯叔辈二十余人，值乱，迤西一带遍遭蹂躏。大兵之后，继以瘟疫，亲族数十丁口或死于兵祲，或殁于王事，所存者与母二人而已。乱平归里，庐舍已毁于兵。祖遗田产又为族中豪强掠夺净尽，家徒壁立。于是出就外傅，勤苦攻读，每自塾归，辄助母氏操作，不耽嬉戏，迥异常儿，里人交誉之。年二十入邑庠，旋食廪饩。邑人士争聘聘为子弟师，其自远道负笈相从者恒数十百人。十数年间所造就者甚众。继因食指渐繁，乃迁居元兴井，创建恒丰盐灶，经营盐业。且读且贾，家渐小康。民国二年，本省政府整顿盐政，稔知熟习鹾务，委任白井全区督销总办。下车后周历各井区，详切考查，规划扩充边岸，销情畅旺，课额日增。常有言曰，盐政无他法，但供过于求则恤商，求过于供则恤灶，两得其平则销情自畅，课额自增，商灶无困累，人民无淡食矣。嗣盐政改组，调任凤仪县知事。事必躬亲，狱无留滞，至今人犹颂之。七年省议会第二届改选，被选为省议员，复举为正议长。其子等以年事高，请勿就。曰议会代表人民，但使闾阎疾苦得以上闻，民意得以上达，身虽劳，于心滋慰。继政府特聘兼任滇蜀腾越铁路公司总办，路款得以保存者数百万元。议会期满解职后，专致力慈善事业，历任省赈济会会长、昆明市慈善会董事监事、中国华洋义赈会云南分会正会长。举凡救死扶伤，恤孤怜贫，无不尽心力为之。生清咸丰丙辰年九月九日，卒民国庚辰年九月九日，寿八十六。无疾而终，人以为生有自来云。

殷承瓛

承瓛，字叔桓，陆良县廪膳生。癸卯考入云南高等学堂，拔送日本留学。初习测量，更入士官。既毕业，回国应考试，列优等，派为陆军第十九镇正参谋官，俄升正参谋。辛亥举义，任云南军政府参谋总长。时西藏有乱事，以总司令领军平之。师旋解职，偕蔡都督锷北上。蔡督办经界局，保任清丈处长，派赴东三省及朝鲜考察，作成方案颇详核。今湖北印行之经界三书，多有其著述，人或未之知也。适袁世凯方谋帝制，与蔡潜出京，绕道日本回滇，首义申讨。蔡领护国军出蜀北伐，任总参谋长。袁死，黎公元洪继任总统，命为川边镇守使。历晋至陆军上将。丁巳卸职归，自是遂一意学道，初从欧阳竟无研法相宗，继从班禅及洞行习密法，有闻辄悟，得无上妙义。

庾恩旸传

庾恩旸[1]，字泽普，一字孰右，别号墨江枫渔。墨江人。幼失怙恃，受其兄教育。光绪壬寅，普洱创设中学，入校肄业，为都讲钱用中所嘉许。省会开办高等学堂，与选晋省。值考送学生赴日学习军事，与试及格，遂东渡日本。初学于振武学校，毕业入广岛第五联队炮科练习期满，再入士官学校，戊申毕业，复入联队见习。宣统己酉奉调回滇，委充陆军炮队第十九教标练官，并筹办陆军讲武堂。及随营学校成立，兼任两学堂管教，寻调任陆军炮队第一营管带，仍兼讲武堂教授。一时将士学生与游者，恩旸皆以感情固结之，并乘间力阐民族主义，闻者感动。当片马界务发生时，恩旸倡议抵制，并发起捐资扩充兵工厂，急造枪弹，以为交涉后盾。事为政府禁阻，不果行。辛亥八月，武昌首义。恩旸与谢汝翼、唐继尧、蔡锷等屡开秘密会议，响应武昌。有惧外人进兵干涉，拟待数省而后举者，恩旸力持不可再缓，议始决。重九夜举义，恩旸与唐继尧、罗佩金任攻督署，率所部炮兵会合步队进攻，行抵南城外，为清军马队所阻，随复分兵进攻。恩旸率炮队入小西门，进至龙井街口，登城配备阵地，用炮连向督署轰击，黎明克之。收枪弹数万，分兵踞督巡盐各署，严护居民。事定，组织军政府。恩旸任参谋部部长，甫就职而南防警耗至，与佩金奉令为正副统领，率师南巡。南防传檄而定，以计擒斩江川巨匪史春能。复率大军进镇个旧，劝谕各炉户开工营业。未几川中事急，军府电促返省援川，任参谋部长兼炮兵团事。只身前往，晓以大义，众皆肃然。寻奉命卫戍省城。时因军队分赴川省、迤西、蒙自各处，在省兵力减少，匪徒生心，潜谋作乱。恩旸侦悉，擒斩首谋数人，省垣赖以安靖。嗣任北伐军总参谋长，与继尧率师北伐，顺道代戡黔乱。军抵贵阳，先商由黔人致书会匪，陈说利害，不听，乃以兵力攻击。

[1] 庾恩旸原名庾恩赐，自1916年起改名庾恩旸。

恩旸与继尧亲身督战，匪众不支，死亡枕籍，降者三百余人，黔乱大定。黔人感服，遣代表请改组军政府，推继尧为黔军都督，恩旸为黔军总参谋长，暂允维持。后值南北统一，继尧奉中央命为贵州都督，恩旸亦遂留黔，以总参谋兼任讲武学校校长及军务处长各职。民国元年，代表入京，补授陆军少将，留任总统府咨议官。尝以黔事竭力陈于政府，因得中央协济款项数十万金，黔中财力为之稍裕。二次革命军起，锷与继尧欲联合滇、川、黔、桂会师长江流域，减〔灭〕袁氏力，密电促恩旸南旋赞襄军务。电为袁政府所获，派警监视行动。后由继尧释疑，电调回滇，委任陆军讲武学校校长，旋充都督府高等顾问。二年十二月大理之乱，恩旸参赞军机，以功保奖三等文虎章，并加陆军中将衔。三年五月，继尧兼任巡按使，恩旸为警备总司令部总参议官，办理全省改编警备队。七月大总统策令任为开武将军，行署参谋长。十二月，继尧以恩旸办理改编全省警备队劬劳，保奖四等嘉禾章。四年一月，继尧轸念民瘼，呈请大总统任命恩旸为普防巡阅使，代巡普防各属。恩旸以次按临抚绥，大军所过而民不扰。又考查各地情形及应兴应革事宜，汇辑其所记录曰《普防巡阅管见录》。时越边有事，关系外交。恩旸坐镇思茅，分兵策应，使政府无南顾忧。事竣旋省，中央晋给二等文虎章。四年帝制发生，继尧通电反抗，宣布护国，改组都督府。恩旸任军政厅长兼宪兵司令官，嗣又兼任参谋厅长。及军务院成立，继尧被举抚军长，成立警卫军，乃命恩旸兼警卫军总司令官。后袁氏病死，继尧将军政厅合并改组参谋厅，又改编军队为三师，任恩旸为督军公署总参谋长兼第三师师长。五年十月十日国庆赏勋，晋给三等嘉禾章。十二月二十五日云南起义岁周，以勋三位补授陆军中将，并晋给二等嘉禾章。恩旸深维护国之艰而俱纪载失实，乃撰《再造共和唐会泽大事记》及《云南首义拥护共和始末记》、《中华护国三杰传》、《护国军神蔡公传》，并采辑中华历代史传，列成《中国对外三十六大军事家传记》一册，以资军人模范，均各刊印行世。六年三月继尧分区剿匪，任恩旸第三卫戍区总司令官。七月复辟祸起，继尧举兵靖国，任恩旸靖国第三军总司官。及继尧大旆出发，复调恩旸驰赴行营，兼联军总司令部参赞，军毕节。七年二月十八日被刺陨命，年三十有五。

赵又新

又新原名复祥，字凤喈，又新其别号也。后因避袁氏侦缉，遂以别号行。顺宁县人（前顺宁府宝宁县）。生而颖异，长更聪强。年十五补博士弟子员，逾二年以优等食饭，士林重之。性倜傥，善饮健谈，人乐亲附。时清政不纲，疆宇日削，每与朋辈谈国事，辄喟然曰："丈夫不能如班超以诸生立功异域，亦当学马援愿战死疆场以马革裹尸。日事毛锥，老死牖下，不几负此七尺躯耶。"光绪甲辰，滇大吏议送学生出洋，乡人士或惮远不敢行。君毅然往，遂至日本。入振武学校，继入联队，后入士官学校。戊申毕业归国，遍阅长江各省军队而还。既抵滇，授讲武堂教官，不就，与同学叶荃、黄毓成两君入川，任督练公所提调。宣统己酉，滇督调回，授以七十五标教练官，驻防临安。辛亥重九，全滇光复。标统罗某先逃，君抚其众，靖临安，援蒙自，怀异志者皆逃，一方以宁。民国元年入赣，参赞军务。湖口起义失利，间关回滇。三年春，任云南讲武学校校长。四年冬，袁氏叛国，滇省首义，君率第二梯团随蔡邵阳取道川中讨逆。川中附逆者皆来迎战，先后五六月，卒破之。袁氏退位，共和恢复，君以第二梯团长兼永宁道尹驻泸州。治军之余，抚绥众庶，政教一新，盗匪敛迹。六年改任第七师师长仍兼永宁道尹，适川将刘某（刘存厚）谋争督军，复起战事，叙、泸一带失而复得者，皆君平日德洽军民之所致也。重庆既下，滇政府宣言川人治川，以熊某（熊克武）督之，顾品珍领第一军，君领第二军，分驻资、泸。君在泸一意练团兴学，劝种植，倡实业，宜民善政举办不遗余力，泸人建祠祀之。九年春，排外风起，川军伺隙来攻，君与顾品珍力战走之，遂入成都。而彼众我寡，势难久持，遂旋师。敌军四起，归路断绝，君先抵泸，顾品珍督战未返，而守泸川军潜作内乱，君亟缒而出，待品珍不至，坚不肯行。比品珍至，而敌愈大集，君以体壮行缓，遂及于难。季弟复新及犹子霖均死之。君临危，谓其弟与侄曰："我死国事，分也。汝辈可速行，得生还仍效力国家，以竟吾志，则予瞑目矣。"言讫以短铳自击而逝。时民国九年秋八月二十七日，距生于光绪七年辛巳冬十有二月朔日，春秋四十。归葬省垣西郊玉案山麓。君虽以武功显，颇娴文事，食饩之年应经古，试题为《岳武穆奉诏班师赋》，君有句云："一木难支，宋室之偏安已定；百年遗恨，英雄之结局如斯。"甲辰将东渡，撰联云："甲箓新翻敢自悔望洋而叹，辰猷远告勿轻言观海之难。"驻泸时每以暇日集名流联咏，尝和老杜诸将与秋兴八首，皆有杰句，如"千古英雄同一哭，仰天长叹泪沾襟"云。

叶　荃

荃，字香石，云县人。以庠生留学日本士官，毕业回国，赴四川任教练处帮办，旋调新军标统兼剿蛮匪指挥。手击蛮酋，遂打通雷波、马边、屏山诸路。辛亥命任黔军第一师师长。丙辰袁世凯称帝，云南护国军兴，任第五军军长。靖国任第八军军长，率师入陕，与于右任、井勿幕、胡景翼、曹俊甫诸辈联合作战，迭摧陈树藩、刘镇华、吴新田之众数万，声威震于关陇。继以川滇故起，率军南返，为管金聚扼于汉中，不动声色，竟生擒金聚而礼纵之。乙丑冯玉祥、胡景翼、孙岳起国民军，任第三军第二师师长。憨玉昆、刘镇华倾众来犯，会岳维峻大破之于洛阳，由是孙殿英等远近绿林咸来归附。丁丑自京（南京）沪归返顺宁，潜修佛法，以疾遂不起。荃性豪爽，疏节阔目。论者谓有古英雄气概，非虚语也。

王麟书

王麟书，字瑞征，云南新平人。始毕业警察学校，后又入讲武学校，普通学毕进连队。君乘此时机将革命思想输与士兵。辛亥重九之役，所部兵皆明大义，无几希障碍者，君与有力焉。时君偕同学生守大西城，嗣以军饷重要，调君守藩库。仓皇扰攘中竭全力防护，无丝毫失。滇事既定，随唐公蓂赓北伐，经黔，值土匪猖獗，黔中父老遮留靖乱，君亦在事效力，充贵州都督府副官。黔乱平，北伐中止，君辞职旋滇。盖一因思母念切，一因欲返原校蕲尽未卒之业也。讲武业毕，充步三团三营十二连排长，旋调充步七团一营三连排长。乙卯冬，袁氏称帝，我滇兴师护国。君隶第一梯团第二支队，取道川南，凡新场、燕子坡、捧印村以及横江、安边诸役，皆身先士卒，毅然以力战取胜。拔叙后，敌军大股至自泸州，与我军激战于叙东白沙场。敌军踞龙头山，以大炮数尊、机关枪十数挺集中注射，势张甚。君以敌众我寡，制胜殊难，欲登山夺取大炮或机关枪，以杀敌人之势。率敢死士冒险前进，抵山麓忽腿部中一弹，流血不止。士卒要之退，君大呼曰："今日之战，正我辈捐躯报国时也。我不前进，谁前进者!"仍负创猛进不已。既而又一弹中君腹部，遂陨命。气未绝犹大呼杀贼者再。时民国五年一月三十一日也。年三十有六。君死事甚【壮】，人皆称之为烈士云。

田　钟　谷

钟谷，字树五，漾濞县人。性沉默，寡言笑。幼即有志武略，苦地僻无师。年十四赴省肄业讲武堂，因入同盟会。辛亥秋毕业。重九之役，身先士卒，杀敌数十人，以功擢连长。五年春，护国兴师，君率兵一营与敌战于叙府之白沙场，所部仅数百人，敌重且十倍，苦战相持至数日。一夕集士卒励之曰："凡久战则敌我俱惫，能鼓最后瞬息之勇者胜焉。况彼众我寡，设为所乘，则歼我之尽。何若出其不意，冒死进击，或能克敌也。"明晨进战，自朝至日中不得前，敌弹如雨，巨炮声震遐迩，尘起蔽天。将士相继伤亡，陵阜枕籍，血肉模糊。君左手中弹，血流如注，犹持佩刀，神色凛然。数数驰骋军中，指挥不稍馁。巨弹毁所立足旁大树，直立不为动。日将晡，未克进展，乃率所余百余人奋起一呼，同陷敌阵，与敌大搏，刀剑击刺声礴然不绝。会援兵亦至，遂破敌，逐北至二十余里，俘获甚众。由此名大振，或谓护国军之获胜决于此云。其后戍蜀四载有奇，巨细百余战，屡功晋阶至中将。其平日御下以宽，颇以李广之不击刁斗自况。十四年夏，应范石生之邀入桂，盛暑远征，往来百色剥隘间，染瘴成疾，是年十一月五日殁于南宁军次，春秋三十有四。君少好学，戍蜀时愈纵览子史，尝欲辑诸子兵略一书未就。又嗜释典及道家言，居恒屏欲澄虑，冀于静中养出端倪，故每临危均能神色不变。其卒也，滇人惜之。

佴致中朱朝瑛附

佴致中，字位卿，建水人。清岁贡生。宣统辛亥闻武昌首义，乃密谋于驻军七十三标教练官赵又新及同邑朱朝瑛，企图革命。朝瑛、又新重其言。俄而昆明光复，越二日建水亦举义旗，遥为响应，成立军政分府，推举朝瑛为正都统，又新副之。致中任参谋长，运筹帷幄，多所策划，故对于云南光复大业，致中与有力焉。民国二年，出任易门县知事，有政声，未几卸任归，不复入仕途。日惟诗文自娱以终老。民国十三年病卒于家。

朱朝瑛，字湄卿，与致中同里。少读书慷慨有大志，中清光绪丁酉科乡副进士（疑为副榜之误），以功授广东补用道。吉林巡抚朱家宝器重之，派赴东瀛考察政治、军事。辛亥旋里，适鼎革，纳佴致中谋，爰于重九后二日就建水举义旗，被推为正都统。时蒙自海关兼兵备道龚心湛握南防军权，闻变，派督带孔繁琴率军三营图建城，意欲先肃南防，然后率兵规复省垣，颠覆革命。朝瑛侦悉之，提军迎击于大破丫口，孔负伤，全军溃散。朝瑛旋派副都统赵又新、参议朱润卿进攻蒙自，龚力不支，遂引窜。迤南大定，省垣得无威逼，至是朝瑛乃电辞都统职。滇督蔡锷改委朝瑛为临元澂江总镇，兼统南防各营，并兼国民党迤南支部部长。值蒙自兵变，朝瑛会同督署所派大员罗佩金从容处理，使地方危而复安。寻电辞本兼各职，上峰允之，特授陆军中将。

李植生传

李植生，原名培根，字仲初，李培元之弟。培元，云南留日学生之开风气最先者。植生幼有大志，赋性强毅，好击技。入方言馆，通日语。比长，培元招东渡，入东斌学校学陆军。毕业归，大府檄充七十三标见习，旋调驻临安步兵队官。未几旋省，充七十四标三营队官。武昌起义，植生与黄毓英、邓泰中、杨蓁、蔡锷密会于唐继尧家，谋响应。九月九日发兵攻清督署，植生当前锋，激战一昼夜，总督李经羲遁，云南独立。事定，从罗佩金巡视迤南。民国元年至四年，历任个旧、蒙自步兵大队长，蒙自河口统带，腾越永昌统带，军警督察官。袁世凯僭号，植生时为步团十五团长，奋然率所部北伐。适迤南变作，暂而东归。五年以所部助蔡入川，战绵竹、广汉间。六年佩金督四川，受戴戡离间，与土著诸军不辑，战于成都，带伤移师资、简。会中央政变，倪嗣冲、张勋叛耗入川。乃太息曰：“吾辈再造共和，旋见破坏，负诸先烈多矣，何面目归见故老乎。”言次泣下，五月十七日遂注丸自击死，年二十有九。

段　抡

段抡，字月楼，剑川人。少时喜读太史公游侠、义大利三杰等传。慕荆卿、玛志尼之为人。清光绪丁未为邑高小学生，以尤异升丽江郡中学生。庚戌由府申送入省选科师范。特渠志气轩昂，不欲以师儒终，遂考入讲武堂。辛亥秋，黄子和招之密议革命于归化寺。重九光复，抡身与其役，事甫定，滇督蔡锷令充步兵三联队二大队小队长，克日援川。叙、泸之役，战绩卓著。民国元年四月，班师驻东川，寻应江西都督李烈钧电召，赴赣供职军府。越年方声涛任江西混成旅旅长，调抡充少校参谋。宋教仁案发，赣督李烈钧宣讨袁，令方声涛部移驻湖口，辎重缺乏，时水陆交通已断，抡多方计画转运饷糈，军食得以无匮。厥后夹谷、沽溏、吴城诸役，抡无不身先士卒，手刃敌人。已而失利，乃东渡扶桑，入浩然学校，毕业又入东京法政学校。乙卯三月，中日交涉起，袁世凯卖国已露其端。抡愤激填膺，与杨益谦奔走同志间，约归国举义。旋抵沪，隐居租界，日与川、滇、黔同志筹划西南起义事。八月，得李烈钧自南洋电招，抡偕同志航香港，转新加坡。适帝制议起，李烈钧、林虎、邹鲁、陈炯明及杨益谦、庄怀恭等集议新埠，抡亦与焉。决议分两道向滇进行。抡挺身曰：“此男儿报国时矣。愿得通问唐将军书，同庄君怀恭绕缅甸入腾冲，鼓动迤西军队，再抵昆明谒唐，请首义。”同志俱豪其言，遂祖饯别。甫抵叶榆，庄怀恭染瘴殁，未几抡亦相继卒，时年仅二十有四。国人惜之。孙总理为其题墓道曰：“功同首义”。杨益谦为撰墓表，述其生平事迹綦详。

辛亥贵州革命纪略

黄济舟

叙　言

贵州辛亥革命，为公元1911年，今为1956年，寒暑已四十六易，迄无详细之记载。1936年秋济舟返黔，留心黔事者，以济曾躬亲其役，嘱将情形录出，以供本省文献材料。嗣闻平君绍璜早有《革命史事》之发表；周君素园亦有《革命痛史》之编撰，两人当日均同在中枢，一切见闻谅亦相同，余又何必再赘。且是时人物方面、思想方面、时局方面多仍故步自封，余亦不愿有所论列。今者全国解放业达七稔。贵州情势焕然一新，中国科学院历史研究所第三所，暨贵州人民委员会文史研究馆，征集近代史料，乃搜罗残稿，从事编纂成《贵州革命纪略》一册。平、周两作，迄未获睹，不知与此作有无出入？

贵州革命之原委与贵州党争相始终，欲说贵州之革命，必先了解辛亥前之贵州。

光绪初年，中国震于外洋武器、轮船、货物之精良，举国上下大谈洋务，其结果不过练洋操、购洋械、用洋货，为外国作销场。光绪中叶，中日构衅，丧师赔款，始恍然于空谈洋务之无补，举国又竞言变法。守旧者死力相随，荡激酝酿，孕成两大派别：一为康祖诒之保皇党，主张辅佐清廷，改行君主立宪政体，狡黠者依附之；一为孙中山之同盟令会，主张推翻清廷，另组民主立宪政治，激烈者信仰之。

贵州为中国边远之区，人民经济生活均远逊于各省，人民聪明材力并不亚于各省。两派声息播入贵州，一般知识分子，各就其性之所近，纷纷活动。遂于光绪之末，宣统之初，自治学社、宪政预备会，先后出现。积至辛亥革命全面爆发，自党集事，宪党阻挠无效，合作不安，乃仿吴三桂故智，引滇兵入黔，实行劫取。

辛亥革命性质，贵州亦与各省一律，系知识分子及资产阶级领导。君主政体虽已推翻，民主政治究未树立，国情尚在混乱之中。所列人物，以前在社会上分际若何，以后在政治上转变若何，不遑分析。但就当时表现者，据实直书，以存真相。本人虽隶自党，内部工作向未担任，整个组识，语焉弗详。革命工作本人身逢其时，身任其事，身在核心，所经险阻，知之甚悉。按照农历，今为丙申，距辛亥已四十有五年，一切情事，传闻不免异辞。兹幸身手尚健，成此纪略，于贵州辛亥革命之前因后果，灿然备列，俾后人得所辩证。

纪略初稿，去秋竣事。在编纂中，本省文史研究馆同人时来访问，迭举所知尽量相告。脱稿后，送文史馆、统战部各一份，以供参考。馆中之史，适亦编竣，系胡寿山、吴雪俦两君合著。胡于革命时，曾任艰巨工作，但身不在中枢；吴于辛亥时，年龄尚幼，今凭残缺材料成此巨著，其眼光手笔固自不弱。窃谓记录史事，应仿新式画家依样描绘，忌旧式画法，刻意渲染，庶免理论多于事实。拙作纯从客观着笔，能否不渗入主观成份，本人亦不敢自信。惟事实不敢增损，是非不敢歪曲，此则可以自矢。顾或者曰：贵州革命，自党成绩固不可没，宪党中反对革命诸人，皆有地位之缙绅，似应为贤者讳，不必赤裸裸地全盘托出。呜呼！历史性质，岂容假借？昔司马迁身为汉臣，所作《史记》，且不避谤书之嫌。余于诸人交谊亲谊，并不后于他人，倘援春秋之义责备贤者，此作仅有记载而无批评，视齐之南史、晋之董狐，有惭德矣。

又：贵州谈革命较早者为张忞（号营普，辛亥时已五十余岁），光绪三十年，与平绍璜、彭明之等创办寻常小学，暗中宣传革命。校中员生受革命思想者有：傅中藩、白汉香、喻莘翘、花筱石、傅仲三、黄芝明、程楷、吴积诚、吴小元、谢根梅、匡黄、张先培、程毅、刘仲子等。平因锋芒太露，清吏传责手心，愤走日本。忞惕于平事，拟另物色血性青年，会党分子，并结纳陆军学生，光绪三十二年被捕逃出，直至辛亥以后，始回贵州。自治学社成立时，悉若在黔加入，大可一显身手，不至垂老无成，恹恹就没也。

黄济舟自序　1956 年 10 月 10 日　时年八十有四

一　纪略之提要

辛亥各省革命，或则清吏被戕，或则党人见戮，均经几许伤夷，事乃就绪。贵州九月十三日之夜，兵不血刃，竟将省城轻取到手，各县随传檄而定。不特旁观者讶为新奇，即当事者亦认为侥幸。当日革命，主动者为自治党（即自治学社，或称自治党，省曰自党），作梗者为宪政党（即宪政预备会，或称宪政党，省曰宪党）。事定后自党接受调处，不惟不仇视宪党，且引而共治。宪党登台，并不和衷共济，日惟间离挑拨，掀起内哄，勾结外兵，独攘政权，穷治自党不遗余力。按自党历史不过五年，遽推倒凭借绅权之宪党，完成革命之一阶段，其兴也勃焉！洎与宪党合作，转为所乘，一败涂地，其亡也忽焉！议者咸归咎于蔡氏之调处，不啻引狼入室，其言虽是，而犹未尽也。自治社员遍于全省，事前艰苦卓绝奋斗，运敏捷手腕联系各方，故进行节节顺利；事后志得意满劲松，无严密组织维系群众。故宪党之恶势力，得一蹴而摧毁之。论中国之革命，孙中山之收获，被劫于袁世凯；论贵州之革命，张石麒之果实，见夺于宪政党。倘非全国次第解放，完成共产党的革命大业，不惟中国国际地位不能提高，中国人民生活不能好转，即辛亥革命真相，亦将为挂羊头卖狗肉之蒋介石隳坏无遗。而贵州革命更无从说起。兹得从容暇豫，将以往情事分述如次，幸莫大焉。

二　革命基础之产生

中国自同盟会在日本东京揭橥，以革命相号召，各省多有分会之组织。留学日本之平绍璜（名刚，贵阳人）、漆铸城（名运钧，贵筑人）、张绎琴（名友栋，盘州人）张翰仙（名锦林，贵筑人）等先后致书来黔，商确此事。光绪三十三年，张石麒（名百麟，字景福，湖南人）纠合同志，成立自治学社，暗为同盟会贵州分会。办一公立法政学堂培养政治人才，开一《西南日报》以为言论机关，推钟山玉（名昌祚，字元黄，开州人）为社长，以黄茀清（名泽霖，浙江人）、张秉衡（名泽钧，贵筑人）、杨伯坚（名寿篯，贵阳人）、杨伯昭（名昌铭，贵阳人）、陈南生（名守廉，字让泉，贵阳人）、陈百朋（名永锡，大定人）、刘树藩（名镇，安顺人）谭景周（名璟，湖南人）、韦见凡（名可经，四川人）等，分任学社、学堂、报馆各事宜。省外则方竹君、陈勋石、刘久安、孙鉴清、安舜钦、凌汉舟、伍未章、刘汉赤、陈纯斋、朱芸间、陈桂臣、王小谷、胡寿山、李小谷、谭子骧、饶焕彩、饶镜泉、詹灵枢、彭瑞甫、曾宪谟、简孟平、简仲芬、张镜波、张云程、谭云鹏、钟子静、钟子光、钟子受诸人，分头负责，标榜平民主义，与贵族主义相抗，屹立贵州革命之基础。

三　革命障碍之继起

贵州举行新政，自办学入手。清制：学堂由公家筹款设立者曰官立；由少数人或个人筹款设立者曰私立；由地方公款设立、或多数人筹款设立者曰公立。光绪三十二年，唐尔炉（号慰慈，遵义人）、任可澄（号志清，普定人）、徐天叙（号叔彝，贵筑人）、华之鸿（号延厘，遵义人）、陈廷棻（号稺苏，平坝人）、何麟书（号季纲，贵筑人）等，搜提省会书院膏伙，府县黉门宾兴，暨各种学款，开办一公立南明中学。当时人士为公共巨款，不应少数人掌握，不应仅办一中学。然以势不相敌，亦无过而问者。洎自党产生，极力摘发。唐等感于理绌人孤，拟扩充实力以相抵制。宣统元年，官立法政学生马克明（名灿奎，贵筑人）、杨文山（思南人，名焜）等，集合同学组织宪政预备会，邀请唐等加入，借壮声威。唐等乘机攫得会中首领，以其亲信分任要职，马、杨沦为一普通会员。唐等既据此团体，凭借中学经济以资活动，占领原有《黔报》以作喉舌，而又托庇于保皇党旗帜之下，人数虽不逮自党甚远，声势亦骎骎与自党相埒。宣统年间，赫然为贵州地方之两大政党焉。

四　自宪两党之政略

中国之同盟会、保皇党均欲改革朝政。当时所谓新党，为清廷握有实权之旧党所嫉视，在势两党应相合作。因同盟会欲推翻清廷，另行改造；保皇党欲依赖清廷，就便改造，政略根本不同。自、宪两党既与同盟、保皇两方各成统绪，又加以利害之冲突，意见之参商，两党之斗争极尖锐化。光绪末叶，贵州举办新政，其新设机关参用士绅（或聘为议绅，或任为职员），此类士绅，宪党人多，自党人少，在势宪党应占优胜。然每一交绥，宪党终告失败者，一则骄纵自恣，早为社会所厌弃；一则情愫素敦，极受群众之欢迎。所谓得道者多助，失道者寡助也。

五　自宪两党之阵容

宪党凭借绅权，接近官厅，自恃力厚，征求会员，务取可作鹰犬，足供驱遣之流。其资历稍优，才具稍裕者，忌其相逼，则远避而屏抑之。自党行为，适与相反。如黄济舟（名德铣，贵筑人）、周素园（名培艺，毕节人）、乐彩澄（名嘉藻，黄平人）、周铭久（名恭寿，嘛哈人）、蔡衡武（名狱，贵阳人）、彭明之（名述文，修文人）等，宗旨虽与自党相近，关系则与宪党较深。自党一再派人接洽，欢迎入社。黄济舟职务琐繁，势难他顾。钟山玉、张秉衡频以大义相绳，卒予加入。周素园身任多差，忌带色彩，允以道义之交，从旁尽力。乐彩澄、周铭久各有立场，不愿冶为一炉，允遇事互相提携。蔡衡武、彭明之允予合作，不必入社，以便两党有所牴牾，可作调人。自经此度经营，官厅方面得素园一手斡旋；士绅方面得乐、周、蔡、彭随时联系；济舟已入社，其所服务地方，其所领导之单位：如省方劝业公所、农业试验场、牧畜厂、工艺局、清理财政总局、公立崇德女子师范、贵筑劝学所、官立两等小学堂、第二小学堂、自治公所、自治研究所、城厢九区联合会等，皆间接可为自党之羽翼。自党愈觉生气勃勃矣。

六　两党在咨议局筹办处职权下之角逐

咨议局筹办处（咨议局成立后，改为自治筹备总局），其总会办为司道，议绅为于德楷（号仲芳，贵阳人）、唐尔镛、华之鸿、任可澄、黄禄贞（号干夫，普定人）、黄家琨（号蕴珍，安顺人）、乐嘉藻、乐嘉荃（号良丞，黄平人）、周恭寿、周培艺、石承霖（号雨农，贵阳人）、文明钰（号式如，贵筑人）十二人（于、唐、华、任、黄、文则宪党也；二乐、二周、石、蕴则超然也）。光绪三十四年冬，处方筹办选举，派士绅多人赴各选区调查指导（内黄德铣称事繁不能出省，特推数人请总局加入分派。后黄办选举，对各区得所印证亦由于此）。宣统元年春，办理选举，以府为单位，贵阳选区由黄德铣担任；遵义选区为宪党垄断；安顺选区则自党操纵。贵阳为首善之区，人口殷繁甲于各区，议员额仅三名。遵义、安顺人口相差无几，安顺议员额亦三名，遵义议员额达六名，畸轻畸重，筹备总局议绅亦应负其责。贵阳区初选当选人三十名，黄德铣亦在其内。宪党议绅谓黄办选举，例应避嫌，请总局将黄撤销。黄根据选举章程，提出抗议。选举监督庞鸿书即贵州巡抚，就两方争点电达北京，经宪政编查馆解释，谓照选举章程，监察人员不能当选。黄以选民身份办理选举，初选复选，均有当选权利。复电到黔，黄之立场愈固，复选又当选矣（各区宪党初选，当选人有会充监察而人不及举发或不敢举发者，今反受到打击，作茧自缚，何苦乃尔）。

七　两党机关报之纠纷

光绪三十二年，于仲芳等为开通风气，创办《黔报》。逾年自治学社成立，屡欲拉拢《黔报》，借为喉舌，所谋未遂，乃自办一《西南日报》，以资鼓吹。两报逼处一隅，各行其是，未相凌也。及宪政预备会成立，据《黔报》以供宣传，于是两报渐走极端，即一新闻之登载，一余兴之小说，亦必吹毛求疵，互相攻击。如某姓枪杀亲子事，一报尽量露布，一报极力掩护，闹到某姓当事人出亡，闹到官厅卷入漩涡，闹到北京派员查办。某姓见报后，派人向《西南日报》质问，要报方更正道歉，报方不予接受，则请巡警道查封，警方称应归法律解决；又请审判厅惩处，厅方谓有闻必录，报馆天职，不能违法裁判；又请绅士理剖，报方派人游说绅士，请勿为恶人张目，自损尊严。报方以某姓威胁不已，乃更进一步，大声急呼，谓地方出此惨案，地方官何以竟不过问？贵筑县署，一面示意某姓暂时远避，一面出票出差着手拿办。某姓受此打击，迁怒官方，摭拾其它各事及此事，鼓动同乡言官入告。京中派员来查，入黔境后，博采舆论，详阅两报，得悉真相，据情上复，其事始寝。其它之事，更指不胜屈矣。

八　两党在咨议局之驰骋

咨议局于宣统元年成立，议员三十九人，自治党多数，宪政党次之，超然派极少。选举议员时，咨议局尚未开幕，两党之争，尚不显著。开幕后选举议长，自党不欲首当其冲，又不愿宪党得手，竟以票权助超然派之乐嘉藻当选。宪党忿无可泄，遇事与乐为难，乐雅负时望，且有自党拥护，不能将其推倒。开会期满，乐毅然辞职。贵阳区无复当选候补人，又召集初选当选人重来投票，头次开票无人及格，取票次多三人（宪二自一）；二次竞选，仍无人及格，取票次多二人（宪、自各一）；三次竞选，投票之三十人，宪党占多数。前两次自党以计诱其投花，三次投票前，有选民多人，持书面投办理选举之黄德铣，警告投票人云：本区仅议员三人，已欠公允。而此三人，乐嘉藻为黄平人，华之鸿为遵义人，实际仅黄德铣一人。今乐辞职，本区选人补充，诸公投票身份，本群众所付予，选出之人，如非本区，群众誓不承认。黄公布其书，有谓投票自由，此书迹近干涉，可以不理。有谓其书持论正大，群众意旨，似宜尊重。黄曰：我辈今日立场，系来投票，只要所投之人，确为本区土著，即算不辱使命。选出之人，属于何党，无须计较，至此群众一哄而散。及投票时，宪党人有负气不至者，自党票数遽反少为多。此名议员，卒为自党之杨寿篯当选。此两次之争，尚斗智而不斗力。至开会时，选举副议长，闭会时选举资政院议员，自党纳黄济舟议，不全掩取。投票前自党研究人选，黄曰，我党票权虽占优胜，若一网打尽，必有后灾，毋宁稍予退让，较为稳健。众无异议。故副议长各占一名（自党为谭西庚，宪党为牟琳），资政院议员亦各占一名（自党为钟振玉，宪党是牟琳）。是时，乐嘉藻已辞职，谭西庚推升为议长，牟琳另当选资政院议员。所遗两缺，又为集争之焦点。自党巧用其锋，仍仅占一名，举出朱焯当选（号芸间，安平人），另一名举出龚文枉当选（号雪樵，都匀人，素与宪党极接近，又与自党有相当周旋，所谓中立派者是也）。宪党向隅，心固不甘，然亦无词可措。此三次之争，均算平安渡过。及选常驻议员，黄仍申前议，自党不再采纳。投票结果，宪党无一当选，宪党大哗。一面命宪党议员全体辞职，一面由机关报痛诋自党一手垄断，一面鼓动人民提出弹劾，请将咨议局立时解散。自党更不甘示弱，起而相抗，形势紧张，几乎演成械斗。谭云鹏嘱黄济舟以友谊关系，邀出两党中性和平识大体者各数人，力陈利害，略谓：咨议局为国会之先声，举国上下经几许呼吁，始告成立。今为意气之争，令其解散，无论曲在何方，贵州议员何颜以见全国人民？两党竞选，必有一败。败者不妨再接再厉，卷土重来，何忍自贬丰裁，宁抱偕亡之痛？至此次选举，倾于一方，亦失政党风度，大可宣告无效，另行投票。反复申说，两方均觉动容。复经官厅之调停，士绅之劝谕，言归于好，而常驻议员，又费一番分配。

九　两党在教育总会之搏击

教育总会为法定机关，主持地方教育，不受学务公所节制，宣统元年成立（章程早经颁发到黔，提学司恶其相逼，停压经年，今始公布）。会员人数，自党为多。选正副会长时，宪党知自党适当人物无暇及此，他党人物票权又居少数，满拟正副会长垂手可得。殊投票结果，正会长系乐彩澄当选，副会长系周铭久当选（因自党票权悉投乐、周）。宪党依然失败。其后，乐、周选定大道观内一部分地方以为会址。宪党怂恿该观会首，鼓动商号，大施反对，罢市之声，甚嚣尘上（省城庙宇，多办学堂，教育总会仅用一部分地方，自亦无碍，但该观为省垣中心地点，商民打醮聚宴之区，每年会首八人，均殷实商号，财势向不小弱。教育总会侵入，本已不愿再经人播弄，岂能无事）。教育总会本身，宪党会员已成敌人，他党会员莫敢左右，自党会员作殊死战。事闻抚院，恐酿成暴动，严饬提学司、劝业道妥为处置。司道等立派学务公所总务科长（姓名已忘）、劝业公所商务科长（黄济舟）会同商务总会会长（李湛仙）设法解决。因在商会旁听有人，说话各有顾忌，多时提不到正文。黄不能忍，遂起而言曰："据一般传说，会首商号声称，教育总会如不退出，我们愿意花钱雇出流氓，前来开撵，问他坐得稳否？教育总会自党会员宣言，果然到此地步，我们也会找帮上弟兄出头相助，看他又敢怎样？听其演变，一定闹糟！拟请学务公所迅觅一地方为教育总会会址，教育总会既托身有所，自党会员决不至坚执己见，定要与人拚命。会众方面，地方既可收回，其气已平，更不肯耗财贾祸。但觅地方非仓卒间事，望李会长向会众分别劝谕，约束员工，对教育总会勿再叫号。本人亦往教育总会诰诫，对于所用房屋，停止改动，免再生枝节。"李云："事属公益，我曷敢辞？但会址务早觅获，免夜长梦多。"两科长回报，司道会详到院，抚署限提学司三个月内觅定会址，令教育总会如期迁出。在此期间，大道观会众及教育总会会员，如敢不遵，勇于寻衅者，仰巡警道厉行取缔，以维治安，其事始勉强放平。

十　两党对省城议事会董事会之冷静

议事会董事会为自治之机构，各县多未成立。贵筑为首邑，县城即省会，尤应早日成立，以为各邑模范。因无款可资组织，无人着手。黄济舟籍隶贵筑，历充劝学所学务总董、官立两等小学第二初等小学堂长、自治公所所长、自治研究所所长、陆军小学堂教员、崇德女子师范总理、城厢九区联合会会长、咨议局议员、清理财政总局议绅、劝业公所科长、农业试验场场长等职，对于本县自治事宜，责无旁贷。乃于宣统二年召集本县人士，积极进行。但议长、议董两席，深虑自、宪两党又复相持，事前之疏通，临时之诰恳，煞费舌唇。意谓竞选本政党所有事，以往咨议局、教育总会过于激烈，几将局会根本动摇。贵筑范围较小，何能胜此巨创。古人投壶较射，何尝不争，能揖让升降，何等雍容。诸君既以筑人身份到场，切望共维秩序，俾两会不致流产，全筑实利赖之。投票时，全场气氛极为肃穆，两会首领顺利产出：议长为李耀枢（天锡），议董为石雨农（承霖，两人在直隶、广东服官多年，回籍后深入民间，无绅豪之积习）。两党遇事必争，今态度如此冷静，一因两党迭经肉搏，亦须稍休喘息，一因两会经费支绌，两首领仅有义务而无权利，故黄得将两会垂手组成。

十一　革命前之准备

自治学社本以革命为职志，成立后，即积极进行者：一、为发展社务。二、为联系群众。联系方式：（甲）拉拢党会分子，（乙）拉拢新防各军，（丙）拉拢陆军学生，（丁）拉拢待用军官。三、为训练乡兵。训练计划：制订方案，交咨议局通过。送请抚院通饬各属按照方案训练乡兵，替代旧有团防。满望此策施行，即由各县社员出面承办。并筹全省为五路，每路各设一指挥，担任训练、联系、运动、宣传各事。预定龙昭灵指挥东路，傅佐卿指挥南路，宋仁瞻指挥西路，廖谦指挥北路，本社直接指挥中路。第一、二两项进行多有成效，第三项人事方面、经费方面牵涉太大，官方延不举行。后来革命，因乏实力，不免为人掣肘。

十二　革命时之计划

武昌起义消息传至贵州，自党急谋响应，苦无兵力。其时官方兵力，新军步兵一标，计三营，每营五百人，共一千五百人。附炮兵一队，计二百余人，标统为袁义保。又征兵一营，计五百人，管带为董福开。此几种兵，械精人足。巡防队分东、西、南、北、中五路，每路四营，每营二百四十人，共四千八百人；抚院卫队百余人，管带为彭尔堃；各司道卫队百余人，管带未详。此几种兵，人枪不齐。绿营号称十贰营，有名无实。陆军小学生四、五两期共二百余人，这些机构，均将运动成熟。又帮上弟兄数百人，兵备处候差军官十余人，保定陆军速成学校毕业派回本省服务，亦各联络就绪。自党连日在党魁张宅开会讨论，李芗池、陈南生、孔成九等，主张率领业经招来之会党克期发难。黄茀清、谭景周、孙鉴清等，主张召集已被运动之军队、学生即日举事。黄济舟主张暂缓半月，先筹定基本武力，然后发动，免仰人鼻息。筹备步骤：一、由贵筑议董两会组织团防；省垣为贵筑辖地，有此兵力声光不小，本人可负责促成。二、由咨议局敦促当道，将保定军官学校遣回各生，悉派充新防各军军官，如此则全省兵力已间接入于自党之手，此事本党议员在局提案即日发出，立可生效。张石麒深韪其言。自党中人以为纾缓，多不赞同。一经犹豫，事为宪党所闻，任等一面向当道告密，建议召刘如周（名显世，兴义县人，时为靖边团营管带）带兵入卫；一面保郭重光筹办团防，抢占先着。自党丁此危机，欲先发制人，遂策动会党，激厉〔励〕军队，鼓吹学生仓卒举事。始谋不臧，卒贻后祸。

十三　应付告密之经过

宣统三年，贵州巡抚为沈爱苍（名瑜庆，福建人），署藩司为文子成（名征，满洲人），署臬司为王仲瑜（名玉麟，云南人），学司为陈石麟（名骧，天津人），巡警道为贺莘生（名国昌，江西人），护劝业道为文仙洲（名沄，满洲人），高等审判厅丞为朱存侯（名兴汾，浙江人）。二文对于自、宪两党无所可否，王、陈两人素昵宪党，贺、朱两人向袒自党。当宪党之告密也，王、陈力主捕治以遏乱萌。贺、朱咸称操之过急，适为厉阶，并授意自党速请咨议局出而调护。议长谭云鹏（自治党员）召集在省议员谈话云：近日风云紧急，当局据一面之词，拟取断然手段，严酷处置。此种导火线一经爆炸，省城立遭糜烂，本局何说以谢人民？拟向当轴陈述利害，令其持重而发。但危疑之际，辞不得体，有被卷入漩涡之虞。我素短词令，诸君有愿负此责者，请推一人前往。众惶急未知所应。谭续云：“今日会诸人中，黄君济舟于当道向有周旋，遣代我一行，众意云何?”，众皆曰：“善。”黄云：“势机紧急，需救孔殷，既经指定，愿即成行，个人吉凶，殊非所计。惟兹事体大，能否完成使命，则不敢必。”随离席出发，同人色然送之。

十四　折服沈抚之辞说

黄代表议长往谒沈抚，拒不接见，再三强之，始勉延入。沈厉声曰："你们一定要见我，有何话说?"黄曰："时局紧张，谣诼纷起，敬询我公如何措置?"沈曰："谁敢造反，捕杀而已!"黄曰："激出变端，谁尸其咎?"沈曰："官方自有主权，何劳局中过问!"黄曰："本局为人民代表，演出惨剧，人民将受池鱼之殃，不敢不问！黔中两党互相倾轧，设所告此过，波及无辜，风潮扩大，如何收拾？且人敢于作乱，必有种种捍卫，岂易受捕。不幸变生肘腋，当道恐亦不利。"沈气稍夺，曰："贵局尚关心我之安全乎?"黄曰："公为一省之主，人民所托命，自应关心。"沈曰："然则贵局何以见教?"黄曰："以公地位，但严阵以待，不必打草惊蛇，各省事平，贵州讵敢妄举?大局果变，公亦有以自处。区区愚忱，各方面均行顾到，幸垂察之。"沈不觉微颔，黄遂返局报告。沈随召司道会商。王曰："咨议局心怀叵测，其言万不可听。"贺曰："川局弄僵，正费经营。黔事咨议局既进忠告，亟宜特加考虑。"至是而党人幸免于难，

十五　革命成功时之状况

自党既得咨议局之掩护，积极活动，于是新防各军均蠢蠢思启，各校学生亦跃跃欲试。宪党转深藏避祸，官厅果采严阵以待之策。对于新军，借练打靶消耗其原领子弹，以防暴动。对于卫队，深加抚慰，不惜纡尊同饮，冀收其动摇之心。至九月十三日，革命真相完全显露，高级官吏，咸在抚院集议。下午七点钟时，沈亲打电话唤标统袁义保说话，但闻枪声，久之始有人答曰："你是抚院吗？袁反对革命，已七枪毙命。唤之何为!"沈忿投听筒，立使人往唤卫队，则已臂缠白布，整队待发，向使者大言曰："沈帅本身，我等誓死保全。若杀党人，决难以应命。"沈计无所出。贺曰："咨议局前日既来说话，今日正可问其作何计较。"遂派王、贺两人驰赴咨议局，其时党魁张石麒已在局中，与谭议长、黄济舟诸人早有商酌。王、贺至局，

从人带有武装，革命党人必欲卸去武装，始许入内。黄知形势已易，彼之武装已无能为，若太令其难堪，转恐激变，有失和平解决意义，力为阻止。王、贺入晤，谭曰："此时惟有曲循民意，允其自治，本局可为缓冲。否则诸公非屈辱，即牺牲耳！"王、贺允取沈意旨，一小时内答复。回述于沈，乃设万岁牌跪拜陈诉，倥偬之间，牌忽倾倒，众官讶讶为不祥，大哭而起，决从局议。王、贺又衔命莅局磋商办法，议定由沈交出军政大权，通电避位，全省治安、各官生命财产，由咨议局负责担保。王、贺复命，沈派中军宗绍武持其关防、令箭等投交咨议局，贵州革命遂告段落。

十六　在事人员之追述

自治党进行革命，几于全体动员。就当日所知，今日犹记者，逐一叙之。运动会党，则有李艻池（名立鉴，开州人）、陈南生（名守廉，贵阳人）、谭泉清（名德骥，贵州人）、黎绪元（名克荣，开州人）、吴湘苓（名冠，贵筑人）、孔成力（名鹏，贵阳人）诸人。运动防营，则有徐宝煌（号未详，贵州人）、肖家煌（号未详，贵州人）、刘谨权（名未详，贵州人）、关绍益（名未详，贵州人）、杨伯昭（名昌铭，贵阳人）、方竹君（名策，安顺人）诸人。运动新军、征兵营、院卫队，则有黄茀清、谭景周（名璟，湖南人）、张秉衡（名泽钧，贵筑人）、杨树青（名未详，贵州人）、孙鉴清（名镜，安顺人）、陈纯齐（名康，安平人）诸人。运动陆军小学，则有廖子鸣（名镜，四川人）、刘莘园（名未详，仁怀人）、胡寿良（名仁，贞丰人）、江务滋（名德润，贵州人）、黄幼甫（名德鑫，贵筑人）、史渊如（名之培，贵阳人）诸人。运动兵备处候差军官，则有王文烜（名炳奎，清镇人）、周绍飒（名步瑶，龙里人）、黄剑青（名祺元，独山人）、游佩荪（名凤池，贵阳人）诸人。购运子弹、寄藏子弹、输送子弹，则有胡寿山（名刚，贞丰人）、张润之（名泽锦，贵筑人）、陈俊坞（名未详，贵州人）、贾绥之（名国猷，广顺人）、谢文琴（名未详，遵义人）、徐曜卿、鲁达仁诸人（徐、鲁均守护枪械子弹军官，徐贵贵定人，鲁安徽人）。临时传递命令，探报消息，则有张本初（名文礼，贵阳人）、卢以庄（名未详，贵州人）、冷田民（名未详，贵州人）桂绍莲（名未详，贵筑人）诸人。或一人专任一事，或数人共任一事，或一人兼任数事。但就其主要者记之，不能强为分析。至其统筹全局者，党魁张石麒也。坐镇幕中，隐为一大本营者，谭云鹏也。暗中援助，削弱反对之阻力者，乐彩澄也。从旁赞襄，引起社会之同情者，彭明之、蔡衡武也。作壁上观，借壮声威者，周铭久也。置身机密地位，透露官方动静，俾得顺利进行者，周素园也。利用咨议局职权保障党人安全，不至半途偾事者，黄济舟也。

十七　咨议局临时之部署

革命事业全仗咨议局之撑持，于是每事以咨议局为重心。抚院关防送局后，大体已告段落。张石麒赶归，摒挡他事。此间未尽事宜，由谭议长、黄济舟相机处置。谭倦入眠，仅黄一人。俄而北路来报：有众多人硬欲入城，是敌是友，情况不明 。俄而南路来报：新军入城，防军阻止，势将开火。俄而西路来报：学生入城，警察盘诘，正起摩擦。黄立用电话请贺道台亲谕西城警局；又用电话嘱兵备处驰谕南城防军；复令张润之赴北门善谕来众，幸皆敉平。亡何，军事代表杨荩诚来见，请示机宜。黄曰："旧机关已倒，新机关未立，请君暂负军事责任。城厢要隘及军械仓库邮电各地，何处应防守，何处应巡逻，宜速选人出动。由局腾屋三间，为临时办公。"杨退，学生、民众陆续来见。分别延入，各加抚慰，请即归休，明日来局参加开会。一切略有头绪，黄乃归寓，鸡声已三唱矣。

十八　组织政府之情形

翌日，张石麒商同谭议长，用咨议局名义召集各界在局开会，组织政府。推黄济舟、蔡衡武、孙鉴清、华延厘、谭景周、廖子鸣、王文烜、乐彩澄、周铭久等，接收各机关。推平绍璜、周素园、朱云间、龚雪樵等草拟组织大纲。设军政府总揽军务，推杨荩诚（号伯舟，秀山人）为都督，赵德全（号纯臣，湖北人）为副都督，周步瑶

（号绍飒，龙里人）为参谋长。内设参谋、副官两处，外设军政、执法两部。陈宗岳为参谋处长，陈康等为参谋。文崇高为副官处长，某某等为副官。蓝鑫为执法部长。廖谦为军政部长，王炳奎副之。新军扩编为三标：第一标统叶占标（辖杨树清、肖规等三营），第二标统肖鸿宾（辖艾树池、马繁素、赵××等三营）；第三标统鄢元发（辖胡刚、郭润生、曾广×等三营）。设枢密院总揽政务，推张石麒为院长，任可澄为副院长，周培艺为秘书长。内设枢密员十余人。外设民、财、实、教、交五部。民政陈永锡为部长，涂月楼副之。财政蔡岳为部长、华之鸿副之。实业黄德铣为部长，孙定刚副之。教育谭璟为部长，傅宗藩副之。交通孙镜为部长，刘镇副之。又设巡防统部，收编招来之会党及旧防军，以黄泽霖为总统，黄祺元为参谋长，蔡升之为卫队管带，谭德骥为东路分统，陈守廉为南路分统，宋仁瞻为西路分统，李立鉴为北路分统，岑鉴清为中路分统。尊咨议局为立法院，为本省最高机关。议长、副议长、议员各仍其旧。军政府、枢密院重大事体，须得立法院同意乃可施行。

十九　立法院之成立

立法院仅就咨议局改易名称，扩张权势，组织上既无变迁，人事上亦无更动。其成立轻而易举。自成立后，军政府、枢密院两方，凡机密事件、重大事件，咸来开会，并请议长、议员参加讨论，有须征取绅民意见，或须宣示绅民政令，亦常召集群众来院与会。

二十　军政府之成立

都督、副都督既经举定，军政府亟应首先成立。杨伯舟系日本士官学校毕业生，回黔曾任新军教练官，军事固其所长，政治经练实感不足。赵纯臣以一下级军官遽登高位，其手腕眼光，均不能为杨臂助。用人方面，在事出力诸人多未分配职务；反对革命分子，因巧于攀援，转得录用，引起一场骚动。立法院责令张石麒、杨伯舟协商调处。立法院、枢密院、军政府乃开联席会议，令在事诸人当众自报事实。于是又有多数人急须安插。军政府业经组织就绪，杨虽深自引咎，未便突然更张，乃将此批人员，交巡防部、实业部、枢密院分别位置，鼓噪乃寝。

二十一　枢密院之成立

枢密院性质等于今之省政府，枢密员如今之省政府委员，院长、副院长等于今之省政府主席、副主席。秘书长适如今之秘书长。院长、副院长、秘书长各一人。枢密员无定额，凡与革命有特别劳勋或与革命有重要关系者，由众推定提出，经立法院承认，均得随时加入。除院长、副院长、秘书长、六部部长外，如平刚、乐嘉藻、周恭寿、杨昌铭、陈柱臣、刘显世等皆专任枢密员者也。院务分军事、民政、财政、实业、教育、交通六股，每股股员三五人不等，各自推一人为主任，全体股员，有系枢密员者，有非枢密员者，院中例会，一律出席。自党人物各有岗位，院务多无暇兼顾，各股事权转渐入于宪党人物之手。

二十二　巡防统部之组织

黄苐清本刑幕出身，此次革命其功亦多，组织政府时，群推为司法院长。李芗池、孔成九、黎绪元、吴湘舲等坚拥苐为巡防统领。谭云鹏、平绍璜、乐彩澄、周素园等均不谓然。张石麒正欲得一劲旅以作后盾，卒允其请。组织统部时，黄济舟语张曰："苐身为统领，我辈安危，惟苐是赖。苐本身之安危系于卫队。管带一职，须声威素著，切实可靠之人担任，庶缓急可恃。今观所部，殊不惬意，吾窃忧之。"张立召苐来商，并由济介绍一相人物与苐晤言，苐亦满意，允立予调整。迟逾三日，苐未报命。复召来诘，苐云，所部不愿外人加入，业经一番整顿，决可勿虑。错已铸成，济不便越俎再渎。张只有嘱其好自为之耳。

二十三　府院各部之概况

府院所辖各部，除执法用臬司旧址新设外，其余各部，均就接收各机构改组成立。军政由兵备处组成（军械局、火药局并入范围）；民政由巡警道组成（保甲局等并入范围）；财政由度支司组成（厘金总局、善后局、官钱局并入范围）；实业由劝业道组成（农事试验场、牧畜厂、陈列所、省内外各矿厂通归其管辖）；教育由提学司组成（省内外各学堂、劝学所等仍归其管辖）；交通由电报总局组成（省内外邮电局，及劝业道之邮传科亦拨入其范围）。改革伊始，各项措施，尚谈不到。独财、实两部各有一事，轰动全城。一为财部焚烧档案（大量册籍运集辕门隙地，连日焚烧，火光烟幕弥漫遐迩）。一般舆论，咸谓该部由布政司蜕化而来，原为本省最高行政长官（清改巡抚为实职，布政乃降为隶属）。政府掌故地方文献，菁华所萃，投诸一炬，未免可惜。昔肖何入关，先收册籍，今蔡反其所为，意果何居？或曰，案牍占屋数楹，此后愈积愈多，徒供鼠虫之穴窟，不如早付祝融，较为痛快。一为实部扫解巨款。实部之款，内有折存官钱局之八千两，系皖省捐款。清宣统初，安徽水灾，奏准捐虚衔封典，筹款赈济。贵州捐务，皖当局托署臬司王玉麟代办。王回道任，将此款暂附劝业公所。黄接收时，部中旧人咸称此款并非本省之物，外间多未知之，劝黄收为己有，酌提少数津贴员司。黄未之允。库中存款约十八万两，悉为银锭。每锭重十两，五十锭装一箱，约三百六十箱，每人挑两箱，须力夫一百八十名。解出之日，运款力夫，护送卫队，照料员司，不下二百人。招摇过市，观者塞途。佥云，实部此款，改革前藩司迭来提取，黄时为科长，力主留办实业，坚不移交，今身自为政，转将此款轻易交出。前后行为，何矛盾如是？

二十四　司法机关之虚悬

枢密院组织大纲，于军政、民政、财政、实业、教育、交通六部外，本有司法院之设置。因推定之院长黄茀清改就巡防统领后，院长人选未定，法院暂未成立。而原有之提法公所、高等审检、地方审检、看守所、监狱各种机关，竟至无人过问。黄济舟谓：任何国家司法必不可缺。况改革以来，向隅诸人，亟待安插，应将司法大小机关一体成立，大可容纳多人，岂非两善。屡次提议均无应声，一事如此，其他可知。

二十五　新编防军之闹饷

贵州军饷，有由库款发给者，有由厘款发给者。改革后，各款集中于财政部，新军隶属军府，月饷径由军府向财部支取。防军隶属枢院，月饷应由枢院令财部照发。统部成立之初，领饷程序未及明白规定，领饷无着，兵队大哗。中下级军官及士兵，闹到枢密院向空开枪示威，闹到立法院以枪托触地泄忿，此种意外风潮，不旋踵而解决。外面闻之，争向府院询问。府院中人，有不知其详而信口作答者，有明知其故而危辞耸听者，弄得谣言纷起，人民饱受虚惊。

二十六　漏编防军之蠢动

政府组织就绪，人心渐定，忽有散军欲劫监库之风说，全城震惊。查此项军队，本正式防军，向驻司道各署守护监库，因官长逃匿，漏未被编，忿而生变。枢密院初拟剿办，恐军府统部处置失机，激起故祸，乃改剿为抚。以黄济舟于此项军队较为接近，推往收编。黄知若辈多系湘人，久历戎行，性极慓悍，非若辈信仰之人招之必不肯来，亦不敢来。特嘱曾任参游协镇之军官刘高桂（号已忘，湖南人）设法寻出该队之哨长、什长等，开诚晓谕，幸而就范。即派刘为督带，以资管束。一场剧变遂归消灭。

二十七　刘如周之入省

刘本沈抚电调，招募徒手兵一营（计五百人），兼程来省，希冀领取新式枪枝，驰抵安顺，省垣已反正，不敢遽入，具函来省，略谓前衔沈命带兵入卫，因诸公正有义举，故迟其行。兹幸大功告成，本人行止惟公等命。张持其函在立法院两次讨论，平绍璜、黄茀清谓刘在兴义向极跋扈，不如因而除之。蔡衡武谓刘才可用，令其入省，敢保其无他。黄济舟谓刘自命不凡，驭之不易，不如令其归去。张谓彼既来书表示善意，杀之不可，令回兴义后恐难制，毋宁许其入省。刘既入省，不能无所位置，遂推之为枢密员。刘入枢密院任军事股主任，带来之兵，驻东城外九华宫，计分四队，前队官王文华，后队官鄢鼎三，左队官王慎一，右队官袁祖铭，旋亦领得枪械，其势浸张，院中会议逐渐骄横。平绍璜时加裁抑，刘蓄忿寻衅，某次之会竟拍案示威。

二十八　攘夺代表之突兀

贵州反正后，迭接湖北黎元洪、江苏程德全、浙江汤寿潜各都督通电，请选派代表前往开会，筹组中央临时政府。已推出枢密院之平刚、军政府之文崇高为代表。刘、任等欲争此代表，私用军府名义电云南都督蔡锷，代选在滇黔人熊范舆、刘显治，并垫给每人旅费三千元。平、文旅费合计不过千元，熊、刘旅费竟达六千元。其后，平、文到达南京，熊、刘亦由滇赶至。审查代表资格，熊、刘以邻省代选无效。

二十九　两党携手之一瞥

自党革命后，黄茀清、杨伯昭、陈百鹏、谭景周等，拟取断然手段，诛夷反侧。谭云鹏、黄济舟、周素园、乐彩澄等，拟取宽大主义，免增怨毒。蔡衡武则拟化敌为友，携手共进。张石麒采用蔡议，故各机关人员，两党参用。于斯时也，两党中人，一感卧榻之侧，容人鼾睡，啧有烦言；一觉食人唾余，终不能甘，愈生异志。冰炭之性，本不相容，勉强结合，欲不恶化，其可得乎？

三十　耆老会之出现

宪党组织此会，以郭子华（名重光，贵阳人）为会长。表面为一酒食征逐之团体，实际则含政治作用。平绍璜、谭云鹏、乐彩澄、周素园、黄济舟均谓不加取缔，必生他虞。张石麒谓民主国家，有集会结社之自由，区区一会，即怀异志，亦何足患？置之不问。其势愈张，公然刊关防、出布告，自称人民代表，与立法院对峙；更组织团防，厚储实力，以胡锦棠为保安统领，并嗾其党徒冒各界名义，今日立一会，明日设一社，此地聚一党，彼地集一团，举所谓自强社、尚武社、务本团、政党联合会、共和实进会、政治期成会、平权无私会等，五光十色，荧惑社会耳目。

三十一　公口之林立

公口即哥老会之别称，皆扶明仇清之残余组织，清廷斥之曰匪。贵州反正，张、黄曾资其力，洎事既定，或收编入军，或资遣回里。正安插解散之未遑，宪党包藏祸心，大施煽动。更由郭重光以耆老会名义，于立法院开会时登台演说，提倡大开公口。谭云鹏以议长地位禁其发言。然已驷不及舌，不两日间省内外公口，如春笋发生。郭复举黔汉公龙头温瑞廷招兵五百以驻南路，举懋华公龙头李（名已忘）招兵数百以扎盐路。耆老会所任之保安统领胡锦棠，则充大汉公龙头，军心被其动摇。黄茀清拟厉行裁制，不听者杀之。时政府人数，两党相当，宪党中人谓不宜操之过急，激生他变。自党中人未深考虑，姑漫应之。黄裁制之说遂不得行，为维系军心计，徇部下请，亦开光汉公，自充龙头。光汉公出，气象堂皇，一切公口，黯然无光。宪党又令陈宗岳、陈廷棻开斌汉公，宗岳充正龙头，廷棻充副龙头。宗岳为军界所知名，廷棻为学界所知名。斌字右武左文，隐寓二陈之历史。成立之日，特别张扬，务超光汉公之上。至是各党会竟明目张胆占据民房衙署，以立公口。仪式陈设，比于官厅。而头戴英雄结，鬓插杨梅花，腰围战裙，足穿麻几草鞋之辈，招摇过市，有如戏场。

三十二　张石麒之出巡及杨伯舟之北伐

自党虽纳蔡议，引宪党出而共治，宪党内不自安，转谋起而代之，用间离政策使之分化。初谓军政府与枢密院军民分治，枢密院之权力渐高，引起张、杨之裂痕。继谓巡防部不隶属于军政府，军政府之权威渐缩，引起杨、黄之争端。更唆使杨、赵不和，黄、赵交恶。立法院睹此觥疏，恐危及大局，邀集各方会商解决办法。佥谓凡事既生摩擦，不求退让，必有伤夷。宪党提议张出巡上游，杨率军北伐，黄出驻四川，赵留守省城，如此调整，既可向外伸张势力，又免在内酝酿猜嫌。自党知此议不啻调虎离山，亦未揭破，仅谓省城空虚，不予赞同。商酌多次，始决定张、杨同出，黄、赵同守。

三十三　积匪罗魁之伏诛

张、杨既出，黄、赵交欢。宪党一时不便再施间离，致露形迹，变计招致罗魁入省，使之图黄。罗本积匪，在遵义一带犯案累累，久缉未获。今忽奉召，率其丑类骚扰而来，沿途奸杀，劫人马匹，号称马队，北路人民衔之刺骨。宪党机关报反大事鼓吹，称为民族英雄，且请加录用。黄知此獠不除，祸在眉睫，探赵意旨，唯唯否否。遂于新川会馆盛设彩觞，为之洗尘，诱入之后，当筵枪毙。防御森严，罗之丑类无敢动者，一时人心大快。

三十四　黄茀清之被刺与张石麒之出走

黄既诛罗，宪党知黄非易与，时张已将上游各县抚绥就绪，年终言旋，拟将省内各项重加整理。宪党见张、黄势力转趋稳固，图之愈急。适黄之分统谭德骥部有奸淫情事，黄正查办。宪党以四千金遣谭幕王小山买该部督带李先春、唐灿章，令队长夏培初，于元年二月二日（阴腊十五）假充解送匪徒，荷枪实弹，赚入统部，将黄刺杀。先是，宪党刺黄之谋既定，广散烟幕，一则曰黄警卫森严，有失民军风度；再则曰黄卫队不稳，必将祸起萧墙。黄因是对于兵弁，不许武装，一为杜人口实，一为预防变端。被刺之晨，其左右亲信，又被诱外出，黄之遇害自难幸免。刺黄之辈，同时又分兵袭张，张之卫队管带彭尔堃适在张宅，立遭击毙。张避入内室，正被搜查，南路分统陈南生驰来救护，手刃数人，余始窜去。陈遂拥张至军政府，约赵合力拿办变兵，并会衔出示安定人心。赵嗫嚅者再，其部对张且含敌意。陈又拥张出城，暂驻彼部，次日陈约各路分统共讨叛军，并与赵谈判，至者寥寥。张党势不可为，乃挟陈南走。比达广西，以枪械抵借小款，遣散所部，二人轻装赴沪。

三十五　赵纯臣之首鼠

黄运动新军，赵先响应。军府成立，黄力扶持，赵以一队长一跃而为副都督。黄遇难时，统部密迩军府，赵若罔闻。及张求援，赵亦不应。其军法部长蓝绍庭且布告曰："黄统被戕，个人交涉，凡尔人民，不必惶骇。此种情形，揆之于理，似太不合；征之于事，实有所因。"尔来宪党令郭时时说赵曰，自、宪两党之不相能，君所知也。君与自党相须为用，宪党亦知也。君之地位，固由自党之力，而自党之得手，实由君之力。今自党在位，君事事仰其鼻息，岂得谓平？宪党不甘受其卵翼，若去张、黄，宪党愿戴君统治全黔。赵惑其言，故其态度竟至如此。

三十六　立法院暨各机关之改组

贵州反正后，各机关匆匆成立，原定三个月后另行改组。黄死张出，适届改组之期。时巡防部已瓦解冰消，枢密院亦形存髓亡。宪政党乘机易人过渡。赵至是亦有狐兔之悲，意不谓然。新换诸人，又不愿就职为人傀儡，，只好换汤不换药，改部为司，即以原有正副部长为正副司长，暂维残局。至于立法院，经全体承认为本省最高机关。耆老会虽自称人民代表，终有正闰之分，宪党欲去之久矣。适南京来电，规定各省有议会之组织，乃改立法院为省议会，推广议员名额。

咨议局议员以府为单位，议员三十九人，省议会议员以县为单位，议员共百余人。至是而军政大权，人民代表机关无权过问矣。

三十七　唐继尧之入黔

宪党力谋自党，分化政策虽达目的，究苦实力不充，乃假贵州军府名义，向云南军府借兵。滇督蔡松坡（名锷湖南人），向闻贵州平靖，突来借兵，正加考虑。宪党戴循若（名戡，贵定人）、刘希陶（名显治，如周弟）、熊铁崖（名范舆，贵阳人）等，时在滇垣，复加请求。蔡遂派唐继尧（号蓂赓，云南人）用假道北伐名义，率兵入黔。复电到达，群情惶愤，请究发电主名。宪党人云，通电假道，不谓无因，何必误会，致相惊扰。时自党正值多事，宪党气焰方张，此事遂含混过去。滇军入境，自党中人建议于赵，令其由边境通过。赵为郭愚，许其入省，且设供张。唐至贵阳，不驻招待之处，径令军队分扎山头，并设大炮直向省城。赵始知受绐，请郭来问，郭已避不见面。越日，军府被被围，而赵逃矣。于是宪党之耆老会，遂正式出面，举唐为贵州临时都督，戴循若、任志清为都督府左右参赞，刘如周为军政部部长，朱勋为民政司长，华之鸿为财政司长，黄禄贞为实业司长，何麟书为教育司长，高培堃为防务局长，文明钰为官钱局长。至各机关地方，除实业司保持原状正式移交外，其他机关，或逃避一空，或摧残殆尽。故唐入城，以实业司尚属完整，即在其中暂行驻扎。时为元年三月五日（阴腊十四）。

三十八　钟山玉之遇害

钟本自治学社社长。上年以孝廉方正入京朝考，反正后回黔。在途闻滇军入黔，乃绕道入滇，上书蔡督，谓贵州本无变乱，自、宪两党时相倾轧，不可听一面之辞，助之以兵，惹起两省纠葛。蔡因唐早出发，不及撤回，嘱钟驰回调处。钟抵安顺，唐已据黔，若辈即电令前刺黄之军队唐灿章等，杀之于安顺城外，颈中十余刀，其首始坠。钟与刘希陶本为同学，后充靖边营督带，又与刘如周共事，因旨趣不合，毅然辞归，交谊遂淡。当议杀钟时，蔡衡武曾向刘、任、郭、戴诸人呼号营救，诸人互相推诿。及杀钟电发，始语蔡曰，成命不及收回，只有为谋善后矣。钟丧至省，停于红边门外三教寺，重为装殓。亲友、党人均惧祸及，至者甚稀。黄济舟趋唁，凭棺俯诀，颜色如生。其夫人抱其幼子，在旁哀泣。

三十九　赵纯臣之被杀

赵之逃也，刘、唐等轻其平凡，不虞为患，未加追袭。赵本鄂人，杨伯舟又驻军湘西，若由东路直下，远扬正易。因有妻族住在贵阳沙子哨地方，又恃郭子华可资保障，潜伏于此。唐、刘等闻其尚未出境，虑其别有企图，由郭诱出，杀之于毛栗堡。

四十　杨树清及各军队之遭戮

杨树清出身学兵，张、黄等运动新军时，深资其力。发难之夕，新军出动，标统袁义保出阻，杨举枪击射，袁惧逃伏，其事遂定。军府成立，以功擢为管带，派其率兵驻渝。军有纪律，与川人极相安。唐既据黔，以杨为张、黄死党，调回杀之。其他军队，无论官长士兵，恐其不为己用，缴械之后，驱至东郊，悉数坑杀。

四十一　周素园、黄济舟等在渝之通电

宪党得势，对于自党及有关人士，不惜屠杀，且颠倒是非，至谓自党为匪政府。谭云鹏、乐彩澄、周素园、黄济舟等，以为两党相争，胜利者进，失败者退，夫复何言。自党卧榻容人，为敌所乘，是自谋之不臧。宪党斩草除根，免其再发，亦自卫之恒情。信口污蔑，究何为者？但地盘邮电，已入宪党之手，无可告诉。五月中，黄济舟、王文煊、黄剑青、周小恒、陈俊坞、周素园先后至渝，立将贵州情形，撮要陈述。由周素园领衔分电北京、武昌、南京各处，俾明真象（事后诸人亦先后东下）。

四十二　洪江会议宣慰辞职之始末

清廷退位，战事已停，北伐各军自应撤回。但杨伯舟返旆之时，已在唐继尧据黔之后，唐及宪党当然阻止。湘鄂两省出面调停，于元年六月在洪江开会，鄂特派员赵均腾，湘特派员危道丰、陈书田，杨军代表肖健之、王铮、刘世杰，唐军代表牟琳、胡为一、张绍銮、吴作棻、何瑞等，协定八条，呈经中央批准，于八月由国务院电黎副总统、谭都督会同办理。无如率兵回黔者为原任都督，现在主黔者为临时都督。杨、唐地位，根本冲突，协定八条，何能实行？但黔军逗留湘境，终非久计，中央特命赵均腾（号南山，湖北人，清末曾任贵州陆军小学监督）为宣慰使，率领黔军回黔，以资解决。唐及宪党恐赵入黔，于彼等多有不利，仍一再反对，赵乃辞职。遂令湘鄂调停暨中央处置之苦心，均付诸东流。

四十三　谭云鹏、黄济舟、杨伯坚之入京

洪江会议既归无效，赵使宣慰又不果行，黔军黔人，苦不得归。元年八月，出亡黔人之在武昌者，拟请政府作有效之处置。适谭、黄、杨先后戾止，众以三人在黔历充咨议局、立法院、省议会议员，推为代表，三人在鄂先谒黎副总统，请其具电先容，随搭京汉铁路火车北上，袁世凯立予接见，由谭详述一切。袁云："贵州早有代表凌云（号秋鹗，贵阳人，宪党党员，适以教育代表到京开会）等来见，所言与君等不合。"谭曰："若辈自说自话，曲直自然颠倒。"袁云："其它黔人如蹇念益、陈国祥等亦尝言之。"（蹇号季常，遵义人；陈号敬民，修文人，清末之保皇党，洪宪时之劝进党）黄曰："若辈始而反对革命，竟至告密，继而借兵袭黔，取而窃据。此种反侧投机之尤，留之终必为患。曷若乘机易人，将贵州收入中央，非徒黔人之幸，实亦政府之幸。"袁云："国基新造，中央志在维持原状，今言及此，俟徐图之。"杨曰："自党非不能收合余烬与之周旋，特恐一隅之争，影响大局，是以投诉中央。今中央转维持原状，公是公非之谓

何?”袁曰：“兹事复杂，非急切可了，余事甚冗，改日再谈。”遂起身送客。

四十四　于业乾之罹祸

刘唐地位，本由自党攘劫而来，自党又与国民党为一脉渊源。故刘、唐之仇视国民党，仍与仇视自党无殊。贵州组织国民党支部，已触唐、刘之忌。于充特派员贸然入黔，险孰甚焉。于由北京动身时，漆铸城、张绎琴、黄济舟等曾举唐、刘态度相告，力阻其行。于不之听。及入黔境，何季纲（名麟书，贵筑人）秉承唐、刘意旨，派人枪杀于思州道上。与于同行胡德明，亦追之玉屏境杀之。国民党及黔人大哗，中央责问到黔，唐、刘佯为不知。及湖南都督奉令彻查证实，唐等又称为遇匪。扰攘数月，终以不得主名而罢。

四十五　北伐黔军之交替及铜仁之血战

北伐军回黔问题，久未解决。沿至民元八月，杨伯舟知难而退。中央得唐、刘等同意，派周子光（名桑儒，贵州人）接管北伐军，率之回黔。杨遂辞职入京。唐、刘与周早有协商，令于接管后将此军设法解散，而另酬周以他职。但周表面上既不便解散，实际上又不能回黔，迁延两月，其军分为两派。软化一派，行止一惟周命。倔强一派，奉席丹书（名正铭，贵州人）为首，誓与滇军相并。十一月席率此一派自动回黔，滇军遏之于铜仁，相斗极烈。黔军之陈开钊（号永洋，龙里人）素称善战，攻城阵亡。滇军之陈宗岳（号嵩圃，铜仁人）向号能军，重伤毙命。滇军尚可增援，黔军已无后继。席竟告失败。而北伐军回黔一事，至此遂不成问题矣。

四十六　北京贵州冤忿团之转輵

宪党既借外兵攘获政权，若能逆取顺守，抚绥疮夷，收拾人心，自党即有未安，黔人亦可无言。无如若辈铲除异己，不留余地，致令呼吁之声，弥漫全国。其彰彰在人耳目者，如周培艺、黄德铣等四百八十三人在渝致北京大总统、武昌副总统、南京黄留守暨各省之通电；魏邦彦、刘树仁等一百五十七人对唐继尧艳电之驳议；平刚、谭西庚等二十九人上国会请愿书；张友栋、漆运钧等数十人上参议院请愿书；贵州军学商各界血泪通告书；遵义鲁瀛布告同胞启；沿河王元齐泣告同胞书；徐龙骧黔人乞救书；京津全黔维持会方敦素、梅镇涵等八十六人之贵州血腥录；简书、彭景祥五十五人之冤忿团等等印刷品，对若辈罪状抉发无遗。若辈衔之次骨，欲施打击，又因多系临时性质，苦难着手。惟冤忿团有通讯地址，有调查表册，类似永久机构。若辈用贵州政府名义，由刘显治出面，控团中漆、方、简、彭诸人于北京法院，谓诸人笔下口中称若辈为贼为妖，公然侮辱，破坏若辈名誉。冀以政治势力，威胁法院入诸人于罪，法院亦知团中宣言，全属受屈呼援，并非造谣生事，罪无可科。乃取调停方式，劝漆等息事宁人，此后不再呼彼等为贼为妖，具结完案。一场滑稽诉讼，登时解决，冤忿团亦随之而消。

四十七　黔人呻吟之尾声

宪党之刘显治、熊范舆、戴戡辈在滇服官，见个旧厂发达，亟思染指。刘、熊合力运动戴入个旧任职，三人亏空厂款十八万之多。滇人追赔过急，三人串通唐继尧，借口兴办贵州实业，以都督名义，借法人勾堆男爵法金一千二百五十万佛郎，或英金五十万磅，周息六厘，以贵州契税、印花税作担保。若辈此举，一方面挪还滇债，一方面互相分润，人民担负不之顾也。黔人闻之，惶骇奔走。于是年二月十三日聚集同乡在北京南横街贵州新馆开会，以大定陈永锡、清镇阮绍莶等反对尤力。但木已成舟，中央且不能禁，区区人民反对，自无效之可言。自时厥后，国事日非，黔事愈不可为，自党已不愿再作无谓之挣扎，黔人亦不愿尽作无益之哀鸣。宪党强敌既摧，内哄迭起。亡何，唐继尧、刘显世宾主交恶。亡何，刘显世、王文华甥相夷。亡何，唐继虞、刘显潜、袁祖铭、彭汉章、周西成、李晓炎、毛光翔、犹国材、王家烈，此兴彼仆，各为蜗角之争。至民元廿四年，蒋介石势力伸张入黔，贵州政府始经改组。而残余遗孽，又攀援蒋氏，窃据要津。迨一九四九年（即民元卅八年，现已改用公元）十一月贵阳解放，贵州始重见天日。

四十八　自治党成功失败之总结

自治党之起事，其初得新军之赞助，卫队之响应，陆军学生之附和，哥老会党之撑持，声灵赫濯，垂手成功。及政府成立之后，新军归入军府，与自党另树一帜。陆军学生为为宪党何季纲煽惑，转与自党为梗。卫队会党虽与自党站在一线，但不能妥善编制，俾成可靠之基本武力。而宪党复百出其阴毒险狠之计，媒孽而重伤之。故不久而茀清徇难，张石麒出亡。于斯时也，论其表面，自党领袖虽已离去，而立法院无恙也，军政府无恙也，枢密院无恙也，其他各部无恙也。究其实际，军政府之赵纯臣显与宪党默契，立法院之谭云鹏等于赘疣，枢密院仅有躯壳，各部形同标本。其中人物，如谭景周、孙鉴清、廖子鸣、陈百朋等号称自党之骨干，亦不免匿迹销声。蔡衡武、乐彩澄、周铭久、周素园、黄济舟等向为社会所瞩目，宪党所嫉视者。蔡因合作之策竟结恶果，已无置喙余地。铭与自党向不亲切，自难尽力援手。乐虽极意维持，亦苦计无所施。素在枢院，黄在实部，各自硬起头皮，不屈不挠，作正式之交替，始洁身而去，未及于难，亦云幸矣。

贵州辛亥革命散记

吴雪俦　胡　刚

一　对贵州辛亥革命有影响的仁学会

当清朝光绪二十三四年间，康梁倡导维新运动的时候，谭嗣同的《仁学》一书，在国内起了很大的影响。《仁学》的思想，鼓动了当时一般知识分子，大家都愿为着国内维新而努力。

吴嘉瑞，字雁舟，湖南湘潭人，清朝翰林，分发贵州以知府任用。吴也是一个有维新思想的知识分子，对康有为、梁启超、谭嗣同等都非常敬佩，对《仁学》一书更津津乐道，称颂备至。1898 年(戊戌)，吴被任为贵州百层河厘金局总办。局址设贞丰城内。吴带去一幕友名杨虚绍，亦湖南人，与吴至交，并同醉心于维新运动。吴到贞丰后，见城内青年读书之风很盛，作风亦颇纯朴，但缺乏时代书籍及通人雅士的引导，未免可惜。遂命杨虚绍出面与其联络，组织仁学会，以文昌宫为会址。每夜由吴、杨共选一讲演题目，或国际时事，或国内政治，或西儒学说，由杨在会内开讲，有时吴亦自往主讲。当时正值维新空气浓厚，地方官绅均不加干涉，工作进行非常顺利。入会青年由数人、十数人至三十余人。其他会外人士前往听讲者尚不在内。一时维新思想，弥漫了贞丰全城。

戊戌运动失败，康梁逃走，六君子被害，清廷追究党羽。贵州巡抚王毓藻，以吴在贞丰组织仁学会，公开鼓吹维新，撤职“锁轿杠”，拿问进省。仁学会遂解散，杨虚绍亦逃走。幸当时官府对此案抱敷衍态度，未株连他人，贞丰青年得借此无事。吴嘉瑞到省，案情初甚严重，后王抚见清廷不很注意，亦无形弛缓；又得各方援救，始将吴开释了案。但因此之故，吴亦困顿省城，备受艰苦。时张百麟（石麒）之父张翰，正宦游贵州，以吴为同乡（张长沙人），遂聘为百麟教读。先后数年，悉以维新思想灌输于百麟脑中。故百麟的初期思想，实为维新派的改良主义。

贞丰青年，自吴嘉瑞走后，对时局发生不满，对清廷尤其愤恨。不久，遂组织哥老团体名同济公，暗中从事活动。光绪壬寅、癸卯间，张百麟到贞丰，与他们结识，共期为振兴中国而努力。后来百麟成立自治学社，此辈青年亦相继加入。如孟广炯（瑞廷）、邓金昶（旸涤）、傅良弼（佐卿）、钟振玉（子敬）、钟振声（子光）、饶成厚（焕彩）、胡刚（寿山）、梁士荃（明青）、詹德煊（灵枢）、孔广钧（陶庵）、吴昶（子循）、姜瑞熊（辑五）、孟广仁（泽廷）、刘钊（希文）、姜应熊（伯祥）、钟振采（子绶）等，均在社内发生了骨干作用。

二　一个倡导贵州革命最早的人

贵州革命倡导于光绪癸卯、甲辰间，平少璜是其中最早的一人。

平少璜名刚，贵筑县青岩人，光绪四年（1878 年）生。父号敬斋，以制帽为业，在贵阳开帽铺，收入尚丰裕。其母先后生十三胎，惟少璜与其六姊及妹长成。少璜行九，父母以多生不育，仅一子；又因业商，为社会所轻视，遂一心培植少璜读书，希望取功名、光门第。少璜八岁始读书，十五岁学作八股，二十岁入学为秀才。在少璜本人，求取功名，只是为满足他父母的希望，他自己则另专心于汉人训诂韵音之学，后又兼治宋人性理之学，想将来作一个纯粹的儒者。他在“自述”中说：“时所知交，为同学许君浚，及贵筑学之同砚生傅君文堃。许君好经学，与予性近，每相见以经术切磋。于时，予所购置书籍，而以汉学关于训诂音韵者为夥。傅君则性倜傥，好史事，每会必抵掌论古今、谈臧否，浩然有揽辔中原、澄清天下之志。故识其堂曰景逖。尝笑予为章句之儒。久之，予又兼治宋学，究性理。谓人生不识我之真际，所谓学问为人，亦徇他之奴隶耳。于是观静趣，养心源，默验物欲之交，以参天人之际。主守乎静，而用在礼。因字吾居曰静学斋。傅君又诮予为虚拘之士。”

这时正是戊戌变法，维新的思想和理论，震撼全国人民的头脑。尤其是一般青年，思想进步的，都倾向于这种学说的研究。同时天津严范荪来贵州督学，设立经世学堂，提倡研究西人格致之学，更助长新学在贵州传播的风气。当时贵州的人民很穷苦，交通又不便利，购买新书新报，非常困难。在贵阳只有乐嘉藻（采澄）、蒲藏锋（劭光）两家都是大商，在外埠设有坐号，乐、蒲二人又性喜读书，常函知其坐号购买新书报夹于商货中寄来。因此，他两家便成为贵阳新书之府。少璜这时也喜欢研究新学说，遂与乐、蒲二人交往，又识彭述文（铭之），他们四人每相会见，都大谈新学，提倡废科举、焚八股。而另一主张维新的老名士张忞（一名张铭，字愭普），亦互相往来，参加讨论。因此，少璜的思想，遂急剧地由汉宋学说转变到维新方面。接着庚子事变，国人对外人的欺凌与清室的腐败，更加愤恨厌恶，孙中山的革命主张，得到进一步的推广。少璜读书研究的领域，又由维新到革命，并逐渐赞成革命。光绪癸卯年，少璜在乐嘉藻处读到章太炎驳康有为书，大为佩服，拍案而起曰：“方针定矣！”至是遂决心趋向革命。但张、彭等人，仍旧赞成维新。因相与往复辩驳，随后二人亦逐渐赞成革命。

少璜以贵州新书报毕竟有限，知识苦不多，想亲见维新和革命诸先进，彻底领教两方面的内容，并觇当时风气的趋向，遂于癸卯夏间，由贵州到上海。因素仰国学扶轮社社长邓实的名，特往拜访。坐间，询以梁任公的住址所在，邓答称：“不知此人为谁。”当时心颇疑怪，以梁的声望，邓不应不知，久乃悟邓为革命党，对保皇党当然有这种态度。又会晤曾到贵州的日人秋枝，秋枝向平说：“你们贵省的乐君嘉藻，知道从办教育以求维新，是不错的。但他想以教育振兴中国，与我日本分庭抗礼，这就未免太不自谅〔量〕了。不过，中国要图富强，仍旧要办学校，我希望你从这方面去努力。但是中国目前办学校的，在我看来，不过培养另一种奴隶而已，对中国的富强，并没有多大好处，这是你将来办学校时，值得研究的问题。”这席话对少璜是一个大大的刺激。因此，他遂决心回贵州以办学提倡革命。

少璜返筑后，白天研究由沪带来的新书，夜间研究汉宋之学及诗古文辞。是年乡试，其父逼其应考，不中，常加打骂。而科举亦于是科后即停止。少璜遂乘此机会与张忞、彭述文商讨筹办学校，以贵阳北郭真武庙为校址，定名寻常小学。他任国文及管理，述文任物理、算术、地理，张忞任历史、修身。甲辰正月开学。日日夜夜，与教员学生，共同商讨革命的理论。

甲辰阴历十月初十，是清室西太后的七十寿辰，入秋后，贵州官吏即开始筹备，备极热烈。少璜愈见愈愤慨，遂独自剪去发辫，以示抗议。当时剪发是一种惊天动地的奇闻，不被目为离经叛道，即被目为颠狂失性，而少璜又是贵州剪发的第一人，因此更惹起全城的注意。到了寿日那一天，少璜自书一对联，张于通衢说：“东望日本西观义，卅年来人皆进化；北惩俄罗南戒党，七旬后我亦维新。”

这副对联是讥刺西太后，说她往东看，日本因维新而强；往西看，意大利因维新而统一；往北看，俄罗斯也在闹改革；往南看，孙中山又在闹革命。所以逼得她七十岁了，也不得不来谈维新。对联贴出，全市大哗。乐嘉藻和贵阳另一大绅于仲芳，遂急向张忞、彭述文说：“少璜剪发一事，已犯大错，今又贴对联，更形严重，满城指摘纷纷，当道恐有大举。”要张、彭劝其离城躲避一时，再作区处。少璜的亲友，亦来家苦劝，速走为佳。又经其父母切责，少璜遂离校返青岩老家暂避。

少璜到青岩后，住在余庆堡老家中，日长无事，不耐枯寂，遂游说堡中乡人，倡设半日学校，开通民智，由他义务任教。经费则以堡中祠堂庙产的一部分充任。但这些祠堂庙产，多年来都被地痞劣绅所侵蚀，必须清理提收转来。少璜为扩大这种半日学校，又游说青岩镇内一同举办。于是规划学校，清提产款，购买书具等事，大家都推少璜统办。因是时常往来于贵阳、青岩间，或骑马，或步行。少璜的马，故意把尾巴鬃鬣剪去。他自己则身穿短袖领褂、短裤、凉鞋，一如赶马的“马戈头”。因此，大家都以怪物相讥笑，少璜则自行如故。

少璜行事既怪，又因提庙款得罪地痞劣神，加以剪发及张贴对联等事，含恨他的人，遂在贵阳府控告他是革命党，请求捕戮。当时贵阳知府严隽熙，绰号严二滥子，为一顽固的封建官僚。对少璜的往行，已多不满，得状更大怒，立即出签提人。戚友闻讯，咸来家探视，并为他编装假发辫。又往托于仲芳、乐嘉藻等往贵阳府说情。使用了绝大力气，才使清吏的毒怒缓和下去。严隽熙开堂审讯，加以一番斥责。谓：一介青矜，何不谨守圣训，而异言异行，欺世骇俗，有玷名教风化，应予戒饬，以儆将来。遂呼叱责打手心四十，命其父领回家中好好管教悔过。少璜先受家中严责，不许当庭抗辩，被此侮辱，怒火如焚。他在《自述》中说："予本欲五步流血。以友之劝导，小不忍则乱大谋，非为一扬名或一泄愤已也。予深思之，此固非一方一人之业（指革命），何如假此因缘，游海内外，以谋合豪杰之士，要须从高远下手。若则，兹之祸我者，未尝不是玉成我者；今之戮辱我者，未尝不是激愤我而励勦我者也。于是定志出游日本。"

光绪乙巳五月，少璜由贵阳起行，同行者有漆运钧字铸成、马宗豫字悦川、张锦林字汉轩、赵世诚小字老十、朱沛霖字雨三、万勖忠字勉之、王孝煓字继帆，以及张仲铭、李有桃等，到日后，少璜入明治大学习法律。不久，同盟会组成，少璜即加盟，并被举为贵州分会长。

三　三个鼓吹革命的小学

光绪癸卯至宣统辛亥间（1903—1911 年），有三个私立小学，都在进行革命运动的鼓吹工作。这就是私立寻常小学、私立乙巳小学和私立光懿女子小学。

寻常小学筹备于光绪癸卯之冬，开学于甲辰之春，由平刚、张忞、彭述文三人所发起，校址设于贵阳北城真武庙。由平刚任国文及管理，张忞任历史、修身，述文任物理、算术、地理。学生七八十人，大多数为清末预备考秀才的童生，文化水平并不高。平、张、彭等，于讲课时注入革命大义，启迪他们的智慧。课余时又授以革命理论，增加他们的认识。因此革命的空气，在校中特别浓厚。时陈鼎三又在贵阳北门城楼上，开办民立小学，学生四五十人，也请寻常的教师前往教课。因此寻常与民立，竟成为姊妹学校。甲辰冬，平刚因张贴对联讥刺西太后事，避往青岩，校中加聘傅中藩、白汉香等为教员。乙巳中，张忞、彭述文等移校址于北城外忠烈宫，更校名为乐群小学，校务更形发展。是年秋，张忞又以筹划革命，机事泄露，流亡省外。清吏以乐群为革命渊薮，迭出事故，将加以取缔查封。事机危急，彭述文乃延请清时礼部尚书李端棻之族弟李子良为校长，出而缓冲周旋，方告无事。但校中革命鼓吹，仍未停止。直至辛亥革命，都一贯在发挥积极作用。

乙巳小学筹备于甲辰之冬，开学于乙巳之春，所以定名为乙巳小学。由蒲藏锋独力开力，罗祝之等任教员。学生约四五十人，校址在抚牌坊皇经阁。蒲号劭光，贵阳人，其家在贵阳开绸缎匹头号，号名蒲庆昌。劭光年幼聪敏，好读书。光绪戊戌前后，常命其商号派住省外人员，在外购买新书报夹入商货运回，因是得常读维新革命等书报杂志。与乐嘉藻号为贵阳新书最多之家。蒲与平刚、张忞、彭述文、乐嘉藻等，常相往来，从事新学的讨论，久之亦具有革命思想。平刚等创办寻常小学，蒲亦创办乙巳小学以相配合。平刚在日本参加同盟会，亦介绍蒲以蒲剑之名加入为会员。乙巳小学亦以鼓吹革命为宗旨，凡校中有旅行等事，多与寻常、民立联合举行。因此，忌者亦以革命学校相毁谤。后因各方掣肘，独立难支，学校不久遂停办。

光懿女子小学，校址在贵阳城内晋禄寺，为自治学社张石麒等所开亦，以白铁肩（女）为校长。开办时间比寻常、乙巳稍后。校中教员如李泽民（小谷）、谭璟（景周）、王小谷、胡刚等，均为自治学社骨干分子。宣统庚戌、辛亥间，张石麒等筹划革命，多以该社为秘密会址。每星期六必在校中开会一次，处理一切事项。因当时男女分界尚严，女校不易接待外人，而该校房屋亦深邃，讨论革命事项，容易保守秘密，不致泄漏。贵州辛亥革命，该校发生的作用颇不小。

四 《西南日报》的筹办经过

贵州自治学社，成立于 1907 年（清光绪二十三年）的冬天，至

1908 年，工作才逐渐展开。当时社中所赖以宣传的工具，一为自治学社杂志，但出版数目不多，宣传效力不广。一为定期公开讲演，听讲者人数亦有限制。因此在 1908 年的年会时，才通过一个提案，决定筹款购买机器，开办一个自治学社的机关报。

根据当时的物价，要往上海购买一部可以印报的机器，约需银洋三千元。这在当时的贵州，尤其是自治学社，确是一个困难的命题。不买吧！当时承印《黔报》的贵州通志书局，又是控制在唐尔镛等的手中，决不会替自治学社印刷报纸。最后，自治学社决定采用一种股份公司方式，发行股票三千五百股，每股一元。先由自治学社社员认购，剩下的再向社会劝销。结果费了很大气力，只推销了五百多股。

张石麒的岳父名黄鲁岩，也是湖南人，在贵州做知县。因为同乡关系，遂把他的女儿黄蕙芳嫁给石麒。这时鲁岩已死，他的夫人尚积存有一笔资金，作为生活之用。自治学社招股工作成绩不佳，张石麒遂动员他的夫人向岳母处劝购。经过几许周折，始由他的岳母拿出纹银一千五百两，承购股票，基本上解决了这一问题。

社中派黄泽霖（茀卿）到上海购办机器。泽霖到沪，经过若干困难，始将机器装运来黔。计全部费用，花去三千三百多元。

报纸名称，最初采用《惧报》，援引“孔子惧，作春秋”之意。向巡警道立案，巡警道批：报纸的作用，在以和平风格，代表舆论，监督政府，《惧报》之名，不甚雅驯，有失政府期望宗旨，应另拟报名呈送备核。社中又开会讨论，石麒以自治学社的目的，在团结本省，联络西南，进而促进全国的自治，即以《西南日报》命名。经复呈巡警道批准，遂于 1909 年 7 月发刊。报端登记的负责人，为编辑张景福（石麒的另一名字）、发行陈守廉（兰生）、印刷许可权。自从《西南日报》出版，自治学社的工作，遂得到飞跃的前进。

五　运动新军的新方法

辛亥春，贵州自治学社为积极筹备革命工作，决定以运动新军为第一要务。推荐黄泽霖为新军标统袁义保书记官，配合新军中队官赵德全，书记官蓝鑫，司书生艾树池、马繁素，正目杨树清，见习饶成厚等，在内鼓吹活动。派张泽锦、胡刚、谭璟、彭景祥、陈康等，或以友谊关系，或以会党关系，在外联络接洽。一日张石麒召见胡刚，向他说：新军运动工作，仍嫌迟缓，要他设法用普遍大量方式，加强这一运动的进行。需用经费，可直接向他领取。胡刚与同志商量，以新军均系青年，喜交朋友、饮酒，容易为义愤所激动。以此作为方向，拟定一些计划，以事进行。

时贵阳城内花牌坊，有一大官栈，房屋宽大，前后三重。老板李辅臣，其妻为贞丰人，因此与胡刚很熟悉。胡刚与李商量，说新军中朋友甚多，每星期日放假，都来找他玩耍。因无适当地点，想借他的栈房饭厅，准备酒菜等物，作为招待朋友之用。李欣然允诺。地点问题，获得解决。

胡刚与杨树青、艾树池等商量，要他们每星期放假，即约集新军中血性青年若干人，到大官栈找他，介绍饮酒。即以此为基础，以后逐渐扩大、串通，准备短期内，把新军中革命的空气发动起来。

第一次由杨、艾等约集到大官栈的士兵约十数人，见面介绍后，畅谈一番，即入席饮酒。座定，胡刚致辞：谓今日之会，当尽量快乐，期在必醉，猜拳行令，决勿拘束。惟过去猜拳口号，如宝拳、魁首等，内容陈腐，俗不可耐，因建议另采一种新口号来代替。大家赞成，请其提出。胡云：第一、过去出大指叫一定，今拟以独立代替。因畅谈中国受外国压迫欺凌，急须独立的意义。第二、过去出手相同叫对手，今拟以平等代替。因畅谈中国与外国相往还，地位不平等；人民与官府相比较，地位不平等，今后须打倒这种不平等，代以平等的意义。第三、过去的二红二喜等，今拟代以两半球。因畅谈世界两半球，中国虽是大国，但是弱国，急需发奋图强的意义。第四、过去的三元等，今拟代以区区三岛。因畅谈英国及日本均三岛国家，但对中国特别欺压得厉害，中国青年必须立志报仇雪耻的意义。第五、过去的四红四喜等，今拟代以岔桃园。因畅谈刘、关、张桃园结义，收赵云为四弟，扩大团结，共同御侮的意义。第六、过去的五经魁首等，今拟代以五大洲。因畅谈五大洲的形势，中国应如何在五大洲中图强的意义。第七、过去的六合同春等，今拟代以六君子。因畅谈戊戌政变，六君子殉难，清室只知丧权辱国，割地赔款，不发奋图强，反残杀忠良的意义。第八、过去的七巧等，今拟代以七尺躯。所畅谈男儿七尺躯，当愤发有为，湔雪国耻，杀身成仁，舍生取义的意义。第九、过去的八仙图等，今拟代以八大奴隶。因列举曾国藩、曾国荃、官文、胡林翼、左宗棠、李鸿章、彭玉麟、刘坤一等八人，帮助清室，催残太平天国，甘愿为他人作奴隶，残杀自己同胞的丑史。第十、过去的九老图等，今拟代以九万里。因畅谈寰球九万里，只有中国贫弱可怜，中国青年，应该急起直追，改变这种状况的意义。第十一、过去的全家福、十全十美等，今拟代以大同世界。因畅谈孔子之道，最后是达到大同世界，我们应负起责任，实现这种理想的意义。全体均热烈赞成。这些口号，都是胡刚事先与同志们拟定出来的。解释的内容，也是经过一度讨论确定的。于是胡刚首先与艾、杨等猜起拳来。随着众人互相效法，酒酣耳热，不但热情奋发，有的竟公开拍桌击凳，大骂政府起来。这一预定计划，果真收到了成效。

大官栈成了运动新军的基地，一次又一次，新军越来越多。由猜拳行令，进而讨论国家时局、世界大事；由外国压迫、官吏腐败，进而讨论康梁维新、孙中山革命，以及贵州青年应该采取的抱负，最后归结到革命是中国及贵州当时最急需最有效的办法。计每次花钱二三两银子不等，均由张石麒直接交与胡刚。聚餐情况，亦由胡刚直接汇报张石麒。大约三四个月，新军中的革命空气，遂高涨起来，为九月起义创造了成熟的条件。

由于当时人民对清室的厌弃，新军们在大官栈大嚷大闹，人们既不惊奇，官吏亦不过问，真是大势所趋，人心所向，革命的时间条件，已经成熟了。

六　一幕有关革命前途的选举

清朝自戊戌政变，西太后垂帘听政，接着庚子之役，八国联军入京，逼得她狼狈西逃，蒙受了无比的耻辱。她见〔鉴〕于外有强敌的压迫，内遭人民的反对，革命运动渐起，统治日渐垂危，为着挽救这种危机，也不得不假意赞成维新，希图苟延残喘。光绪三十三年(1907 年)，明令各省筹设咨议局，作为实现议会政治的准备。贵州接到这种诏旨，遂于次年，成立咨议局筹备处，积极进行筹备。

这时贵州人士对咨议局抱有最大欲望的，分为两派，他们都是有新思想的知识分子。一派以唐尔镛（慰慈）、任可澄（志清）为首，他们都是所谓“世家子弟、贵胄名阀”，赞成康梁的维新变法。他们从1905年起，就在贵州开办学校。凡属官立、公立学校，多半在他们手内。又掌握教育总会，控制学款学产。因此便成为社会力量的重心。一派以自治学社的张石麒为首，他们都是当时的贫寒子弟，声望不隆，赞成孙中山的革命主张，准备借维新之名，达到革命之实。这两派都知道咨议局是新政中最有力的工具，谁能控制它，谁就可以掌握当时的舆论力量，替自己的事业创造成功的机会。所以在1909年的咨议局议员选举中，大家都以全力集中竞选。

依照当时社会的声望，唐尔镛、任可澄都有把握当选为正副议长。但事出意外，唐尔镛因唐飞案被逼出走，一切事业，遂不能不移交于任可澄。任可澄出身安顺世家，原名文铄。入学、中举，均用文铄之名。后来可澄到贵阳办学时，才改名可澄。因此，贵阳人知道可澄的人甚多，安顺则知道文铄的人甚多。选举开始，安顺选区共四个名额，每名额选候选人十名竞选，以得票最多者当选。可澄因几年来都在贵阳，所以对安顺的布置比较欠密。选举结果，自治学社的刘荣勋（久安）得票最多，有十三票，第一；可澄有十二票，第二；自治学社的朱焯有九票，第三；罗云峰第四；张绍銮（幼辉）第五。这样，可澄已当选为议员了。以后就是在咨议局集会时，竞选议长，当选后就可控制咨议局。不幸可澄的选票，有一部分写的是文铄，有一部分写的是可澄，而可澄的选民登记，是用的可澄，因此文铄这一部分选票就成废票了。可澄的选票，计算结果，位次在张绍銮之下，于是便落选了。可澄及其同党，在贵阳闻此消息，大吃一惊，愤懑之余，遂向主管方面提出选举诉讼。但结果厄于法令，不能挽回。唐、任既落选，自治学社议员，又占绝大多数，遂稳稳的控制了咨议局。还是自治学社自愿让步，经过双方会商，才把副议长让与唐、任的同党牟琳（贡三）。

这一次选举，对贵州辛亥革命关系巨大，自治学社就是在咨议局的支持下，赢得了贵州辛亥革命的最后胜利。

七　顾以民帮运子弹

贵州辛亥革命，主要是自治学社的力量，但社外人士，亦有不少功绩。顾以民就是其中的一例。

顾以民一名顾以仁，贵阳人，贵阳达德学校教员。思想进步，平素即醉心于革命主张，常与自治学社人士相接近，因此亦与张石麒等相熟悉。辛亥九月初四日，自治学社得徐耀卿的钥匙，连夜由大兴寺弹药库运出子弹十七箱，枪支四十五支，分存于各同志家中，准备分配给新军与陆军小学学生，作为起义之用。运送方法，将子弹打散，或封成糖果点心式样，或夹入其它衣物，再陆续派人送去。顾以民得社中朋友的秘告，自荐于张石麒，愿作陆小子弹的运送人，并得到张石麒的许可。

陆军小学在贵阳次南门外，出城门沿南明河西南上，约一里路即到。由次南门沿南明河一带城墙，特别低矮，距城楼不远，有一关帝庙，庙外即城墙，墙外有一回龙寺，寺外即临河。关帝庙一带居民，每日由城墙上倾倒垃圾，日积月累，竟成一沙丘，高几与墙等。并常有人由此上城下河，运物洗衣。顾以民先到此一带侦察，认为由此处出城，较为稳当。因此，连日夜间，将子弹捆扎身上，由关帝庙跳城而出，绕回龙寺沿河而上，直至陆小，交与指定的接收人。当时分配陆小的子弹本不多，经过几次运输，任务即告完成。后来九月十三夜，张石麒感觉陆小的子弹太少，又命向多山及胡刚两次运弹补充，才使陆小学生解除了首难的困难。

八　起义旗帜符号的准备

辛亥农历九月十四日的黎明，贵州咨议局的上空，升起了一首巨大的汉字白旗，迎风招展；满城的人们中有手缠白布条符号的革命人员，欣欣然执行各自分配的任务。这些符号和白旗的来历，也是不简单的。

当九月初八日，云南起义的消息传到贵州后，自治学社的社员，以万分激动的心情，分头做着起义的准备。白沙井谭景周的公馆，地势僻静，工作方便。社员们遂到蔡岳（衡武）所开设的群明社（绸缎匹头号）内，取追绿扣白镑布十二匹，作为制造旗帜符号之用。先以一疋做大旗一首，布满院内；再以草根作笔，松烟和胶作墨，推社员谢文琴为书手，赤足短衣，往来跳跃于旗帜之上，书一丈余大汉字，元气淋漓，全体喝采。其时社员起义雄心，已随白旗巨影飘扬于天空之上了。此外则将白布撕为布条，包装成捆，作为分发各方之用，全部工作历三日始告完竣。当时起义运动，已入半公开状态，一般群众对此，并未表示诧异。

九　黄德铣游说沈瑜庆

辛亥九月初九日（10 月 30 日），云南新军起义，贵州震动，巡抚沈瑜庆，请宪政预备会任志清等，筹议应付方策。时自治学社准备起义的风声，已逐渐传播。任等向沈建议：时机迫急，欲图救急之方，只有先发制人。自治学社系张百麟、黄泽霖等所领导，如即刻将其逮捕正法，贵州革命就可无形瓦解。因提出捕杀八人的名单。沈纳其议，退与王玉麟、贺国昌等商议。王主即办，贺主缓办，沈表示再加斟酌。散后，贺将此情密告张百麟，请其善为处理。张集同志会议，决由咨议局出面，阻止沈这一行为。咨议局议长谭西庚，亦自治社人，即时请议员黄德铣（济舟）密商，要其前往游说沈氏。黄云："此事重大，仍以由局中形式上通过派出为宜。"谭遂召集议员开会，说明原委。议员均缄默不愿往。最后，谭云："诸君既有困难，由我指定黄某代我前往如何？"众皆赞成。

九月初十日晨，黄德铣往见沈瑜庆，沈初不见。黄云："我来有重大事项相商，关系贵州全局及当局安危，必须一见。"沈见黄，态度很傲慢，一手持旱烟管长吸，两目视黄不作一语。黄遂展开其说词：

黄：今天咨议局谭议长派我为代表，有要事与当局相商。

沈：咨议局有何大事，一定要与我相商？

黄：局中因近日各省起事，情况紧急，贵州亦有不稳风潮。闻有人献计当局，将捕杀一批人民，以示镇慑，不知确否？

沈：我受朝廷任命，抚字边疆。保土安民，责任重大。今竟有奸人欲谋作乱，当然必须逮捕法办，以资镇慑！

黄：局中之意，贵州素有党争，两党互讦，由来已久。借机假手，更在意中。如当局不被牵入，始终是党争而已。如果一方诳报，当局偏信，就可生出事端，扩大范围。近日人心不安，风潮迭起，谁是革命者，谁非革命者，议论纷纷，但都是揣想之词。既无人证，亦无物证，值此混乱时期，难保无别有用心之人，借故兴波，挟嫌陷害。当局若不谨慎，误入计中，一旦错捕错杀，大乱即因之而起。若果如此，大之则糜烂全省，小之亦扰乱省城。万一被逼者迁怒当局，欲图报复，则血流五步，对当局之安全堪虞。徐锡麟之于恩铭，即是一例。因此，本局议长，心怀不安，特命我前来致意。

沈听后，动容，色转和，倾身向黄微笑：似这样说来，你们贵局，还关心兄弟的安全了？

黄亦温和其言，改用当时习惯称呼：大公祖为贵州一省之主，大公祖的安全，就是贵州人的安全。如大公祖自身不保，何能保我们贵州，何能保咨议局同人？本局焉能不关心么？

沈：既如此，贵局有何见教？

黄：贵州省党争，前面已经说过。但党争的对象，并不在当局。只要当局置身于两党之外，不作左右袒，纵然党争如何剧烈，也不致移怨于当局身上。至于说到革命，谈何容易？贵州地区偏僻，交通不便，不似沿江沿海城市，革命党进则容易号召，容易起事，退亦容易隐藏，容易逃散。并且枪械子弹，由何处运来，粮饷军需，由何人接济，事事都成问题。本局之意，贵州既有新军，大公祖又有卫队，均系械弹精足，兵员熟练，在此重要时机，大公祖只须紧紧加以统驭，严阵以待，观变而起，纵有革命党欲图起事，见当局有备，亦不敢轻率妄动。是大公祖不必捕杀一人，而社会自安，人心自定，大公祖固安若磐石，本局同人亦叨庇无患。至于全国趋势，将来如何，贵州可随各省之后，迎刃而解，不必自为过首，以蒙好事之讥；先成乱阶，以负朝廷之望。不知大公祖以为如何？

沈沉思有顷，点头：既如此，贵局系舆论机关，代表民意，亦须尽力辅助政府，安定人心。兄弟本无成见，只要于朝廷有利，人民有益，兄弟自无不从之理。希望转达贵局谭议长，大家共同努力。

黄见沈已允诺不再捕人杀人，即起身兴辞而出。

这一番游说，对自治学社的起义，帮助很大。当时张石麒等若真被逮捕，起义计划必然被打破无成。贵州的前途，也将转向另一方面去了。

十　起义后两党合作的第一幕

贵州辛亥革命起义以前，自治学社与宪政预备会，进行着生死的斗争。起义前夕，自治学社决定采兼容并包态度，与宪政预备会合作，情况才为之一变。但宪政预备会对此是不知道的。因此九月十三夜之变，宪政预备会人士，都认为大祸来临，各自寻觅秘密场所，深深隐避。

九月十四日晨，起义成功，张石麒与蔡衡武商量，须派人找任志清出面，共同讨论军政府组织事宜。张以胡刚曾进过通省公立中学，为任学生，遂命胡前往敦请。胡至任公馆，院门紧闭，经向门房说明来意，请其转达，良久始开门纳胡。任亦随即由内至客厅相见。胡略谈起义经过，即转达张石麒请任共出商议大事之意。任筹思有顷，问："蔡衡武在否？"胡云："蔡正在彼相候。"任始允同往。至咨议局，胡先入告，张石麒迎出，与任共立院中，互相问讯。张云："贵州革命已成功，今后即组织军政府问题。自治学社决定与各界人士，共同完成此项责任，希望先生通力合作，创造贵州人民的新贵州。"任亦谦逊允诺。蔡闻任到，亦出外相迎。其时任的发辫，尚未剪除，青丝一缕，长垂脑后。而是晨来咨议局者，皆将发辫剪去，以示革新。胡刚遂执剪刀一把，向任说："先生想亦乐于剪发，我来效劳。"即将任之发辫剪下，顺手抛于院内房上。任悻然顾胡说："身体发肤，受之父母，不敢毁伤，剪发未尝不可，但须得我同意。剪去之发，亦应交我保存，何致如此乱掷。"张见任作色，从中解释说："发已剪去，谈之何益，我们还有大事商量，不必在此计较。"蔡云："来！来！我们商量大事去！"遂拉任入内而去。

任、蔡进入局内，与咨议局诸人，共商都督人选。蔡云：“贵州起义由自治学社发难，石麒尤为首功，都督人选，似应归之。”任亦云：“当然！当然！此位舍石麒莫属！”遂决定推举代表四人，往迎石麒，即晨在局中正位都督。石麒正在另一室与其他同志商议别事，代表往达来意。石麒云：“此大事当从容商议，不必如此过急！”命邀衡武一谈。蔡至，石麒云：“都督非军人莫属，我们已决心留待山玉（钟昌祚字）。且军政府时期只有三个月即将改组，我又非军人，何能就此职务。民主国家，议会重要，我们当从此方面注意。都督一职，容缓另商。”蔡亦首肯。遂将此意转达会中诸人而散。后来新军方面，拟推杨荩诚为都督，钟山玉又不知何日可到。因此，在十五日的会上，终于把都督一职畀予了杨荩诚。

十一　张泽钧直言诤谏

张泽钧（秉衡）是自治学社重要领导人之一。贵州各县自治学社分社的建立，多半出于他的直接组织领导。辛亥四、五月间，奉派到湖南作联络调查工作，替革命准备增加了不少力量。九月初一日湖南独立，泽钧与湖南军政府建立了正式联络关系，并商定必要时请湖南派兵援助贵州。随即星夜赶回贵阳，准备与张石麒共同领导起义。殊行至黄平，贵州起义已告成功。泽钧于九月十八日晚到省，正值刘显世的兵亦于是日开入贵阳。泽钧闻张石麒招纳刘显世，大愤！饭后，匆匆与胡刚往见张石麒，三人到张密室会谈。泽钧对湖南工作作一概括报告外，即询石麒招纳刘显世的用意。石麒告以革命成功，政治上当采兼容并包政策；并认为刘亦有相当能力，以恩结之，亦可以为我用。泽钧听罢，怒形于色，当即向石麒提出厉声争辩。

泽钧随谈随以手击案。谓：“自治学社容纳刘显世晋省，是一大错误。刘显世累世土豪恶霸，在兴义各属有笑面虎之称。其人阴险多谋，又有族兄刘显潜为之羽翼。他一贯勾结宪政党人，与云南蔡锷等有深切联络。他对革命从来不赞成，并以革命党人为仇。因此原故，宪政党人才荐与沈瑜庆，命其带兵进省，镇压革命，捕杀自治党人。天幸贵州起义，显世尚在途中，致敌人阴谋无法实现。我们如果善于处理此事，从宽大方面说，命其将徒手兵带回原籍遣散，本人听候调用。从铲草除根方面说，我们正须诱其到省，一举歼灭，不能姑息养奸，以贻将来之患。这两种方策都不采取，反而听其悠然到省，参加政府组织。此人一与宪政党人结合，就如虎添翼。将来有兵有械，首先就要捕杀我们。试问我们有何力量足以抵抗。我们千辛万苦，数年筹谋，才有此次成功。如听任刘显世篡夺以去，并为其刀下之鬼，全体同人，心何以甘？这是你今天最大的失策，自治党人将从此离心离德，不再团结一致了。看你将用何法补救。”

泽钧接着对容纳任志清等也提出批评。他说：宪政党人数年以来对我们的摧残陷害，难道你还不知道吗？宪政党人与我们抱的宗旨，各不相同，势如水火。革命成功，其他的人都可合作，只有宪政党不能合作。宪政党中有一部分人或者可以合作，如任志清、陈稚苏等绝不能合作。我们对待宪政党人，虽不必斩尽杀绝，但亦不可重用。最好的办法，一面对他们虚与委蛇；一面尽量巩固我们的政府。一俟我们各方布置就绪，根深蒂固，再以虚名高位，择其尤者而安顿之。贵州起义，他们认为对他们必加杀害，能自保全，已属庆幸，绝不会想与我们争夺政权。过了一个时期，见我们不惟不杀害他们，反而任用他们，他们必当感愧交集，与我们渐渐相安了。不料你对此问题，又犯了错误。枢密院是何等重要机关，公然举任志清为副院长，还准备把宪政党人再加入一些。让他们布满政府，参加一切机密，了解一切内幕，使其能针对弱点，全力图我，这是一种甚么想法呢？往常你作事都很精细，今日为何这样糊涂，真是使我大惑不解。

最后泽钧表示他的态度：我此次返筑，满心抱着希望。殊知所见所闻，完全出乎我的预料，敌人遍地，危机四伏。从今天以后，我决不参加政府任何部门，任政府任何职务，并且不久我即出省。我犯不着把生命陪着你们葬送掉，我自己求我的生存，看你们在贵州如何下台。这一番话，把张石麒弄得瞠目不知所答。泽钧手拉胡刚，悻悻而去。

腊月十五日（1912 年 2 月 2 日），宪政党人派人刺杀张泽钧，误中田有光，泽钧幸免于难。随即有同志傅雨农（为霖）、龙在深（灵夫）、龙在清（少芬）、张煦兹等，同来探访，共谋出避安平（今平坝县），以待后图。泽钧遂至安平张煦兹家暂避。次年正月初五日，泽钧闻滇军已入黔，知必大杀党人，遂乔妆为神甫，由张煦兹偕同，绕小道至清溪。清溪知县李葆真，与泽钧至交，藏之县衙内数日。因接滇军搜捕自党令，又资助其逃往铜仁。泽钧由铜仁经湘赴宁，时首都已迁往北京，袁世凯就大总统任。泽钧流浪大江南北，备极困苦。不得已应袁世凯县长考试，及格，分发四川，任合州知县。刘显世为贵州督军，闻之，电四川巡按使陈廷杰，逮捕入狱。幸当时在黔参加自治学社的四川同志龚廷栋为四川财政厅长，自治学社社员杨寿篯、廖谦（子鸣）等亦在成都，极力营救，方获开释。泽钧至武汉，郁郁以终。

十二　贵州代表选派之争

辛亥八月十九日武昌起义。九月十九日，黎元洪通电各省，请派代表到武昌开会，筹组临时政府。不久，江苏都督程德全、浙江都督汤寿潜，又通电各省，请由原咨议局及都督府，各派代表一人，常住上海，筹开全国性的国民代表会议。这两个通电到了贵州，贵州立法院及都督府，遂着手筹备代表选派事宜。

此时，任志清为枢密院副院长，刘显世为枢密员兼军政股长，他们秘密商议，筹组中国临时政府，召开全国性国民代表会议，都是重要大事。贵州代表如果由宪政党人充任，不但以后在中央可起重大作用，在贵州亦可得到若干便宜。但当时情况，欲想公开选出，决不可能。遂私用枢密院电本，以枢密院名义，电知蔡锷，说贵州应派代表问题，一因人选困难，二因财政困难，很难如期选出。请他代就贵州旅滇黔人中，选派二名，并请代垫旅费人各五千元，由云南直到上海。同时密知熊范舆（铁崖）、刘显治（希陶）等，从中促成此事。经过熊、刘的多方运动，蔡亦首肯。即以熊、刘应选，并各代垫旅费三千元。一面复电贵州枢密院，云已照办。

贵州立法院筹备代表选举，定期十月十五日（农历）举行。贵州都督府应派代表，亦请立法院代选。选举结果，平少璜、乐嘉藻二人当选。时平少璜正负枢密院日常事务处理责任。一日，接蔡锷复电，大惊！因思此必任、刘等所为，遂请他们询问，任、刘不答。平云："枢密院凡有重大事件，均经会议处理。致蔡之电，事关重要，并未见由会中通过。且近来我负枢密院实际责任，事无大小，均须经过我手，亦从未发出此电。此必另有用心的人，偷窃院中电本，私电蔡锷，才弄出此种现象。枢密院既不负此种责任，当电蔡否认此事，请其不必代劳。"任、刘闻言，遂合词阻平。谓："滇黔唇齿之邦，贵州借赖滇省的地方正多。蔡既已代我们选出代表，人选又甚适宜；并又代我们垫出旅费，解除我财政枯窘的困难。何妨顺水推舟，予以承认，免伤两省和气。"平坚持不允，即拟电稿，交人拍发。任、刘云："此大事！有关贵州前途，何去何从，可召开各界联合大会解决。"平云："开会解决，无所不可！但电仍非先发不可！"于是一面发电，一面召开会议。次日，由枢密院通知都督府，民政、司法各院部会，及耆老会，在立法院开会。刘显世首先报告：

刘：云南蔡都督来电，代我们选熊范舆、刘显治为赴沪代表，并代我们各垫旅费三千元，这是他的一番好意。平君不和各方面商量，取得同意，竟轻率武断，去电否认，这种使人难堪的做法，可以替贵州造成最大的不利。

平：选举代表是贵州的事。竟有人偷窃电本，请求云南代办。现云南既有电来，我们当然要去电否认。刘君还说我不同各方面商量，取得同意，难道偷电人当时做这种事情，是同各方面取得同意的吗？那就请他把经过说出来。所谓使人难堪，究竟是谁使谁难堪？请大家品断品断！

经此驳斥，刘显世面作青白色，站立台上，双手叉腰，怒目而视，气出虎虎不已。任志清见此情况，遂出台作答。

任：此次代表选举，贵州已经选出平、乐两君。闻乐君已坚决表示不就。至于平君，现正服务枢密院，事务繁忙，不能离开。而贵州光复以来，各方意见随时发生龃龉，多赖平君从中斡旋，得以融洽。若一旦平君离去，转环无人，贵州前途，危险堪虞！因此，我们才请求云南代选，以解决这一困难，这就是蔡都督复电的来由。我们这样做，还有两种原因，一因贵州去上海太远，交通不便，而会议期间又近。如果让我省代表选出到彼，恐会期已过，等于白费气力。二因此次会议，关系重大，我省代表非才识优异，海内知名之士，不能胜任。有此两因，所以才请云南代为选派。昨天阻止平君勿急于发电者，其理由在此。

平少璜又继续发言。

平：任君这一席话，立意虽好，尤其替我打算得很周到，但是我是否留在贵州，或到上海，事关我的行止。君等既如此爱护，何不向我明白提出，取得我的同意。乃采此暗昧行为，私行发电，这是何种理由。至于贵州距沪太远，交通不便，亦属实情。但京、津、沪、汉，我们贵州人不少，如求方便，就地请人出席，岂不胜于云南。如说代表人选，须才识优异，海内知名之士，那末，如于德坤、漆运钧等，在革命党中，更是知名，才识无不优异，又何必远在昆明去找人。以上种种，都不足以说明此事的真象，只有说为着私人的利益，或少数人的利益，必须这样做，才可说得通。今任君反说我打电否认为太忙，不知贵州还没选举，就先打电请云南代选，究竟是谁比谁忙。

这一席话，又使任志清束手无语。此后会场再无人讲话，情况陷入沉寂中。良久，耆老会的郭重光（子华）才以调停人的口吻，出而发言。

郭：今天大家的话，我都听清楚了。平先生对事情考虑得很周密，发言也很有条理，很恰当。刘、任两君，为着选好贵州代表，热心太过，因此办起事来，不免脱略形迹，以致发生这种不快。我看三位先生，都是国家人才，更是贵州人才，今后来日方长，或为国家，或为地方，和衷共济，推诚合作的时间尚多。不必为此细故，水火参商，以至结成仇怨。我敢告诸公一言，如再这样下去，恐非国家之福，希望双方都以大局为念，或高或低，不必斤斤计较。今日之事，就此结局，不必再论，以后也希望不必挂怀。

郭氏这一番话，才勉强把会议结束了。但是刘、任等仍旧不放弃他们的计划。熊、刘二人，亦直接由云南到上海报到。后来还是会议审查资格时，认为贵州既有直接选出的代表到会，云南代选的代表，可以无须出席。于是平少璜、文崇高（乐嘉藻辞职，都督府派文担任）才正式出席了会议。

十三　谷寅宾帮忙请滇军

辛亥九月十四日，贵州革命成功，军政府成立，接着杨荩诚北伐，张石麒出巡，平少璜赴沪开会，内部空虚。宪政预备会邀集有关人士，在郭子华公馆密商应付办法。决定推戴戡到云南以贵州公口林立为借口，请滇军来黔平乱，夺取政权。戴到滇，会同黔人周沆向蔡锷哭师。蔡派唐继尧率兵一梯团部队入黔。至平彝，经钟昌祚力请，又停止前进。其时贵州正发生“二·二事变”。

“二·二事变”，张石麒幸免于难，率卫队与陈守廉（兰生）退至安顺，准备在安顺成立军政府，回兵勘乱。时自治社党人陈燮春（遂初）任贵州提督、方策（竹君）副署知府，均安顺人。张石麒住提督署内。陈与宪政预备会党魁任可澄为姑表兄弟。宪政预备会欲发动陈叛变图张，遂密函任之姑父谷寅宾（少华）主持其事。谷先说合陈之稿工（如今之秘书）李叔和配合行动。一日，谷先至东大街同知巷口商人孙锡之铺内坐待（陈住同知巷内，出入必经过铺门）。不久，陈与李同行而来。谷出门邀其入内，围炉而谈。言中，谷忽向陈正襟作色说：“遂初！你有贵州都督的资格！你知道否？但须要掌握时机！一个人一生发达显赫，只要做一两件事就够了。你以为如何?”陈听后，沉思不答，低头以火箸拨火。有顷，谷又如前重说一遍。陈仍不答。良久，谷又再说。如此三四次，陈均不动。李叔和在侧，见陈如此，遂向谷说：“少华！你说话可明白些！这样含含糊糊，提督恐不易懂!”陈以火箸掷炉盆作鉴然声，抬身而起，怒目视李云：“你以为我不懂吗？他是叫我杀张石麒，这事做不到！你们要放明白些，今天我的权限可以杀人，惹我冒火了，我就要杀人!”遂起立，动身，拂衣出门而去。李亦随之而行。

谷寅宾面无人色，仓皇返家，立即收拾行李，复函贵阳，雇轿夫两班，连夜向云南进发。至平彝见戴戡，以图张经过相告。并云：“张石麒已无作为，滇军速进，贵州可垂手而得。”戴喜，即偕谷见唐继尧，诉说情况，极鼓动之能事。宪政预备会得谷函告，知图张事未成功，遂怂恿赵德全电唐继尧欢迎进兵。滇军遂以民国元年阴历正月十二日入贵阳。

宪政预备会政权成立，以谷寅宾为贵州省议会议长。

十四　兴义刘氏家世

辛亥农历九月初，贵阳革命的风声渐渐传播。宪政预备会建议巡抚沈瑜庆，电调兴义刘显世招徒手五百人，到贵阳装备枪械，镇压革命。贵州光复后，刘显世到省，自治学社又举其为枢密院议员兼军政股股长。滇军入黔，宪政预备会政权建立，刘显世又为军政部长。以后更历任贵州督军、省长，至民国九年之久。刘氏究以何种凭借，有此重大人望，不能不追溯他家势力的由来。

清朝嘉庆、道光年间，兴义的泥水（读荡）地方，有一人名刘燕山，以榨油为业。因泥水地方僻小，生意不佳，逐迁移到县城附近的下五屯居住。生子四人，长名官箴，字铭之，又字鸿魁；次名官霖，字时之；三名官礼，字统之；四名官德字茂之。弟兄均魁梧奇伟，胆力过人。读书习武，附近无不敬畏。刘燕山得诸子之助，家业日兴，渐为下五屯首户，提倡号召，可以左右人心。咸丰八年（1858 年），普安（今盘县）回民起义，官军往剿，屡遭失败。兴义与普安接壤，清吏为未雨绸缪，遂号召县属绅民，练勇办团，以为准备。咸丰十年（1860 年），刘燕山号召下五屯居民就屯上建筑石墙石堡，训练屯中壮丁，以官箴、官德督管其事。刘氏武力，从此发仞。

清同治元年（1862 年），同军攻下兴义府城（今安龙县），安义镇总兵赵德昌败走兴义县，同军跟踪追击。九月晦日，兴义城陷，赵德昌退走。同军进攻下五屯，刘氏团练据堡抵抗。其时兴义捧■地方，有张开基、张开业、李凤才等，亦办团抗同军。张李与刘官箴为兰交兄弟，情感素洽。同军围下五屯，由九月至同治二年四月，屯中情况紧急，官箴告急于张开基求救。开基亲率团丁三百余人来援，回军分兵拦击于普戛山，阻其通路。一面派人说官箴，只须读和投降，只有权宜自保，遂承认投降。回军尽撤攻屯之兵，往攻张开基，张全军复没，被擒凌迟而死。开基弟开业及李凤才闻讯，谓开基之死，为官箴所卖，指誓必为报仇。刘张两家之冤，从此开始。

同治二年（1863年），清军派兵恢复兴义县城，并调附近各县团练协助。官箴以兵应调。自五月至次年二月，官霖战死，官箴受重伤。二月初六日城复，官箴以迭次功，保署安义镇左营游击。

同治三年（1864年）十一月，法国天主教主教胡博理借口招抚回军为清军平乱，派教士任国柱入新城（今兴仁县）游说。胡亦与清吏驻光冲待消息，实则系挑拨回汉两族感情，从中取利，故抚局全无功。至次年三月，任国柱假称抚局已成，率新城教民往兴义，行至马别桥。刘官箴闻信，谓任将带乱民入兴义作乱，遂率兵至马别桥栏截。双方发生冲突，刘兵杀教民多人。胡博理向贵州巡抚张亮基提抗读，张将刘撤职。胡不满，又向云贵总督劳崇光提抗读，劳暗令清吏借机杀刘以消案。清吏知张开业、李凤才与刘有隙，遂暗令图刘。时李凤才已怪军功保署守备，张开业署把总。五月，刘官箴与其弟官德到捧到视察军务，李张设宴款刘，伏兵中起扑杀官箴，扣留官德不放。官礼闻讯，控诉于兴义知府孙清彦（竹雅），清彦为之讲和。命官礼以厚礼寻张开基尸骨欢之送归开业、凤才。开业、凤才归官箴之比，并释其弟官德。

同治五年（1866年）六月二十四日，马仲回军再陷兴义县城。刘官礼、官德率军恢复，并屡破回军。官礼以功保同知，总办兴义五属团务。官德署左营游击。先是官礼因孙清彦的调停，与张开业、李凤才讲和。事后官礼仍思消灭他们。但以李凤才为人庸懦，张开业则强悍难制，二人合力即无懈可乘。遂设计派人行间，李凤才果中间杀开业。至是官礼弟兄以新命的权威，谓李与回军勾结，率兵攻凤才，破杀之，并灭张李之族。

同治六年（1867年），回军仍攻占兴义府各属。贵州巡抚张亮基命广西投效同知叶正邦率带练勇，会同官军攻巢。时兴义纳省地方的戴秉义亦以办团豪强一方，凡马别桥、顶效、章古一带，均属其势力范围。兴义府知府陈聘儒，获安义镇总兵张定中，由兴义府败退至新城一带，招戴秉义团协同御敌。戴原与刘官礼不合，至是恃有陈援，更不听刘命。刘为惩罚反抗，遂说正邦与官德合军，共同章古、顶效进攻，戴团大受损失。正在危急之际，捧诈的李文山之子（或云即李凤才之子），为着报仇，亦率团练向刘军背后攻击。叶刘两军又回军向乌沙、捧庄进攻。而戴秉义遭顶效、章古之败，遂向陈聘儒、张定中乞援，云刘勾结回军，向其进攻。陈张即会同戴军，又反攻入顶效、马别桥，大杀刘军。刘叶回军互战，方发觉自己人互相残杀。刘急急撤兵，叶正邦亦率兵反广西去。刘报戴秉义与李文山之子勾结回军叛逆。陈聘儒亦报刘勾结回军，进攻官军，围彼岡上，幸得护安义镇总兵张定中救免。请求严惩刘氏。因军事吃紧，此案终遭搁置。此为刘氏受命总办团务以来，团与团之间发生的斗争。

同治七年（1868 年）七月初二日，回军三陷兴义县城，知县吴保庆与刘官德军败走。值云南巡抚岑毓英遣兵追击回军入境，回军他去。八月二十日，吴保庆、刘官礼、刘官德等乘虚恢复县城。九月，贵州巡抚会壁光，令叶正邦会兼署兴义知府知县，叶军与刘军合，军势又盛。遂再进军攻击戴秉义。戴被逼，与回军联合。次年十一月，叶正邦多方招致，戴始杀回众马崇等十余人降。但戴刘双方之仇，始终不解。

同治九年（1870 年），叶正邦保任刘官礼统领府镇各军，规复府城。刘官礼为统领始此。刘进营龙广，回军进攻，刘营先溃。

同治十年（1871 年）刘官礼大收兴义各属粮银，向外借兵，以供饷糈。大收各属壮丁，编入团籍，以供助战。因此，以功拟升知府，赏戴花领。但各属受害者，纷纷到京控诉，案交贵州巡抚严办。官礼因受知于云贵总督刘嶽昭，遂逃往昆明求庇。其弟官德，倾其家产，献于知县吴佐（永安），为上下活动，始得无事。并由刘嶽昭保升为候补道，奏留云南。

光绪元年（1875 年），刘官礼以案潮全平，由滇归家。时间局已平靖，官礼以候补道资格，坐镇一方。旧日部下，均为各属大绅。兴义知县遇事非咨询请不敢行。地方大小事项，一言而决。居然盘江小朝廷气概。地方个保出之士，遇事不称其意，即拳打足踢。贫而出走者，无不显达。社会上因有“刘统领打一个，发一个”的谚语。但刘自云南归来后，鉴于过去挫折，亦稍折节为善，主张公道，提倡公益，礼贤下士，延聘名流到兴，教育乡党子弟。因此在当时封建社会上，居然称颂之声不绝。贵州名流，如喻鸿钧、雷玉峰、徐叔彝、姚华、熊范舆、张协六等，无不多方罗致，聘到兴义，或掌书院，或执教鞭。光绪晚年，更遣其子弟及乡人往国内外留学。单留学日本的即有二十余人。赞颂官礼之声，远至于省内外。李经羲为云贵总督，道出兴义，专诚拜会官礼，归语人云："我不料贵州有统老其人，竟有如此讨略！"其声望的显赫，由此可见。

官礼有二子，长名显世字如州，次名显治字希陶。如州貌为柔和，内实阴险，因有笑面虎之称。希陶性情暴烈，与官礼相类。严范荪在贵州拔高材生四十人，办经世学堂以教之，显治与其列。因此与当时贵州一般门阀子弟颇为熟认。显治又留学日本，加入梁启超的政间社，与蹇念益、陈廷策等，均为梁的左右手。

光绪二十三年（1897 年），广西提督苏元春兵变，十三营尽散的匪，人称游匪，扰敌广西各属。兴义邻接广西，逐渐收到警报。光绪二十八年（1902 年），贵州巡抚邓华熙，重邀官礼出山，编练乡兵，以防万一。九月，游匪来攻，菁口营陷，随着兴义城陷，官礼退守下五屯。游匪攻屯六日不克，遂退走。贵州清吏，又将官礼征集精壮，编为靖边正营、靖边团营各一营，任其侄显潛（官箴子）为正营管带，其子显世为团营管带。以后不久，官礼中风，足不能行，遂命显世代理其事。显潛不久到广西任巡抚卫队管带。显世靖边团营亦撤消。辛亥九月，贵阳革命风潮起，宪政预备会向沈瑜庆推荐显世有才，电其招徒手兵一营来筑，作镇压革命之用。而显世因此，遂究据贵州政权达八年。

贵州光复纪实

杨昌铭

编者按：《贵州光复纪实》，自治学社社员杨昌铭（伯钊）作。昌铭辛亥前求学于北京京师大学堂，辛亥七月，毕业反省，张石麒命其组织宪友会贵州分会，为自治学社革命的掩护。九月十四日贵州光复，昌铭以宪友分会负责人资格，为枢密院议员。不数日，即出任铜仁知府，兼负安定贵州东防重任。滇军入黔，昌铭亦弃职出亡，直至一九二七年后，始行返家。此篇为昌铭于一九二九年所作，因其参加革命，仅一月有余，亲历者少，又年久追忆，难免不有错误之处。如书中所列张纲举、王天鉴，当时皆韶年幼童，并未参加革命。九月一日，沈瑜庆在南厂打靶示威，取杨树青为状元，九月十三日向徐耀卿之妻购子弹两箱，杨树青用去弹头之枪弹击袁义保，沈瑜庆手书承认独立云云，黄泽霖坠城阻止新军入城，刘显世攻军政府左目受伤等事，均非事实。其余时间地点错误者亦多。除此以外，书中对革命经过之大体楞角，尚能切实反映，亦足供研究辛亥革命者的参考。本书系据所藏稿本副录，未经删改，借存其真。

吴雪俦　胡刚附志　1957 年 5 月 1 日

自　序

呜呼！秦桧不死，难昭武穆之冤；南史仅存，尚秉董狐之笔。追维往事，可为寒心。言念故人，弥增感喟。摧残志士，甘于为虎作伥。糜烂乡邦，不惜开门揖盗。假虞灭虢，彼固贪璧马之私。复楚哭秦，此徒逞鬼蜮之伎。可怜荒郊鬼哭，谁招枉死之魂。坐听茅店鸡声，漫洒逃亡之泪。今幸河山无恙，故我归来。试问桑梓依然，城狐安在。嗟乎！苍天厄我，不死者其或有意留我于青天白日旗帜飘扬之下，一写我贵州辛亥革命真正痛史也欤！吾于是回肠荡气，不禁低徊感慨垂涕而道之矣。夫贵州之知有革命，自自治学社始。而贵州之能实行革命，亦自自治学社始。盖彼时处清廷专制积威之下，未敢昌言革命，特假名学社以掩其迹耳。是以社中所创办之《西南日报》，公立法政学校，以及各县之分社，其言论讲演，无一非宣传革命之媒。且当时军警，皆与学社有直接或间接之关系，部署酝酿，已非一日矣。故辛亥九月，一闻武昌起义，不数日兵不血刃，即行宣布独立，其成功何如是之易哉。亦以学社能指挥军警，卒使效忠清廷者，无所施其反抗能力。加之各县分社，同时响应，仓卒间彼昏惶骇，罔知所措，势不得不仓皇退让。庄子谓大浸稽天而不溺，疾雷破山而不震者，殆亦深得其意也。不意反革命派，计无所逞，潜向滇人乞师，以遂破坏之谋，而滇人心存侵略，乘此假名北伐，坐收渔人之利。当是之时，学社同人坦白为怀，情殷革命，因其扬名北伐，误认同调，毫不为意。及至行抵贵阳，揭开面具，时已防御不及。于是人刀俎我鱼肉，死者死，逃者逃！云散风流，至今犹有余悸也。最痛心者，借名会党，妄加匪国，既靦然自命定乱之师，复攘臂夺我首义之名，而学社同人，十八年来，日颠沛流离于忍辱含垢之中，无从自白于天下。致使辛亥革命真正工作，因之湮没不闻，亦可痛已。日昨忽值光复纪念，适昌铭息影蓬庐，旧日同志，相继敦促录列颠末，以告后世。仆以义不容辞，匆匆以两半夜时间，草成原因四则，披露真相，亦聊以尽后死之谊，且为天地留正气，为世界存信史云尔。知我罪我，在所不计。是为序。民国十八年，岁次己巳冬日，自序于贵阳之卧薪尝胆室。

一　革命党光复全黔之原因

贵州自治学社，经先总理认为同盟分会，成立于民国纪元前五年，即光绪三十三年，丁未三月，发起人张百麟、钟振玉、蒋子衡、王小楼、张鸿藻、张秉衡、曾焕文、陈青石、王小谷、谢文琴等。初暂以田家巷谢文琴家为会所，后改设天后宫。于是各府、厅、州、县知名之士，富于革命性者，莫不加入。即同盟会会员傅佐卿、钟子光、昌铭等，由外求学归来，亦参加其中。历年来创办《西南日报》、公立法政学堂、公立法官养成所、监狱专修科、检验传习所、自治研究所、司法讲习所，达德学堂（原名民立第一学堂）、光懿女学堂、乐群学堂等，以贯输主义，作育人材。清例，政治学堂，非奉旨不能开办，然自治社员不顾也。开州钟山玉由日本留学归来，被举为社长，张百麟副之。分社达五十余县，社员学生数万人。适清预备立宪，诏各省设立咨议局、教育会，各县设议董两会，而自治社员占十之七八，贵州革命思潮，因之扩大。中间虽经反革命者宪政预备会、耆老会、保皇党阻挠陷害，如云贵总督李经羲赴任，道经贵阳，宪政党人某告密，谓自治学社系革命机关。李经羲乃将钟山玉、张石麒、周培艺等，交巡抚庞鸿书查看。庞委钟、张、周三人为司法警署科长，名重用之，实羁縻之，卒不能稍阻其志。终于响应武汉，促成共和。所谓贵州光复之主因也。

宪友会，在辛亥八月初一日，开成立大会于两湖会馆。各县来省赴会者四五千人。举昌铭、杨伯坚为干事。伯坚因公在京，昌铭适由京师大学毕业归来，此会系国会请愿团与各省咨议局发起，孙洪伊为总干事，汤化龙为湖北干事，谭延闿为湖南干事，蒲殷俊为四川干事，谢远涵为江西干事。按宪友会与革命党宗旨本不相容，贵州因交通不便，又在专制势力之下，未便揭开真面。昌铭与张百麟密商，谓以后国内有政党发生，即以本社社员去组织，其益有三：一、可以集中人材；二、可使消息灵通；三、事机到时可以减少障碍。

八月十九，武昌首义，张百麟、昌铭、谭景周、黄泽霖、黄德铣、陈元栋、乐嘉藻、周培艺、蔡岳、谭西庚、朱焯、龚雪樵、杨应麟、柳惠希、龙杰卿、张镜波、王星阶、陈百朋、李怀安等会商，以为时机已至，遂遣社员各回本县，联络各界，分头运动绿、练各营。是时绿营未撤，有提督一、总兵四、协镇十、参游都守千把外委数百员，防军三十六营，五统领，星布全省各县，清室兵力不为不厚。乃光复后，通电一出，无敢反抗者，盖自治社员在外分头运动之结果也。社员分头运动，如方竹君、陈遂初独立于安顺；吴嘉瑞、傅佐卿、赵卓哉，设军政分府于古州。魏维新响应于湄潭。凌霄、陈开钊响应于龙贵；谭希元、简书、昆仲响应于大定。虽有驻军，无如之何。一经运动，且暗为补助焉。

九月初一，长沙独立，张秉衡由湘来电，催促响应。汤化龙有电致昌铭，黎元洪有电致赵德全、蓝少亭、叶占标等，亦催促独立。由是风潮日甚。

初九日，昆明独立，自治社员，借登高为名，有在翠微阁会议者，有在浙江会馆会议者，有在东山、相宝山、螺蛳山、黔灵山会议者，又如白沙井张百麟、谭景周、王炳煃、廖谦及昌铭数家，田家巷谢文琴家，府后街何宾侯家，林家巷黄泽霖家，小井坎桂少莲家，群明社、咨议局密室，皆秘密会议处也。于是陈靖武、伍伟章、萧道生、史之培、张润之、何宾侯、黄剑青、王炳煃、杨树青、冯凡树、岑少刚、岑炯昌、艾树池、江德润、姜辑五、胡仁、李佩玖、王度、刘焜、汪泰阶、罗祝之、蔡云波、胡锡侯、杨叔文、陈兰孙、胡刚、廖谦、彭堃、刘镇、王子衡、王槐熙、刘乔松、饶存厚、詹麟初、张希濂、张协华、张文林、叶家龙、朱梦莲、陈冰如、陈纯斋、母伯平、罗静安、罗星垣、刘少屏、张静波、庄鹏程、邓海澄、莫仲莹、莫季莹、饶云普、程毅、田世雄、谭仁溥、彭瑞甫、赵龙骧、杨汉俊、桂少莲、冷用民、毛以宽、张兆岐、刘士刚、魏维新、张本初、张纲举、孙仲常、刘汉卿等，（人数尚多，因年久遗忘，容后查明补入）分头运动新军、陆军学堂、警察学堂，暨省内外各学堂、各青年。黄泽霖则组织民军，一面运动新军标统袁义保。昌铭谓袁油滑，不足恃。乃令何宾侯联络赵德全、叶占标、蓝少亭、刘炳甲、萧鸿斌、鄢松山。事成，许赵德全任标统，因何与赵、蓝等系兰交，相知有素者也。是时新军干部，多半鄂籍，前巡抚岑春蓂由鄂带来者。

赵、蓝等又为黎元洪旧部。黎曾有电催促，故易联络也。张百麟、谭景周运动院卫队下级干部李勇宾、李贵和、龚青云、徐楚才、陈祥年、周恍惚，军医苟显杰，文案马文祥等。该队官兵多系湘人，巡抚庞鸿书由湘带来，张、谭与之同乡者也。卢季衡、卢以庄接洽巡防军帮统胡锦棠、管带和绍孔。

初一日，巡抚沈瑜庆，亲赴南厂，齐集新军打靶示威，取杨树青为状元，盖欲收拾军心也。学生王天鉴更名克仁、杜国昌拟狙击之。因运动尚未成熟，派社员前往止之。自后风潮甚涌，财政监理官彭子嘉、劝业道王玉麟，主张拿办张百麟、乐嘉藻、昌铭、陈百朋、黄泽霖，警道贺国昌、厅丞朱兴汾谓不可操切。

十一夜，王玉麟设西餐于道署洋楼上，宴张百麟、周培艺、乐嘉藻、昌铭、陈元栋、谭西庚、朱焯、龚雪樵及绅耆郭子华、任可澄等，陈百朋后来加入，盖以观其动静也，至三更后始散。

十二日，新藩司王乃征由豫抵黔。黄昏时，沈抚台召各官厅绅耆郭子华、任可澄，咨议长谭西庚、朱焯、龚雪樵及蔡岳、乐嘉藻、周培艺、陈元栋、陈百朋、昌铭等，会议于抚署之梅园，列戟森严，张百麟未到。沈抚谓："两湖土匪作乱，乃乌合之众。"王方伯说："现已扑灭一路，甚属清平。"蔡岳谓："近日风潮颇大，请中丞仿庚子之变，刘坤一、张之洞维持两江、两湖办法。"又有主张自保会者。郭子华谓："新军可虑。"王玉麟谓："新军无虑。袁标统接有运动密函，已呈中丞。密函乃黄泽霖致袁义保，劝其激发天良，助自治党人光复汉族者也。"昌铭一聆此言，知事已败露，恐迟则变生。会散后，即访张百麟，述会议经过，请以明日举事。张百麟谓："运动尚未成熟，不如十五。"昌铭谓："迟则族灭矣。兄不干，弟先干。"未几，蓝少亭、叶占标、鄢松山、闵兆祥、刘炳甲、赵德全来访张百麟。谓："我们标统，请张先生有要事相商。"张谓："你们标统想戴红顶花翎，有甚么商量。今夜深，明日再去。我上下游有十多万人，要如何，便如何耳。"赵等笑而不言。昌铭遂约赵、蓝等，到府后街何宾侯家陈述院上会议经过，并谓请诸位预备明日举事，如迟必有不利。又谓："我与张百麟相商，抱人道主义，不可流血，吾党数年来，不顾生命，不顾家族，努力奋斗者，在推翻专制，以便实现三民主义，不以杀人为快也。诸君务须记之。”夜深，各自回家。

十三晨八时，谭西庚、朱焯、张百麟、黄泽霖、谭景周访昌铭，征求同意。张谓：“兄曾学武备，又带过兵，请任临时都督。”昌铭谓：“我资望不孚，脱离军界多年，去岁由京回黔，经上海晤宋遁初于民立报社，主张议院政治，我想在议院活动。兄乃党魁，可自任之。”张谓：“我不谙军事，我扇扇鹅毛扇可也。”又推谭西庚，谭亦力辞。张百麟云：“可惜我们社长钟山玉在京未回，不然，都督一席，最为相宜。”无已，只好请伯钊去推衡武（蔡岳字）。及访衡武，衡武面有惶恐之色，开口便问：“伯钊！汝自危否?”昌铭答云：“事已至此，自危何益。我看官厅不敢为害我们，即不然，亦不失为廿世纪之雄鬼。”蔡又问：“石麒怕否?”昌铭答云：“同我一样。”蔡谓：“兄等不怕，好自为之。”是日，郭子华约集两党，在江西会馆组织自保会。张石麒阳许之，而阴为准备。社员及各校学生，亦来催促积极进行。但陆军学生，新军同志，均有枪无弹，乃由张润之、史云海，向徐队官耀卿之妻相商，以银若干两，购所藏之子弹二箱。又由胡刚、江德润、张润之、陈靖武、萧道生、伍伟章、黄泽霖等，输送陆军学堂及新军营 。

陆军学堂学长毛某，向该堂江总办告密，谓学生已动。沈抚令防军帮统胡锦棠，率队围陆军学堂，一面遣王玉麟到咨议局诘责。谭西庚等以婉言解释，请不必操切。沈抚又调新军入城，袁标统到南厂集合队伍，杨树青请袁赞成独立。袁不从，树青去弹头枪击袁，袁哀求勿害生命，不敢为梗。树青乃派数人，将袁送出图云关，盖实行不流血也。一面电话告咨议局，言标统中七枪毙命。沈抚亦同时得电，乃集合卫队官兵，思以抵制。然已不为彼用，肩章早已扯去，炮机已不翼而飞矣。沈仓皇失措，即令王玉麟、贺国昌到咨议局筹商。与议者谭西庚、朱焯、张百麟、谭景周、黄德铣、昌铭、杨子书、柳惠希、龙杰卿、王星阶、唐化溥、陈靖武、李香池、黎绪元、吴湘玲、黄泽霖、孔程九、伍伟章等，均言非宣告独立，不能定人心而维持秩序。王、贺以此言复沈抚，沈见大势已去，又惧自治社员布满上下游，不得已，始手书承认独立。字据内有该绅等苦心孤诣，维持地方，准其具情密奏，宣告独立之语，并盖巡抚关防于上。由王、贺交咨议局议长谭西庚收存。并云："请维持保护各官厅身家。"乃去。时已一句钟矣。

当时即将咨议局改为军政府，树汉字大旗于门首。因时间匆遽，墨犹未干。一面缮写安民告示，及军令、禁令分头张贴。皆发难诸人亲自动作。社员来报：新军同志要进城。众谓夜已深，如进城，恐乱秩序，居民不安。乃用布坠黄泽霖、陈靖武等出城赴南厂，安慰新军，新军遂举赵德全为都督。赵言："杨教练官荩诚，他阶级在我之上，可去举他。"杨亦默认。即云：你们去弄饭吃，待天明再入城。十四日黎明，有社员到咨议局来报，言陆军学生与胡锦棠相持于达德学堂门口，恐要开火。昌铭、黄德铣以电话责问沈抚，云：如开火，秩序必乱，你们身家，我们就不负责。沈答云：已令人去止胡锦棠不可乱动，请你们好好维持可也。时陈百朋亦到，以大义说锦棠，锦棠乃退。于是姜辑五偕陆军学生、新军同志及各校学生，列队而入咨议局。昌铭与杨荩诚商酌，派杨昌熙、钱瑗、罗祝之、江德润、黄德铣、熊逸滨、金茂卿等接收各机关，并派队守藩库、道库、官钱局、军械局，派陆军学生队守城门。又社员学生，分头讲演，保护教堂，劝民间开市，照常贸易。米价骤涨，又出示压市。军政府印，因时迫未刊，乃借用咨议局关防。社员来报：监狱及警署人犯，要打出来，乃派队去镇守。告诫云：如你们一定要出，即照军法从事。若守法，改日再为开释。又有学生等请将告密之毛某祭旗。昌铭谓："既主张不流血，大家要遵守，可以将他饶恕。"是日秩序井然。当时有主张留沈抚任都督者，有推举贺道者，有推举朱厅丞者，日暮均无结果。不得已，仍推杨荩诚为都督，赵德全副之。

十五日，有谓杨都督不谙政治者，众乃议设枢密院，为贵州行政最高机关。当时武昌来电，征求同意，有或以北京为普鲁士，抑以武昌为华盛顿之语。由平刚拟组织法，用委员制。当选者张百麟、昌铭、陈元栋、周培艺、乐嘉藻、平刚，为调和党见，将任可澄、雷少峰加入。推张百麟为院长，任可澄副之。枢密院下设各部，陈百朋任民政，蔡岳任财政，谭景周任教育，黄德铣任实业，黄泽霖拟任司法，后改任绿、练各营统领，廖谦任军务。改咨议局为立法院，谭西庚仍为议长。凡任职者，均纯全义务。此当日大略情形也。嗣以铜仁毗连川湘，公推昌铭以枢密员摄铜仁府知府事，兼下游边防营务处；又推平刚赴沪，充全权代表；刘成璧联络民众，组九区连合会。

十六日，石麒令张本初去索巡抚关防。沈抚派中衡宋振铎、巡捕玉少荣，送巡抚关防，缴存枢密院。谓沈抚要回籍，请派队护送，并借银二千两作路费，均允之。至在黔旗人，亦一律保护。有回籍者，电请他省都督，饬知所属沿途保护。当时又要出兵援鄂、援川，库款奇绌，并未向民间捐借。

由此观之，史称英国文明革命，不是过也。当时武汉首义，全国风靡，然他省光复，乃少数革命党人运动军队，惟贵州则多数党人指挥军队。贵州居崇山峻岭中，能聚集多数革命党人者，以自治学社为假面具，阳蒙自治之名，阴行革命之实，故能使清朝官吏，信而不疑，以致兵不血刃，全黔光复，此近因也。

二　光复后革命党失败之原因

清季光宣之间，与贵州自治学社对峙者，为宪政预备会。系一般保皇党人，及仕宦子弟组织而成。中有刘显世者，兴义县人，因若祖父办理地方团务，曾充靖边营管带。辛亥之秋，革命声浪日急，宪政预备会首领任可澄与劝业道王玉麟密商，请沈抚调显世来省驻防，压迫革命党。不料显世行至镇宁，而贵阳业已独立。欲进不能，欲止不可。因王文华素表同情于自治学社，且与社员友善，乃入贵阳晋谒枢密院诸执事，表示服从。有主张将显世杀之，以除后患者；有不许入城者。昌铭则主张委显世署安义镇总兵；如不忠实，将来借撤绿营，自然无形取消。蔡岳以身家保以去就争，要显世入贵阳，与昌铭辩论，几至决裂。磋商数日，张石麒始允显世入城。蔡岳为之运动，请多设一副都督，以显世任之，不得同意。杨荩诚始委显世充四标三营营长，显世阳奉阴违。蔡岳又为之多方运动，石麒始允显世加入枢密院。由是何季纲、陈稺书、黄干夫、周铭久、戴戡纷纷加入，而本社社员彭明之、李小谷、朱芸六、杨伯坚、孙鉴清，因之亦加入枢密院。

当时反革命者，恐清朝恢复，不敢显然露面。及汤化龙致赵德全、昌铭电，有北京十室九空，清朝大势已去之语，登载各报。反革命党，遂放胆密谋，大有不夺取政权，不能罢休之势。于是何季纲、何器之（季纲曾充陆军学堂教员，器之要求不遂）利用陆军学生，组织尚武社，拟诱张石麒、黄泽霖到社杀之。胡刚以何季纲等阴谋告胡仁，胡仁转告同学，谓当为国，不当为私人利用，其事始寝。黄泽霖年轻，少阅历，召集部下会议，李香池、孔程九、谭泉清、黎绪元、吴湘玲主张组织光汉公抵制之。反革命党遂组织十数公口对峙。如黔汉公、大汉公、实汉公、斌汉公等纷纷成立。斌汉公举陈崧甫为大龙头，何季纲、何器之亦在十二金仙之列。郭子华、温瑞亭组织黔汉公。胡锦棠为大汉公大龙头。刘显世开黄汉公于相宝山，以某僧为大龙头。于是勾结巨匪罗魁入城，声言举行二次革革。黄泽霖密令李香池、周玉山计斩之于老川会馆（是日，因杨叔文宴军官，罗亦在座）。反革命党自危，密谋愈急。刘显世、郭子华、任可澄等，在堰塘坎唐家花园日夕筹商，以银三千两，使王小三运动分统谭泉清部下队官唐灿章，犯上作乱，故有十二月十五日之乱。

是日早十时，唐灿章督叛兵枪杀统领黄泽霖于贵山书院。同时围指月堂张秉衡家，枪杀学生田有光。又围田家巷张石麒寓所，枢密院卫队管带彭尔琨死之，石麒越墙脱险，石麒妾某氏被害。分统陈兰孙率队营救，格杀叛兵数名，李香池率队往援，胡锦棠闭城门阻之。分统孔程九、黎绪元、吴湘玲，作壁上观。护理都督赵德全，为郭子华所愚，按兵不动。晚十时刘显世督叛兵围攻军政府，府卫队开炮迎击，显世左目受伤，始退。

十六日黎明，陈兰孙率队护石麒出走西路，显世电阿兄显潜截击石麒于贞丰。石麒渡白层河，出广西，绕道赴沪，谒孙总理面陈一切。自是贵州一变而为匪国矣。此实反革命党欲夺取政权之阴谋也。阴谋败露，恐革命党兴问罪之师。郭子华、刘显世、任可澄、何季纲、聂阁丞等密谋，乃请保皇党分子、贵定人戴戡，赴滇请兵。滇督蔡锷，乃派滇军将领唐继尧，借名假道北伐，向贵阳前进。时都督杨荩诚率北伐黔军已到常德，以副都督赵德全护理。

壬子正月十二日，唐继尧亲率滇军到达贵阳。赵护督德全，曾牵羊担酒，出郊劳军。十三夜，滇军围攻黔军政府，一面围攻南厂援川归来之黔军，屠杀革命党人赵德全、田世雄、杨树青、何宾侯、许阁书等。南厂黔军官兵缴械者数百人，亦捕至螺狮山尽坑杀之。革命党人纷纷出亡。萧道生、伍伟章、岑少刚、杨肃安、张富山、李友桃、彭考臣、饶毅、王子林、曾应堂、宁秉钧先后被害。被害者尚多，查明补载。李怀安出亡在粤，显世电龙济光杀之。张秉衡在川署合川知事，方知白在浙署黄岩知事，显世目为乱党，电请袁世凯逮捕之。即奉命回黔办党之党人，如于德坤、刘泽之、胡仲文、李鼎臣等亦被杀害。当滇军出发时，适钟山玉由沪回黔，道经昆明，闻戴戡借北伐之滇军，扑杀贵州反正时之党人，乃上书滇督蔡锷止之。宪政党人恶山玉揭其黑幕，指其罪恶，派兵要杀于安顺。从此贵州政权，遂落于反革命之手矣。反革命党平日把持公款，借慈善兴学为名，实则结党营私，分赃舞弊，恐革命党清理公款，故一致团结，勾引滇军，夺取政权，屠杀革命党人，以绝后患，此亦主要之原因也。山玉书附后。

民国纪元一月一日，孙先生就临时大总统于南京。梁启超即电滇都督蔡锷，有速将滇、川、黔三省占据，不然，吾党无立足之地之语。是时滇人排外，有李根源欲举二次革命之电来黔。由此观之，蔡锷为保皇党计，为自身计，贵州即无公口发生，滇军亦必来黔窃据，可断言也。况又有戴戡秦廷之泣，一般无人格者，甘心认贼作父，结党成群，而附和之，欢迎之，而蔡锷之危险脱矣，保皇党首领梁启超，破坏民国统一之计成矣，唐继尧升官发财之机会来矣，吾黔一般热心志士忠实党人之厄运至矣，七百万同胞，入水愈深，入火愈热矣。此外因也。

三　钟山玉致蔡锷阻止滇军入黔书

旅滇贵州国民一分子钟元黄，为传闻滋疑，敢代表七八百万黔人请命，谨上书大都督麾下。窃维滇黔两省，唇齿相倚，在中国廿余省中，素称贫瘠。而两省之中，又以黔省为最。此次两省反正，闻滇军政府，念唇齿之谊，以黔协款无着，内治为艰，协助黔军政府军饷三万元，枪械一千支，子弹五十万颗。此等义举，不特黔省全体人民感激泣涕，即元黄闻之，亦不胜望风拜首，感激泣下矣。乃数日以来，传闻种种，有谓此项军械，非赠黔军，系赠兴义刘显世家者。故有兴义已先运去一百支之说。有谓非赠刘氏，实赠黔军，特刘氏传说，谓黔中枢密院长张石麒，有意劫取，故不由大道运送，而取道兴义之说。传闻如此，元黄不胜滋疑。夫此项军械，乃滇军政府公物，万无赠及私人之理，前说当然不确。惟云张石麒有意劫取，张非黔军枢密院长人乎。既赠黔军之械，黔军政府之重要人，不名正受之，而反劫取之，有是理乎。果欲劫取之，则滇军不赠可也。而又云兴义运去，大道不保，兴义转可保乎。兴义可保，兴义以下又安能保乎。由此以推，则此等传说，直系刘氏欲争权夺势，而巧取此项军械，利用之以推翻黔军而遂其图伯耳。此则传闻之可疑者一也。

又闻此次滇军北伐队，先本取道川省，后因刘氏于中要求，始改道黔省，以为借滇军便道，平治黔匪，此说更觉可骇。夫黔有匪无匪，元黄不敢妄揣。反正后之抢劫，与反正前之抢劫，比较如何，元黄亦不敢臆断。惟黔果然有匪，黔军力不能及，不知滇军曾电询之否？黔军曾有复电否？黔即有电，此电究公允确实否？若仅据刘氏一面之传说，则恐系党人争势，借滇军势力以扑灭黔军耳。盖黔人之有两党，数年来欲兴革命党狱，演杀人惨剧者，已非一次矣。此则元黄之疑，而且骇者又一也。

总之滇黔两省，唇齿相倚，利害相系，滇义助黔人军械，则当使黔人实受其赐，而不当使一二跋扈土豪利用之。滇既能举行北伐，则当早使满虏扫除，俾民国政府早日统一，不当为党人利用，妄杀同胞，挑动战祸。此等传说不实则亦已耳，如果属实，恐助黔而反令黔乱，安黔而反令黔危。枪声一举，盗贼乘机，七八百万人之生命财产，从兹灰烬。以两党人之争权夺势，竟不恤黔人之无辜受殃，抑可惨矣。元黄自沪旅滇，数日以来，闻之同乡，不胜忧疑，不胜惶恐，谨冒死泣血上书，伏祈都督洞鉴，迅电维持，免开战端，则黔省幸甚，民国幸甚。

贵州起义首功黄泽霖被害略述

黄烈诚

编者按：贵州辛亥革命成功后，自治学社社员黄泽霖，被任为巡防军总统，统率全省巡防军。宪政预备会阴谋夺取贵州政权，遂以巨款派人勾结巡防军东路分统谭德骥叛变，并刺杀张百麟、黄泽霖、张泽钧等。1912年2日2日（即辛亥农历腊月十五日），谭德骥派唐灿章等，伪装擒获逃兵，请黄审问，即于座中开枪射黄。黄逃入屋，叛军跟踪射击，终将黄杀死，并分尸而去。黄的夫人黄烈诚，逃往北京控诉，终无效果。这是当时黄烈诚所作的黄泽霖被害略述，可作为研究辛亥贵州革命史的参考。

未亡人黄烈诚泣启：先夫黄氏，讳泽霖，字茀卿，原籍浙江会稽县。先大父以知府官黔，父偕任，后亦卜仕，故先夫生于黔。学成后，习刑名，历就黔当道之幕。清廷变法，乃改治法政，投入民党。戊申春，与张百麟、钟昌祚、张泽钧等组织自治学社。旋倾囊赴上海购运印刷机器，发起《西南日报》。又与同志创立学堂，先后开办公立法政、光懿女子师范、光懿女子两等小学，均任教务。辛亥年，又任教于官立法政学堂及法官养成所。先夫体魄壮伟，慷慨不屈，《西南日报》出版，揭载土豪事实，尤以唐尔镛、刘显世、任可澄、何麟书辈劣迹为多。先夫实任报务，唐、任、刘、何以是衔之。次年任可澄创设宪政预备会，又办《贵州公报》，交通官府，指自治党人谋革命，多方倾陷。《西南日报》攻之最力，先夫又与其事。无何，四川争路事起，自治同人见时机已至，与先夫密为革命预备。迨武昌首义，捷音入黔，乃于九月十四起事，不戮一人，反正成功，当推先夫为司法部长。时川省方多故，先夫建议以兵往援，乃公举为巡防各营军统，筹备出发。刘显世者，本兴义人，其父刘官礼以办团豪霸一方。显世继父业，充团防管带，性残嗜杀，远近衔之。当自治党密谋革命，宪政会侦知之，走告官署。巡抚沈瑜庆纳任可澄之谋，檄刘显世率所部来省搜杀革命党，未至而省垣反正，显世遂不前。先夫与张百麟，急欲化除党见，既引任可澄共事，又召显世来省。刘、任本反对革命，至是潜谋为乱，然以先夫握兵权，急谋去之。乃嗾其党何麟书发起英雄会，郭重光开汉军公，陈廷棻、陈钟岳开斌汉公（即哥老会），意图煽动军心。时援川先锋赴渝，已著战功。先夫行期在即，所部军士，果为公口摇动，先夫恐难制驭，乃徇众请，开光汉公以约束之。十二月初，因各公口多不法，先夫按治本管兵弁，戮数人，皆大怨望。刘显世乘势煽之，以三千金贿使为乱。十五日东路巡防队兵变，刺先夫于营中。叛兵争断其头与手，持往刘显世之门，报功索赏。同时又兵围张百麟、张泽钧于家，掳掠一空。百麟、泽钧出走。又抄烈诚家产，捣毁房屋。哀哉！以民国首义之人，而遭惨祸如此，生者复无以为家，彼肇乱之刘显世乃安然为军务处长，宠膺少将，天道何存。烈诚弱女子耳，亦读书稍知大义，不忍先夫之冤以死，驰诉万里。有女孩二，犹在襁褓，负以随，孤孀颠连，一息仅存。尚冀仁人君子，哀彼死者，一评论焉。

贵州血泪通告书

周培艺等辑

编者按：1912年3月2日（农历正月十四日）唐继尧率滇军入黔，占领贵阳各机关，宪政预备会推唐为贵州都督，大索自治学社党人。该社主要人员周培艺、黄德铣、王炳奎、黄祺元、周湘、陈俊武等，逃往重庆避难，并将自治学社革命经过，及宪政预备会与唐继尧破坏革命各情，拟成电文及《贵州血泪通告书》，分散各省，以代呼吁。这是当时血泪通告书及通电原文。其中叙述贵州革命经过情形，尚属扼要。今刊出，以供参考。

呜呼！我今日最苦最贫之贵州，一云南之附庸也。我贵州可悲可悯之人民，一贵族之奴隶也。溯自上年迫于川祸，自治党张百麟、黄泽霖等以满清官吏身充要差，不爱其位禄，苦心孤诣，联合军界，于九月十三之夜兵不血刃，继武汉之后而独立。张、黄不敢自有其功，邀集各界在咨议局会议，公认咨议局为立法院，以原有之议员为议员。举新军教练官、日本士官学校毕业生杨荩诚及新军督队官赵德全为正副都督；复化除意见，引宪政党任可澄、何麟书、黄禄贞、华之鸿等出而共事。破坏之初，在在困难，一切设施虽未尽完善，然事事推重议会，以人民为前提。窃以为此后之贵州，可以脱专制之敝政，享共和之幸福矣。殊可澄等欲独攘政权，百端播弄，集合在省之三数豪族，设一酒食征逐之团体，自名曰耆老会。即以此会之名义，侵越立法院之言论，阻挠军政府之建设，时而煽乱军心，时而挑动社会，时而提倡公口，使我人民日居于惊惶恐惧之中，张、黄日居于左支右绌之地。犹以为未足，复提若辈在满清时霸据之公款数千金，买通部卒，于上年腊月十五日（1912年2月2日），谋杀张、黄。张幸逃出，黄当被戕。是时正都督杨北伐未归，副都督赵可以势迫。若辈乘此机会使其党人周沆、戴戡（贵定伧生，因图财产谋毙外甥，被讼逃出者）勾结滇军于外，郭重光（江苏知县，办清丈田亩事，赃款巨万，捐过道台班，迭被苏绅具控，曾载报章者）、刘显世（兴义劣衿，父子弟兄借团虎霸，人皆切齿）接应滇军于内。遂于正月十四日（3月2日）引云南北伐司令官唐继尧入据贵州省城，在若辈借刀杀人，不过欲遂其贪权怙势之私。而滇军因利乘便，已遂其入室毁子之计。慨自继尧窃据以来，殄灭我军队，骚扰我间阎，蹂躏我议会，耗费我公款，勒搕我富户，杀戮我志士，壮害我都督，种种残毒，罄竹难书。近闻杨君荩诚奉中央之命，提援鄂之师，回任都督，凡我黔民罔不相庆幸，如获再生。若辈恐杨回黔不利于己，更出其卑劣手段，捏名、捏电、捏事、捏函，蒙蔽我闭门家居及远游在外之父老昆弟，冀陷首功诸人于不能表暴之地，以免奸谋败露。嗟乎！一十三府之财产，徒备滇人之取携，七百万人之生命，一任滇人之鱼肉。兹将滇军未到时之情形暨滇军既来后之状况分别详述，凡我黔人，伏望激发义愤，共筹善策，以出同胞于水火而免亡省之讥，则某等幸甚，全黔幸甚，大局幸甚。

一、反对革命　自治党之宗旨主张共和，其作用在于革命。若辈恃其党人熊范舆、刘显治与依附保皇党之杨度有素，乃发起宪政预备会，以相抵制；复因该党人任可澄、文明钰、周起滨等办理中学，侵蚀万余金；唐尔镛讹借堂弟宗岳财产不遂，唆其叔我圻，将宗岳枪毙，均经自治党机关《西南日报》揭载，与该党机关《黔报》、《公报》累月辩驳，积怨甚深。反正之前，该党迭次倾陷自治党人；反正之时，该党又为满清沈抚献策，调兴义团营管带刘显世，驰拿革命诸人。派防营统领胡锦棠，围拿陆军学生。殊刘未至而革命已成功，胡甫至而新军适往救，否则热血健儿，早为该党取赴清廷邀功矣。

一、设会招摇　民主国家以议会为最高机关。贵州反正之次日，经各界承认咨议局为立法院，苟非立法院议员，自不足以代表人民。

该党所设之耆老会，本在省三数贵族酒食征逐之团体，公然以此会名义侵越立法院之言论，阻挠军政府之建设。政府以民主国家集会可以自由，未之过问。该会竟得寸进尺，刊关防，出告示，干涉政务上事矣。

一、借团敛财 耆老会本私人之团体，虽欲干涉一切，而言论机关属诸立法院，行政事件统于军政府，该会无所事事。乃借练团自卫之名，不经立法院之认可，不候军政府之裁决，擅招团兵七百余人驻扎省中，城门街棚锁钥启闭之权，争归执掌。每月苛派居民每户出银数百金，或数十金，以至数金数钱不等，月可得八九千金，除团营官兵开支外，全供该会宴饮之需。其有缉匪捕盗诸事，均责诸防军。该会所招之团营惟郭、华、唐、于数家得其保卫，其余各户不惟不能保卫，且暗通匪类，坐地分赃。府前街李天赐家月出银一百金，去腊中旬被匪入室抢掳，该团营近扎咫尺，连报二次，仅来一视。诸如此类，难以枚举。

一、煽惑军心 贵州军队向分新军巡防，反正时新军亦与有力，故各级官长惟新军升擢为多。若辈得此间隙，摘取两军旧日嫌怨，以及两军薪饷不同之处，或唆两军互相冲突，或给两军自相矛盾。即如发饷领饷，必将各营共领总数先期具领，领获之后，按每名应领额数以次发给。若辈使人布散曰：某日闻已往领，何以迟至今日始发，是勒饷也。或任对一营曰：闻共领银若干万，何以仅发若干千，是扣饷也。遇事生风，极力簸动，以致军官军士感情大伤，军纪不易整饬者，实若辈阶之厉也。

一、挑动社会 若辈行为种种荒谬，恐受军政府之谴责，乃使党人运动各界，今日立一会，明日设一社，此处聚一党，彼处集一团，不曰推倒政府，即曰干涉官厅。举所谓自强社、务本团、政党联合会、共和实进会、政治期成会、平权无私会等，五光十色，估占衙署，几蹈于无政府之景象。挑动之术诚工矣，其如大局何。

一、提倡公口 满清时之哥老会发源于郑成功，其初皆优秀人物，为日既久，面目渐失，烧杀抢掳之事，半出于此辈之中。张、黄反正之初，亦常利用此辈。及事既定，或挑选入军，或资遣归里，正筹安插解散之未遑。殊该党郭重光以耆老会会长资格，在立法院登台演说，谓今日之贵州，非公口不足以立国；贵州之政府及社会，非公口不足以辅助而保全。此语既出，不两日而省内外公口已达百余处之多。郭复举黔汉公龙头温瑞廷招兵五百以保商路，举某汉公龙头李某人招兵数百，以保盐路。如陈钟岳、陈廷棻、马汝骏等皆军学商界之表表者，亦洋洋得意开斌汉公、懋华公，自充龙头。并袭取满官威仪，设大堂，摆公案，俨与政府对埒。黄泽霖身为巡防总统，军心既迭遭煽惑，流亡又被其簧鼓，恐有暴动，乃狥部下之请，集合所部军队，开设公口以示牢笼，始免于祸。及滇军既至，一切称之曰匪，痛剿之不遗余力。其与若辈为一气之钟岳、廷棻、汝骏等或任之为秘书，或委之为统领，或举之为参议。出尔反尔，若辈尚有人心乎。

一、鬻卖官缺　贵州军政府之组织，分为都督府、枢密院，正院长张百麟出省安抚，副院长任可澄独掌枢密。有满清时不合例知州曾树藩，以八百金贿通可澄，委署镇宁州知事。其银由可澄族人任显清说合，萧继文经手。曾既接札，乃带亲兵数十持枪赴任，沿途骚扰，乡民苦之。

一、买下杀上　枢密院长张百麟出省安抚，正都督杨荩诚北上援鄂，副都督赵德全忠厚可欺，若辈遂召遵义一带之多年积匪罗魁入城窃发，为黄总统侦知，擒获正法。若辈又借办理盐务之名，委任各公口龙头招纳流亡数千，驻扎盐路，亦经黄总统阻止。若辈恨之入骨，探知东路先锋分统谭德骥部下有奸淫情事，黄正查办。若辈乃在唐氏花园密议，遣谭统幕友王小山，以四千金贿买该路督带李先春、唐灿章，遣该队长徐玉章、夏培初于上年腊月十五之晨带领多人，计入总统府，将黄枪毙，削脑割耳，挖目剖心，截肾戮肠，露尸七日，惨无人理。同时又分兵队往袭张百麟，幸张卫军得力保护出城，仅将卫队管带彭尔堃击中数枪，即日废命。黄死张逃，若辈无所忌惮，遂直引滇军长驱入境，黔人生气于斯尽已。

此滇军未来以前之情形也，滇军既至以后，其状况更有不忍卒述者矣。

一、惨杀军队　滇军初至，即将附城要隘分兵驻扎。有以先发制人之说进者，赵都督曰："滇军假道，不久当去，若与开战，必伤生灵，彼果欲占领贵州，我宁退让。"故各军均无准备。正月十三之夜，胡锦棠开城引滇军直入，滇军复用机关炮队暗袭南厂新军，并于观风台用大炮远击。内有三四百名缴枪投降，则禁之东门外地藏庵内，于螺蛳山脚挖数十大坑，将此项降兵，依次排列用刺刀乱刺，掀入坑内，以土掩之。至扎紫林庵、兴怀园、黔灵山等处防军，暨扎城中执法部宪兵队、民政部军官队、都督府卫队，亦于夜半分途暗击。并用黔军大炮轰击都督府执法部、民政部及黔灵山，自朝至暮连放不绝，城内外附近民房衙署悉遭毁伤。是役也，击毙及坑杀之军队各三四百人，戏击种菜乡民十数人，误击路人数十人，合计死亡八九百人。惟新军受祸尤惨，盖黔军援川，感情甚善，滇军援川，感情独恶，相形见绌，必欲杀之而后快。第一营管带杨树清[1]所部，军队三百余名，人勇械精，在川名誉尤佳，回黔缴枪，滇军诱入都督府内，于夜半全数坑杀。杨管带则暗杀于军警部中，虽两国正式开战，其杀戮未有如斯之惨者。

一、蹂躏议会　滇军之来，一般人民本不公认立法院议员为人民代表，嫉之殊甚。十四日午间，该军卫戍部长韩某，左提军刀，右执手炮，带领持枪兵队数十蜂拥入院，向谭议长借扎军队。谭答以俟通知众议员回院即行搬让。韩即拍案大骂，众军亦放枪相应。院中诸人纷纷走出，既出之后不准复入，院中公私各物尽遭损失，约值五六千金。及卫戍部迁扎他处，军医队又入扎其中。迨全行迁出之后，但遗散书破纸、断笼残箱，满目荒凉，令人酸鼻，物议沸腾。唐司令以一纸空文通告赔偿，众议员困居旅次，进退维谷。该司令复与引虎入室之任、郭、何、刘、戴、周等秘议，以计去之。其与若辈有关系者，如蔡锦则委办松坎厘务，田复宗则委办镇远厘务，饶燮乾则委署贞丰州知州云。

一、取销议员　立法院原有议员在院日久，资望较深，对于本省情形极熟。滇军入黔，既不承认蹂躏议会，又相诘责，且闻若辈有以私人名义串借外债，认销滇盐事，将声罪致讨。若辈惮之，乃买通一中学未经毕业在乡迭被控告之学生颜治昌，猎取五百余人之名，诬控全体旧议员。旧议员不屑与争，全体辞退。查公呈中之五百余人，除

[1] 杨树清，又写作杨树青。

现充若辈各机关之员书人役百余人外，其余或一人而名号并用，或有人而无名。丧心病狂，竟至于此，黔真厄运哉。

一、骚扰省垣　该军纯用野蛮手段，知人心不服，乃借禁吸洋烟、禁藏军火之名，分派军队持抢挨户搜索，遇有烟具、枪弹立遭惩罚，其银钱货物任意掳取，苟一争执，旋被杀害。又于各街口排列荷枪军队，手执马刀、剪刀，凡过路人民不问其发之短长，但非光头即行剪割，有戳破额角头皮者，有削伤两颊后颈者。乐君嘉荃其发已削，某日乘舆过南京街口，该军遇之，不由分说，将玻璃打坏，由轿窗拖出复剪，身亦受伤。至出进城门搜检尤严，不分男女均须遍身摸索，种种凌逼，乡民闻风不敢入城，柴米价涨，合城大慌。

一、荼毒乡村　刘显世之弟〔兄〕显潜，前充广西防营管带，反对革命，不容于粤。乃借护送沈抚回湘之便，私带兵队绕至黔垣。显世胁迫赵都督委之署安顺提督，绅民请愿不遂，几酿变端，经黄总统力阻，其祸始息。现显世又委之署安义镇台，显潜乃带兵数千沿途烧杀淫掳，贞丰谭某全家被杀，乡城绅民不服，当将附近居民数百户全数剿洗，城中绅士孟广炯、尹尚斌等均被逐远窜。现在兴义一带人心大乱。又刘显世派出兵队于清镇、乾沟、卫上地方，估搕各万余千金，并将某姓十六龄幼女轮奸毙命。该姓赴县控诉，衙中不敢收受。又滇军分赴毕节、大定、桐梓、正安等处，肆情荼毒，动搕数万，并任意奸淫。其余得诸传闻者，尚更仆难数。

一、杀戮志士　钟元黄原名昌祚，号山玉，贵阳开州人也。被举为孝廉方正，由都回黔，取道云南，闻滇军诬贵州为匪国，有入黔之举，乃上书滇军政府曰："贵州本无大匪，间有抢劫之事，黔力自能平之，若徇一部分党人之请，开衅邻邦，后患方长。"事几中止，及唐司令已据黔都督之位，钟君回黔，行次安顺，若辈忌之，乃用"好发异议，阻挠军计"为词，使其党人谷宾寅（普定讼棍，前清各署被控有案者）及原戕黄总统之军队唐灿章等杀之于途。颈被十七八刀，其首始坠。其余有名望之士，如乐嘉藻、彭述文辈按名开具三十余人，欲一网打尽，幸唐意尚游移，始获暂全。然其他党人百计罗织，现犹未已。

一、戕杀都督　贵州反正之初，组织政府，约章暂定三月，期满之时，赵都督具书辞职，立法院留之，若辈亦尝赞成。及黄总统被戕，赵又力辞，若辈利其庸懦，复坚留之。滇军既动，赵恐伤害人民，不肯抵御，解散卫队避居乡中。夫赵之退也，黔人德之；唐之来也，黔人仇之。若辈心不自安，事后数日，用周沆、戴戡之名作一致赵长函，遍贴街衢，大意谓，若辈已举唐司令为都督，劝赵早退，嘱于接信之次日答复，否则以兵力从事。其所以必出于此者，因若辈通告捏有赵不听劝，勾结蓝、叶两军，将欲焚劫省城之语，故用此函，以证其事。其实滇军动手乃十三夜半，若辈函尾则署十五，作伪之形了如指掌。后刘显世探知赵处，派军劫出于北郊外沙子哨毛栗堡地方，枪毙于道，闻者哀之。

一、淫杀无辜　唐司令既为都督，首先设一军警部，该部长梅某，每搜求细故，杀人示威，所杀又无一定地址，今日大十字，明日抚牌坊，后日北门月城等处，沿街枉杀。有一穷民搜出烟具，用铁丝穿鼻，下悬烟枪，牵出示众，血流满衣。又某家搜出字牌，乃将其人手指穿通，以麻线系牌于上，亦牵示众。有一僧人与某妇之女有私，该军搕索不遂，乃将僧帽戴于妇首，妇鞋挂于僧胸，牵游街市，僧当枭首，妇亦绞死。又乡民夫妇背小孩入城放痘，偶谈该军残酷，适为所闻，当用指挥刀将妇舌扯出割之，妇人倒地乱滚，其夫逃去，小孩在旁大哭。又某妇姑媳口角，该军不问理由，将姑媳嘴皮割去。某日军警部宴客，内有一肴众不知名，主人曰："此人肝也"，客闻欲呕。其中详情虽未能知，而凶残之形自在流出已。

一、戏辱妇女　该军摧残人民，已如前述，其对于妇女尤为横暴。某日某校十六七龄女生过街，该军拦之调戏，恐人干涉，竟将此女生发辫剪去。女生怒诘，该军复谓女生不应长装，更抽马刀将外衣割下，女生羞愤交集，垂泪而去。越日一稍小女生，亦被该军将发剪去。又北路统领宋运枢，人虽不无错处，然罪不至死，滇军诱而杀之，并将其妇发入公娼。又叶标统、蓝部长等逃亡后，各家妇孺联袂回鄂，被该军半途劫回，银钱衣物抢掳罄尽，现亦拟将各妇发入公娼。其尤奇者，禁止人民上坟，违者男则罚充苦工，女则罚入公娼，煌煌告示张贴通衢。至都督府唐司令之滇军，军政部刘显世之乡军，每每跛上两署墙垣，窥探邻家妇女，有时或以墙上泥石遥掷为戏。然慑于积威，敢怒而不敢言，附近两署房屋，纷纷迁徙，莫之敢居。

一、破毁实业　贵州实业前经清政府劝业道雅意经营，复由军政府实业部极力维持，陈列所、工艺局、试验场、牧畜厂等均已建设。唐司令入城，以前军政府为不足居，移驻实业部内，将工艺局、陈列所一概圈入其中，文件器具不候迁出，肆行毁弃。至陈列所物品，则择尤留用，架橱咸遭毁伤。搬取之人稍有违言，该军官即肆口乱骂，并动刀枪以助声威。

一、大兴土木　若辈既据各政务机关，佥谓：旧日规模过隘，不足以壮观瞻。于是提拨公款万余金，大事兴筑，整衙署，修公园，庀材鸠工日不暇给；又遍撤各街栅栏以作都督府之屏蔽。都督府设于劝业道署，政务处设于提学司署，学务司设于学务公所，复将此三署修理毗连，侵占仓地、民房、街巷不少。若辈之不惮烦如是者，一则知民怨已深，恐有变动易于逃窜；一则互相联络秘谋宴会，外人难知。噫！黔人之汗血，供若辈之挥霍，虽妇人孺子亦咸相太息。

一、滥用私人　贵州前次反正所定政务人员，不分畛域，各党兼用，并取立法院之同意。若辈拥戴唐司令后，各项人员不问其知愚贤否，凡系前清政府及前军政府所用，苟非与若辈有关系者，悉数罢除。如乐嘉藻、周恭寿、王庆麟、万勖忠、蔡岳等，或素有声望，或办事有成绩，或学业有专门，皆置诸闲散之地。至其财政司长，则以毫无学识之华之鸿充之；学务司长，则以专唱京调常不到署之少年纨绔何麟书充之；实业司长，则以卑鄙秽浊，惟利是图之黄禄贞充之；民政司长，则以素不知名之朱勋充之；防务局长，则以识字无多，心地糊徐之高培焜充之；官钱局总协理，则以惯蚀公款之市侩文明钰等充之。其他之属官，更卑之无高论已。

一、滥支薪俸　反正之初，财政奇绌，惟军队及各事务官酌给薪俸，其他人员，均尽纯全义务。若辈据要津后，自部司各长以至科长科员，每月薪金多者百余金，或六八十金，少亦四五十金，或二三十金。故现充各机关人员薪资既优，气势亦盛，较满清时之官气尤形腐败。

一、勒搕富户　贵州款项极其支绌，若辈用费极其浮滥，乃将各富户开单传去，指数勒索，多则数万，少亦数千，苟不如命，非禁即杀。省城之丽某及石永茂、上（?）达昌，安顺之徐某，桐梓之毛某、王某、邓某，盐号之天全美、宝兴隆，或被监禁，或被枪杀，种种惨状，闻者不寒而栗。

一、估抽铺捐　贵州反正后，贸易照常，滇军于勒索富户之外，复大张告示，按铺抽捐。上者月收五六百文，中者月收三四百文，下者月收一二百文。有一轿铺某日警士向之收月捐钱六百文，铺主谓生意淡泊，请从末减。警士即作色而去。少顷另来警士数人，将铺主抓入军警部内，该部长梅某即命斩首。铺主一再哀求，除照六百纳捐外，另罚洋银八十元，始行了事。贵州铺面多系小本营生，以谋升斗之需，该军苛捐不已，故各种铺号，多有不敢开张，市面极为萧条。

一、估用钞票　前清银行纸币，贵州向不通行。该军至黔，即以滇军北伐司令官名义大张告示，勒令使用，违者以军法从事。夫军用钞票，本不得已之举。贵州反正后，事事撙节，虽本省向用之官钱局银票，并未加增。该军以过境客师，竟出示勒用，既拂民性，又越主权，野蛮之情，不可向迩。

一、巧借外债　若辈党人熊范舆、刘显治等，惯以贵州名义，在外招摇。云南个旧锡厂向极发达，熊、刘等羡之，乃为其党人戴戡运动，获充该厂协理。熊、刘等复向四国银行借银十余万两，赴该厂之公司入股，即取公司之息，转付银行之息，希冀厂务发达，坐享红利。不意厂务亏折，所入股本既已无着，原借之银又须偿还。若辈乃建借债治黔之策，由滇向四国银行借银二百万两，熊、刘等之私债十余万两，即由此二百万内扣除。夫以少数私人借款而令全体人民负担，已属非是；且所借现银，由滇收用，而以滇省钞票运黔勒令行使，此种伎俩，施之敌国且不可，若辈于黔行之，真无心肝哉。

一、估充代表　贵州因销滇盐事，前军政府电滇政府会商办法，殊熊范舆、刘显治等，以旅滇黔人私向滇盐政处订立合同，暗将全黔大利操诸三数私人之手。旅滇同乡开会集议，到者二三十人，多不谓然，若辈竟以手枪在场逼众承诺。二次开会同乡多不敢往，到者仅十数人。周沆竟以宦滇满吏，自充贵州同乡代表，戴戡亦自称贵州委任代表，与熊范舆、刘显治等暗向滇政府订立营销滇盐之合同矣。盖不多销滇盐，滇省必不肯代借外债，滇不代借外债，则若辈所欠之私债，无从筹偿。噫！贵州之宪政党不过少数人耳，该党之败类仅熊、刘、任、何、郭、华、戴、周、谷、文、唐、于十数人耳，若该党之势力扩充，则贵州人之生命财产，岂足供其割卖哉。

以上各节皆阴历壬子年二月以前事也。季春以来，荼毒之情，较前有过之无不及者。某等籍隶黔人，身受滇祸，不惮掬心捧血泣告同胞，所述事实，但有遗漏，并无捏诬，决不敢效若辈之卑劣，砌词耸听，皇天后土，实式凭之，谓予不信，有如皦日。

中华民国元年阳历5月17日（即阴历四月初一日）　贵州全省军学商各界同叩

贵州绅学军商致各省电

北京大总统、武昌副总统、南京黄留守均鉴：各省光复，悉赖首功，诸人惨淡经营，共相撑拄。黔省反正后，现款不满十七万，援鄂、援川出师数千，为时数月，并未派及民间，全境安帖，邻省共知。殊枢密副长任可澄、枢密员刘显世与劣绅郭重光、何麟书等，暗串在滇黔人周沆、戴戡，为滇作伥，引鬼入室，实因彼等于前清时所有行为弗容社会，任、何办学吞款，郭、周出仕贪赃，刘、戴借团揞杀，均属有案可稽，并反对革命，屡谋陷害。去年张百麟、黄泽霖与众同志谋举义旗，已将发表，伊辈犹思陷害。张、黄不较，成功后且引共事，并未猜忌谁何，伊等因愧生忌，贿买黄泽霖部卒唐灿章等将黄枪毙，追杀张百麟未得。阴历正月乃串滇军假道来黔，勒逼赵副督交替。赵恐人民受难，送印潜逃，该军遂用黔炮队及该军机关枪队轰击营署新防各军，诱令缴械投降，仍复惨行杀戮，人民伤亡甚众。杨树清率师援川，名誉甚好，诱调回黔，暗杀于军警局内，所部军士亦被坑杀于唐司令府中。并诱杀赵督多人。勒捐枉杀一日数见，分扎外属军队，淫掳残杀惨不忍闻。并派员检查邮电，凡有微词立遭戕杀。故黔中现象，三人同行，立被干涉；一言犯禁，遂致惨诛。一任滇军及任、郭辈捏造黑白，颠倒是非，诬吾黔为哥匪政府，言之实可痛心。即如杨都督，固唐继尧捏布张、黄等罪状时，所称正直不容于张、黄之人，今因班师回黔，若辈又列现在任职诸人，假称全体名义函电阻止，冀淆观听。近且日集军队，肆口演说，谓：前次吞川未遂，湘桂组织不当，志在力图包举，先取四川，以辟饷源，然后进窥湘桂，以统一西南各省。并夸示蔡锷雄才大略，可帝可王；唐继尧百战英名，可将可相，胸有成竹，目无余子云云。似此侵略野心，大非民国幸福，除将详情另文通告外，谨先电闻。伏乞俯念黔黎惨罹滇祸，首功诸人悉被诛逐，迅遣义师，歼兹巨虏，并乞将右文转电各省都督、议会、政团及各报馆，将此绝大是非公之天下，全黔幸甚，大局幸甚。贵州绅学军商界周培艺、黄德铣、王炳奎、黄祺元、周湘、陈俊武，暨旅渝黔人四百八十三人同叩。

黔人乞救书

徐龙骧

编按：1912年，北京政府成立稽勋局，派员到各省调查革命有功人员，准备策勋授奖。派到贵州调查人员为刘潜、徐龙骧，均系贵州人，与国民党派到贵州成立支部的于德坤、胡德明，同路起程入黔。到达贵州的铜仁、玉屏两县间，唐继尧、刘显世，派人化装土匪，先将于德坤、胡德明两人杀死。刘潜闻讯逃脱，仍被追杀。徐龙骧化装舆夫，由山林丛莽间潜行，幸得脱险。徐到北京后，上书袁世凯，请求查办，终遭搁置。这是徐龙骧当日上书的原文。

具呈稽勋局驻黔调查员贵州人徐龙骧，为滇军据黔，惨杀无辜，暴虐无道，情急势迫，恳请助以重兵，驱除暴乱，造福黔民事。缘贵州反正之始，纯系自治党人之功，为亡清宪政党人刘显世、任可澄、何麟书、刘显治等所忌，乘前黔督杨荩诚带兵援鄂之间，即派伊党人周沆、戴戡等，赴滇要求北伐滇军司令唐继尧效假道之名，为据黔之举。从此大权在握，宪政党借滇军之横暴，扩张势力；唐继尧杀黔省之生灵，甘为傀儡，狼狈为奸。黔中之黑暗日甚一日，黔民之痛苦日惨一日。今谨将其暴虐之事实，条分缕晰而略陈之。

一、戕害反正元勋也。贵州倡义反正，推功自治党人，唐则悉指为匪。于首功之赵德全、黄泽霖、杨树清则杀而分裂其尸。他如张百麟、杨应麟、谭西庚等，逋逃四方，流离失所。民国成立，大总统曾颁布命令，凡革命元勋，虽犯死刑，而有加等宽恤，唐继尧则故违之。

二、残杀正绅也。端人正士，无论何等国家，皆宜优礼相待，示民表率。唐继尧则恐端人主张公论，不利于己，而必残杀无遗。钟昌祚倡办慈善事业最多，因上书滇督，止滇军入黔一事，竟遭杀戮。修文知县许阁书弟兄，关岭举人杨肃安父子，铜仁议员张文基、谭钟麟，遵义劝学总董江平阶，鄂都督府参谋周杰之父，乡正任海舟等，皆贵州名望，反正有功，或遭屠戮，或被抄没，不胜枚举。

三、蹂躏民权也。民国议员选举，本人民应有之公权。唐继尧则不任人民选举，指派心腹熊范舆、刘显治、陈廷策、陈国祥、姚华等为临时参议员，以兵力迫省议会认可。今闻参政员又指派其私人戴戡、任可澄等充当，蹂躏民权，莫此为甚。

四、诬杀学生也。学生乃国民俊秀，当如何保护，方不负国家作育人才至意。唐继尧于法政学生何吉琴七十余人，陆军学生杨俊十余人，则令刘显世以文官军官考试，扃门后诬为杨荩诚侦探，屠戮尽净。

五、勒索民财也。黔中地瘠民贫，久为全国所公认。乃唐继尧苛敛民财，无微不至，上而省会，下而府厅，括尽膏血，民命何堪。天全美以盐商而富甲全省，月捐拾万，始准营生，迁延至今，力不能支，商号倒闭。遵义绅商邓仲山、宝兴隆蔡锦等，各以勒捐三万，倒产相随。他如百川通、天顺祥久业汇兑，便利交通，亦以苦于苛捐，得不偿失，营业早经停止，商务久已断绝。甚至樵夫渔子，月有勒捐，小工行商，时闻押缴。昊天不吊，降此独夫，民不聊生，可哀孰甚。

六、纵兵占奸妇女也。军纪风纪为军人当守之天职，乃滇军所到之处，肆意奸淫，目无法纪。强奸闺女，父母如有怨言，即行枪毙。估占民妻，亲夫如抱不平，妄加刑戮。如奸遵义巨绅王时雍之女，大骂不从，即以刺刀插入阴户，死于非命。又奸天柱杨汝钦之妹，汝钦痛骂，兄遭惨死，妹亦行刑。诸如此类，更仆难终。呜呼！人道奚存，军纪安在！专权黑暗，倍甚满清。黔人何辜，遭此惨酷。

七、残杀民命也。民为邦本，本固邦宁。民国告成，各省人民，方庆共和幸福。独此黔人，老弱转乎沟壑，壮者散之四方。唐继尧第欲便一己之私图，遂任七百万黔民之生命于不顾。上自遵义，下迄松铜，屠城惨杀，日有所闻；尸骸遍野，白骨如麻；商旅不行，冤惨四塞。人民道路侧目，莫敢谁何。孟子云："蹙额相告。"吾黔民箝口扪舌，甚有不敢告者。

八、破坏烟禁也。鸦片流害国中，已非一日，人民中其毒癖，奚啻万千。以故前清订约禁烟，各国赞成欢庆。吾黔禁种禁吸，上下游将报肃清。殊唐继尧贪妄性成，勒捐不已，复运大帮云南鸦片，入黔售卖，故弛烟禁。蚩蚩之氓，趋之若鹜，甘之如饴。致吾黔满地烟霞，受害何堪设想。现今禁烟问题，英人起而干涉，内而中央，外而各省，雷厉风行，严加禁止。乃唐继尧置大局于不顾，等国法如弁髦，匪特开罪中央，实乃开衅邻国。

九、摧残北伐黔军也。北伐黔军，向本良民，并非无赖。创义反正，远道北征，其功可赏，其志堪嘉。嗣以南北统一，共和告成，自应率队归黔，为一定不移之办法。乃滇军反客为主，占领黔境，抗拒黔军。【黔军】久客在湘，思归念切。前荷钧台与鄂督派员调处，黔军遵约还乡，甫抵松桃，滇军即开枪轰击，流离鼠窜，惨不忍闻。滇黔原属一家，今竟形同敌国。盖滇军本无足责，亦不过命令之服从。独唐继尧以子孙黔督之心，利令智昏，遂不恤开罪邻省，杀尽黔人。丧心病狂，唐贼之罪，通于天矣。

十、诛戮异党黔人也。东西文明各国，要皆有数大政党，以鼓吹其政治之进行。况民国成立，约法具在，集会结社，人民自由。唐继尧则肆其专制之淫威，受共和党人之利用，摧残异己，妄杀无辜。朱沛霖以同盟会之关系，回黔甫及一日，唐即派兵捕杀，朱幸逃窜来湘，唐复毁其家而夷其族。又同盟会员朱芸五二十五人，唐乃诬为自治学社之变相，亦一网打尽。国民党党员于德坤、胡德明、刘潜、杨向诚、刘少陵偕龙骧此次入黔，组织国民党支部，并设立贵州稽勋局。甫入黔界，于、胡五人，即被滇军杀害，横尸数段，悲惨万状，言之寒心。龙骧易服变形，伏莽匍匐，幸逃残生。吁嗟！党祸之烈，一致于斯。唐继尧之野蛮暴虐，食其肉不足以偿其罪矣。

凡此诸罪，众目昭然，其他种种，罄竹难书。龙骧不学无术，未致从于、胡、杨、刘诸烈士于地下，苟延残喘，愧不欲生。第念黔中七百万生灵，要皆父老昆弟，一闻惨杀，五内俱焚。仰维钧台名高望重，遐迩归心，发精练之兵，作救邻之举，驱除滇匪，造福黔民，贵州幸甚，大局幸甚。

为刘显世等惨杀黔人上参议院书

张友栋等整理

编者按：1912 年至 1913 年间，贵州旅京黔人张友栋等，以宪政预备会勾结唐继尧摧残革命，惨杀自治学社党人，并阻止北伐黔军返黔，曾先后向当时参议院请愿。请愿文中对贵州自治学社革命活动的经过，叙述尚详实。这是当时请愿的原文。

一

内务部参事张友栋等为请愿事。窃以民国肇造，武汉首功，事之竟成，亦由各省之响应。贵州反正，次居第五，在事诸人，心力交瘁，乃以内奸倡乱，勾引客军，功罪倒置，贻祸无穷。友栋等念切桑梓，不忍缄默，谨撮其大概为贵院沥陈之。

查黔省新机之萌芽在庚子以后，至丁未年张百麟始创立自治学社，设《西南日报》以主张急进，设法政学堂并联络各堂学生，数年之间，革命思想弥漫全省。中学教员任可澄，素訾议革命，嗾其党唐尔镛屡讦之于官吏，幸得巡警道贺国昌之力，始终保全。己酉九月（1909 年 10 月）咨议局成立，自治党员列议席者十之六，任可澄始设宪政预备会，以相对抗，自是两党竞争日趋激烈，互攻不已。辛亥八月（1911 年 9 月），蜀事糜烂，张百麟知时机已至，阴为革命预备；及湖北倡义，湖南响应，乃与咨议局议长谭西庚等密遣其党人，运动军警、学界暗中举事。宪政党人知之，赴巡抚沈瑜庆处告密，官绅合谋共图抵制，以任可澄进充兵备处文案，招刘显世于兴义，令募兵五百人潜来；饬胡锦棠募巡防两营，期以九月十五成军，以郭重光办城防总局，募勇丁三百，俟规划稍定，即先杀张百麟等。蔡岳乃邀集两党首领，苦语调停，令释前隙，共图国事。可澄知革党势力已成，则亦面从而阴持两端。至十三日事机益迫，张百麟在咨议局与众密议，明日举事。是夜新军将动，标统袁义保不从，有杨树青者枪击义保，义保逃去。赵德全、叶占魁等鸣角整队，陆军学生同时并起，巡防中立。沈抚不知所为，手书承认贵州独立，钤用关防，赍送咨议局。张百麟即命党人，分路四出，张贴示谕，鸣金告众。十四黎明开城纳新军，分兵保护藩库、劝业道、官钱局、军械局及外国教士，市廛不惊，秩序井然。其时全省大权皆在自治党，推杨荩诚为都督，赵德全副之，张百麟长枢密院，任可澄副之。百麟以为两党调和，正宜努力同济时艰，故引可澄共事，更欢迎刘显世于安顺，亦为枢密员兼统陆军第四标第一营及西路巡防队。显世今参议员显治之兄也。其先世以团练起家，豪暴于兴义一带，至显世兄弟凶焰益张。反正之先，本奉当道之命率五百人来省，殊未至而大事已定，不得已乃赞成反正。然显世与可澄所抱宗旨，素与革命不相容，且屡用卑劣手段倾陷自治党，内不自安。于是密谋以郭重光组织耆老会，自称人民代表，与省议会对峙。设保安营，用胡锦棠为统领，以何麟书发起尚武社，有众万人，宣言将杀张百麟及其党黄泽霖。郭重光又使其党温瑞廷立黔汉公公口，以逼黄泽霖。时泽霖方统领巡防所部，军心多为黔汉公所摇动，乃亦开光汉公公口以约束之。显世又使其党人陈钟岳、陈廷棻立斌汉公，以厚势力，辗转相效，公口大昌。显世、可澄部署既定，乃命其党人黄鲁连在上海交通新闻记者斥贵州为匪国，谓全黔糜烂无完土；令戴戡在云南乞师，滇督蔡锷惑其言，饬唐继尧以北伐之师取道贵阳，相机进取。黄泽霖设光汉公，原以抵制宪政党之黔汉公，继见其不守法令，稍以法绳之，戮十余人，监禁二十余人，舆论翕然。惟公口则大怨望，显世等复阴用金钱驱使为乱。十二月十五日东路巡防队兵变，戕黄泽霖，逐张百麟，显世等为张广告于城市，斥张、黄为匪。至本年正月，唐继尧以滇兵至，胡锦棠开门内应，深宵掩击，黔兵尽溃。杨荩诚先以北伐之役出，获免。赵德全继为都督，至是出走，复亦被杀。宪政党拥唐继尧为都督，继尧乃尽推其兵权、财权以报之。显世自为军务部部长，大权在握，乃以兵力穷治异己之人。杨树清援川归省，与其部下五百余人悉被坑杀。钟昌祚自北京归，亦被杀于安顺。开州许家绩弟兄、永宁杨劻安父子、镇宁李永蓁、陶子香，皆反正有功者，亦以无辜见戮。其余自治党与非自治党，凡不直显世之行为者，多被媒孽成罪，死者半，逃者半，不能悉举。显世又以其兄显潜兼署安义、威宁两镇总兵，统西路巡防队，并督办盐务；胡锦棠署镇远镇总兵，统东路巡防队，并督办盐务；陈钟岳署古州镇总兵，统南路巡防队；其甥王文华等并在将领之列；陆军干部学校学生悉以其同县亲信人等充之，将植不可拔之势力，为子孙万年无穷之基。其私人献媚，至以赤帝斩蛇，白水起义相比拟，显世亦居之不疑。先是，显世尝窃枢密院名义，电请滇督蔡锷派其弟显治及其党熊范舆为参议员，南京参议院拒绝之，至是乃利用此机会，由继尧又委派显治、范舆及姚华、陈国祥、陈廷策等五人充参议员，及贵院主张议员应由民选，显世复威胁省议会电京承认。显治既得志，交通总统府秘书蹇念益等，内外把持，呼吸一气，其他教育会代表、工商会代表、司法会代表，显世莫不委派亲信，巧为簧鼓。所有黔中邮电，悉在其手，信件往来，必经检查，故黔事真相外间鲜有知者。查黔中自治、宪政两党，本以革命主义积不相能，然二三年来以舌争，以笔战，未尝诉于腕力也。自显世盗握兵权而后，始有以兵力解决党争之事。今共和政体确已成立，政党交讧，此其滥觞。若皆师显世之故智，以黔事为借口，适足启全国之杀机，扰东亚之和平，是显世荼毒一隅之罪小，而破坏大局甘为戎首，其罪乃擢发难数。显世亦自知公理所在，清议难容，利中央实力之不足，益奋其野心，厚其兵力，托身于共和政体之下，猥欲蟠踞一方，肆行横暴，大逆不道，莫斯为甚。若中央政府长此漠视，其为统一之大障碍，宁可胜言。贵院为人民代表，伏乞核议，咨请政府先行撤销刘显世之军务司，并解除其兄刘显潜之兵柄，听候查办，黔人幸甚，天下幸甚。再，参议员刘显治为显世胞弟，陈廷策为陈廷棻胞兄，陈国祥、姚华皆其私人，应令避席。合并声明。

二

旅京黔人内务部参事张友栋等续呈请愿事。窃友栋等前以贵州军务司长刘显世，用兵力解决党争一事，恐启全国之杀机，扰东亚之和平等情，呈请贵院提议咨行政府免职查办在案矣。然西望黔云，阴霾日急，凶威猛于虎狼，民命轻于草芥，中央之措置，尚未获睹端倪，黔民之遭劫，日复丧亡无算。今请再举其实，缮录以闻。

查显世诡谋请兵，意在乘机攫取都督一席。及都督属唐继尧，乃大觖望，又恐罪恶暴露，身家莫保，遂利用继尧，大杀异己。继尧本滇人，不悉黔事，堕其术中，于是新军之不附己者，诱令缴械投降，悉坑诸扶风山下。李立鉴、麻为纶、吴冠、黎克荣、孔鹏、杨玉堂等所部之巡防队，因之激变。人民之以无罪见戮者钟昌祚、杨勖安等而外，又有贞丰彭考臣，赴京请愿代表丁泽、遵义学董江平阶全家、水城土司安健之全家、沿河司王秀昆家属之类，不胜枚举。更于军警局中用秘密杀人法，不宣布罪状，隐匿尸身，援川管带杨树青等即死于此。黔中绅士如前咨议局议长乐嘉藻，议员杨寿篯、杨应麟、龙昭灵、曾显模，书记长周培艺、李泽民，乐群学堂长彭述文，财政长蔡岳，交通长孙镜，军务长廖谦，副长王炳奎，副署府知事方策、李怀安等，见此暴乱，纷纷逃徙他乡者，已不胜指屈。据湘、鄂、蜀、桂报告，黔人之旅居其地者，视平日骤臻，十之八九皆避难而来，黔中惨状于兹可见。又军警局长梅治逸向与显世狼狈为奸，后因争权彼此冲突，乘治逸赴遵义清厘盐税，唆人将梅戕毙。变闻，执政者议屠遵义。遵义鲁平州、大定鲁昌禧乃复召集民军划乌江以自保。于黎平则派管带吴传声掩击艾树池所部征兵三百余人于镇远。铜仁则以刘法坤、何麟书为巡按使，率滇军遏北伐黔军归路，至镇远即将陈开钊一军激变，追及铜仁，陈军宵遁，复用开花大炮四面轰击，人民之死伤者六百余人。府议会议长张文基、县议会议长谭登庸因不承认加粮，均受枪毙。北伐黔军本昔日所征之新军，当武汉起义时由鄂湘都督电请派出助援，即由都督杨荩诚率之而出，行至湖南常德，共和宣布，遂未前行。于民国成立虽云无功，亦未有过。驻湘省将一载，不闻湘都督有扰乱害治安之言，其守纪律可知。乃显世授意私党，任意诋诬，不曰北伐黔军为匪，即曰北伐黔军为贼，甚且散播流言，挑动恶感，谓此军恨黔人入骨，若令归来，黔人之生命财产，在在可危。黎副总统与湘都督不忍令此军久滞湘境，主张由两方派遣代表莅洪江会议，其所议之结果不出乎滇军归滇，黔军归黔，赵均腾之宣慰使即由此议决。条件发生，显世以为不利于己，乃召集各界莅省议会开会，又令郭重光出席演说，以危辞恐吓，冀得赞成借阻黔军。各界觇破隐谋，群起反对，显世大怒，即令闭门，其卫队以枪拟众人，众争破窗逸出。显世复假托耆绅刘春霖等及各界名义电拒洪江条约，致北伐黔军羁困忿归，与滇军激战于松桃、铜仁两地。据湘西报告，两方军人惨死者四五千人，且称何麟书、刘法坤、黄毓成等迁怒居民容留席正铭所率黔军，将城外民房付之一炬，于乡民之售给席军刍粮者捕杀无遗。黔边人民纷纷迁徙湘属，饥寒交迫，备极惨酷。此皆刘显世直接祸黔之铁证也。间接祸黔，则因抵拒黔军，秣兵于镇远、铜仁、思南等处，内地无兵弹压，土匪乘机劫杀，各属村民或住山洞，或扎屯寨，一片瓦砾，十室九空。略举一二：如思南关外之陈恩照、瓦窑嘴之安如松、龙泉之唐子亮、石阡之戴子园皆素称巨室，合家尽遭灾杀。显世每假省中法人名义，电告中央，极称闾阎秩序安谧，而其实际乃相反。如此前车可鉴，后患方长。为此续行请愿，乞政府迅派镇抚使赴黔彻查，并先将刘显世、刘显潜、何麟书、任可澄、戴戡、郭重光等免职，切实查办，黔人幸甚，大局幸甚！

布告同胞启

鲁　瀛

编者按：贵州自治学社于1910年制定一训练全省乡兵方案，通过咨议局会议，提请贵州巡抚令饬各县施行。目的在派人掌握这批乡兵，作为未来起义的武力。到1911年，全省已有30多县完成乡兵训练组织，其中以遵义府乡兵为最好，由遵义人鲁瀛（字平舟）率领。辛亥革命成功，遵义乡兵仍住扎本境协助政府剿匪及维持治安。唐继尧入黔后，以乡兵为自治学社武力，或改编，或缴械遣散。鲁瀛的乡兵，因遵义人一再请求保留，唐遂将其改编为国民军第二、第三两营，仍任鲁为督带。但唐很不放心，派梅治逸（若愚）为盐务督办，带兵到遵义监视，寻机将其消灭。梅到遵欲先除鲁，鲁觉，遂先杀梅。唐闻悉，派兵往剿，逼鲁缴械。鲁遂率领乡兵，往投四川熊克武部下。这是鲁瀛到川后发出的告同胞书。其中事实大部正确，可作为贵州辛亥革命资料参考。

瀛，黔中之国民一分子也。少读儒书，长列庠序。因愤土匪猖獗，当前清时即统乡兵，捍卫桑梓。反正以来，经我前都督通告保安地方。瀛以同胞谊切，仍以治乱自责，添募乡兵，虽无大功而全境乂安，未遭蹂躏，谅无过也。乃不意滇军假道，夺我都城，杀我副都督，鞭挞四方，残杀无辜，诛降戮服，掳掠奸淫，视黔人如异族，附省同胞诚先苦矣。瀛以一旅乡兵，偏守遵义，道远音迟，不详底蕴，意谓滇黔一省，等是同胞，新旧虽分，或不歧视，所以仍受唐督委任，管带团防，靖镇一方。数月以来，差幸人民安堵，秩序井然。并率兵亲赴松坎、温水、新舟、螺蛳堰等处，捕获戕官夺印之何时钦，及巨匪罗玉堂、宋春亭等十余名，迭经唐督及军务司批奖在案。瀛之职守，亦可略告政府与同胞矣。乃唐督排逐心雄，剥噬无厌，于元年五月竟委伊党梅治逸充盐务督办，到遵一任残杀，并将瀛所带团防改为北防国民军第二、第三两营，仍饬地方给饷，令瀛督率；伊由昭通募来之兵二营伊自督率。于是占踞遵义、大定两府，所有命令惟梅是遵。当于是月，押松坎厘金总办蔡锦于卫兵房，虐揢银一万两。盐商邓仲三以盐四挑漏盖图记，刑逼银四万两。何金堂、陈海三等，因盐数挑票据模糊，竟遭惨毙，并罪及脚夫。六月初又发兵鸭溪，借名查盐，乃封永隆裕、协兴隆、永发祥、义盛隆四盐号，复抄掳泰义全、邓元兴、郑伯祥、谢祝三、积成亨、萧洪顺等家，计银货数万金。更令瀛往南乡团溪封盐，瀛以不肯扰商为辞，而梅竟责以抗命，率兵攻瀛，将捕治罪。幸将士勇愤，枪毙梅于乱军，瀛幸得免。当此之时，梅虽死矣，而全境含冤诚不少矣。方冀恶风静卷，惠雨频苏，俾我遵民稍安枕席。孰知大浪方平，余波复起，九月二十六日，复有梅党兵士，致梅旧营管带邓申山函，约十月初二日起事，已联合王冠英之白哨官替梅复仇。经兵士查获，当即内外戒严，力为防堵，而邓置若罔闻。二十八日始来营自饰，力辩无隙，何得私函谋害，并请和衷济事。殊十月初一日邓偕王来营请见，声言会商，谈未半时，而该营兵士疾请回营。瀛甫送出营，邓兵即开炮轰击，幸卫兵早觉，先为戒备，瀛方避免，而邓已枪毙。查邓申山因投滇军始改名致忠，以匿其平素抢掠恶名，在前清时如纵兵抢三渡关人民及西乡颜永福、陈明亮等家，均有案可查；反正后率兵抢湄潭县令吴少伯银一千二百两，拉揢刘纬生银一百两，并衣物各件，人所共知。此等败类不待瀛除，而政府亦应早杀也。乃唐督不良，忌人恕己，伊党横暴，置之不理。瀛以不忍助桀，竟诬以独立不法、纵民种烟与为匪各罪，电告各省。呜呼枉哉！瀛虽至愚，岂不知民国初立，外患方殷，前举诸罪，有乱治安乎？乃竟谬词诬我，我姑勿辩，惟高明者自能察其详耳。诬词甫出，大兵忽来，四面进攻。瀛知忌恨已深，万不能免，恐强弱不敌，池鱼殃火，遂率我军士退避温水，始寄函与戴府长要求四条：一、愿缴还遵义枪械；二、请保全军士身命；三、请查事实，如瀛有罪，愿以私产充公；四、请保遵民财产，勿得再照前此之搜括，并请转呈唐督立案。殊唐督阳许和解，阴怀不测，一面派王俊潭收械，复一面暗发大兵。方在温水点交军械，忽闻大兵随至，各兵士奔走号泣，恐蹈滇军入黔时诛杀缴械者之复辙，乃复夺回退居寨坝。次日又逼令瀛缴械，并炮毙为首抗缴之王锡三。当又缴械一哨，闻追兵已至石濠，乱刺徒手兵士，不得已始仗未缴之械率投蜀军。幸蜀军高谊，主持公道，纳我入境。而唐督杀心未已，一再追逐，并捏诬罪名，要求胡都督、熊师长解瀛治罪。呜呼！瀛之始终，皆为保我遵民耳，于己复何所求。乃一害于梅，再害于邓，毕竟皆受害于唐督。瀛死生固不足惜，哀我遵民进退维谷，何以生为？夫由来灭国之惨，莫惨于灭于异族，今我黔民不牛马奴隶于亡清之异族，偏鱼肉酰醢于接境之同胞，文明国有是理乎。且彼以假道灭我，行同强寇，噬杀未厌，重毒四方，欲施一网打尽之计，以作伊省殖民地，黔人诚不幸矣。更恐野心妄逞，得陇思蜀，中原多事，外患频加，尚得望民国成立乎？瀛为大同起见，是以走笔疾呼，泪血交流，痛书原委，略告同胞。倘各界君子念黔人亦黄帝之胄裔，仗义而出我黔于水火，或持正论以质天下，俾我黔人得守桑梓，崩角稽首，生世不忘。夫物不得其平则鸣，此难得平，亦共和民国之一大纪念也。翘望曷极，谨将滇军入黔恶迹，条列于左：

一、假道袭黔。当元年旧历正月各省倡义北伐，我前正都督杨，早先率师出省，所有省内兵士又通遣出清匪。唐率滇军乘虚入黔，声言假道北伐，黔人以义师远来，开会欢迎。乃唐入城竟踞螺蛳山观风台最高处，十四日黎明乘我不备，直用开花炮攻击南厂之防军。南厂兵溃，黔灵山之兵出降，缴械后全军尽戮，计三百余人，唐遂僭黔都督。

一、滥杀官僚。当滇军袭城时，我前副都督赵德全，已解职避处于乡，滇军四路搜索，竟获于毛栗铺，立处死刑。以后凡有异己官吏，一律痛杀。如黔西州知事兼北路巡防统领宋运枢，素有政声；援川管带杨树青由川保全军械回黔，亦有勋绩，唐督以非党类，并诛戮之。

一、残杀生灵。滇军袭黔，即视黔为殖民地，凡遇黔民痛加剿戮，非称图谋不轨，即称行为不正，毫无证据即指为侦探查觉。如省城何东山之子何锡清无辜被杀，并抄没其家数万金，余如周子文、任海州、桐梓县王文卿等之枉法受戮者，指不胜屈。他如梅治逸为军警局局长时，杀戮无辜者二百余人，尸首乱坑局后，不敢领取。队长甘澎统兵到正安州，团防出迎，乃竟枪毙数人，并杀团总、团兵。因人口沸腾，肆杀尤毒，到麻王洞横戮良民百余人；更迁怒于田间农夫，亦并戮三名；到石壕又以索米不遂复杀米贩二人。屠毒生灵，莫此为甚，今又不知蹂躏何许矣。

一、诛戮降卒。唐入黔时即以疾雷不及掩耳之势，弹杀我军。军士束手缴械投诚，亦任横杀不赦。尤可惨者，南厂黔灵山之缴械兵卒三百余人，降时跪伏军前，悉用刺刀横刺，又埋土坑，甚至有二三日犹闻哭声而未死者。至于任意弃市者不胜计数。大十字街血流成渠，腥臭成瘴，经两月许，无不于该处掩鼻呕吐者。

一、奸淫掳掠。袭省城后，派兵四出，声言保安地方，而兵士所过，罔不奸淫掳掠。即如正安、绥阳二州县，甘队长凌虐万状，占入民间宿房，自称军人无眷属，力强与合，玷辱良家，比户皆是。复占娶正安州陈星桥之女为妾，致将星桥逼毙。兵士抄掳，尤不择肥瘠。如索石书林之银五万两、王时雍之银一万两，已属恶极；复抄居民刘石如、帅银九、杨泽森、杨燕如、朱老二、邓见奎、萧某等十余家，鸡犬一空。历历可查，共和时代，固当如此耶？

一、违法滥刑。滇军在黔，凡杀降卒人民，动即挖其心肝、舌子，以快口食，惨无人理。其在清水塘获北路管带杨钟岳之兵，生剥其肉，哀号之状，惨不忍闻。其在遵义干涉民事案，连戮妇女三人，甚至有一婚姻案，男女并杀十余人，两造戮绝。人理泯亡，莫甚于此，不知新世界上有如此刑律否？

右述数端，不过举其所知所见者而言耳，实未尽万一，倘蒙大府先生各界同胞逐一查办，或提作议案，以质天下，俾我黔无天日之冤，复睹光华世界，馨香顶祝，全黔不忘。

先烈钟山玉先生事略

钟全林

编者按：本文为钟昌祚之子钟全林所作。此文大体均实在，可供研究贵州辛亥革命史实的参考。原文为铅印本，系贵阳黄德铣所藏。

先生姓钟氏，讳昌祚，号山王，一名元黄，贵州开阳县两流泉人。清时以廪贡生举孝廉方正。少家贫，其父自课读，辄以黎明读檐下。弱冠通经籍，居开阳书院，隆冬无炉火，拥败絮，写读迭易不稍休。时邑宰胡璧典质合邑绝产，大购书籍，置院中。先生因得博极群书，而尤讲求于经济之学，又旁通当世之务。胡公常语人曰："钟生识度，大器也！"光绪丁酉，津门严氏修督学黔中，咨访才俊于府州，州牧陈文彦进之曰："钟某真人才也！为生平所仅见。"时严公甄拔高材生四十人，先生次第一，严公益重之，调入经世学堂肄业。先生以为拯救危亡，要在武备，更入武备学堂。因黔边游匪为患，黔抚林氏绍年委先生出办靖边营军务。至军，与士卒同甘苦，军纪厘然，撮世界大势与军人天职作白话行军歌以教之。每以中外豪杰名，名士卒名之俗者，且集众为述其故事，卒以与统领刘官礼旨趣不合，辞去。

乙巳，留学日本，湖南杨度引访康有为，无所短长。丁未归国，漫游燕赵间。丁祖忧，返于乡，为邑劝学所总董高等学堂堂长，设半日学堂于乡镇，劝农民子弟每日以隙入听讲，壮老得旁听。竹笠芒履，短褐羸縢，巡行村落间，入农民家，劳其勤苦，劝其读书。逢集，则登台宣讲，以小喻大，申引万端，不倦也。适张君百麟等发起社团于贵阳，不成。先生策划之，以处清廷专制积威之下昌言革命之未能也，遂饰名曰自治学社，先生被举为社长，张君副之，即世所称西南党而辛亥九月十四日光复贵州之首功者也。

是时同盟会贵州分会长平君刚等在东京，呈准先总理孙公文，认许自治社员得全为同盟会会员，同盟会员傅君佐卿、钟君子光、杨君昌铭等由外归黔，亦参加其中。由社创办公立法政学堂，先生任堂长，又尝欲联川、滇、黔、湘、粤、桂六省以图全局。故所发刊之新闻纸曰《西南日报》。

戊申、己酉间，黔垣疏通沟洫工程，先生董其成，收沿街无业游民组成苦工队，工既竣，将散之。除有家可归者外，余苦工五十名，皆本工程为谋衣食住，脱令自去，仍为无赖子。先生尝慨社会之无业者众而奴隶制度之惨无人道也，更本其救世之思想，平民之精神，商得巡警道贺氏国昌协助（贺与先生为日本同学，贺夙佩先生，人晤之者，贺辄曰：汝省有钟山玉，识之乎？其倾服如此），遂创办警务工厂于贵阳；又搜沿街乞丐并各局区查获无业游民于其内，教以制笔、攻革、织屦等业，令自食其力；组织雇佣队、水队、煤队、砖队，照市价出售而以余利归之；特设劳动钱庄为之储蓄；备日新浴堂以重卫生。每夜必登台讲演以进其智识，饭后则纵使歌嬉以为娱乐，而于管理训练，尤为注重。用兵法部勒，务整齐严肃，按时出榜等分以示鼓励，躬自荷锸率队行歌市中以为常。又创办慈善会、救护幼女所、劝业女工厂，收养虐待不堪之婢女而教诲之，及笄者更为择无室男子征求双方同意为之婚配。事具先生所撰创办警务工厂及该厂所周年各碑记中。于时风气未开，士类羞匹于皂隶，而先生之为，实为创举，先生早知名，至是人辄讪笑之。故先生有“疯子”、“叫花头”、“官媒婆”之名，而先生不顾也。或谓之曰：“君之所为，人所不屑，抑何乐而为之耶？”先生曰：“人所乐为者，抑亦何乐而为之耶？”先生之努力于社会事业类如此。

初贵州咨议局成立，自治社员当选者过半数，前后议长乐君嘉藻、谭君西庚、朱君焯，皆为自治社人，外邑分社达五十余，社员学生数万人，各州县议董两会自治社员率占什七八。游学日本归黔倾向保皇党主张君主立宪者流，见自治社之日盛也，忌之，与一部分绅士组织宪政预备会（至今贵州犹称之曰宪政党）以谋抵制，阻挠陷害，无所不用其极。云贵总督李经羲赴任，道经贵阳，若辈遂举《西南日报》言论暨先生为群丐剪发事以告，谓自治社系革命机关。李乃将先生与张君百麟、周君培艺等交贵州巡抚庞鸿书查看。赖贺氏国昌解说，庞乃委先生等为司法警署科长，名重用之，实羁縻之也。

辛亥夏，北京开报界联合会，先生以革命事业非结纳海内人才不为功，乃悉以社务付副社长张君主待，自以《西南日报》代表名义偕社员张君泽钧北上。未几，武昌起义，先生即图于北方谋响应，遣其门人叶荼等赴杨村，说京津铁路巡防统领何燮臣反正。事泄，遂南行，晤黄君兴、陈君其美等于沪上。旋以黔电任为贵州代表至南京，又被举为贵州参议员。既而黔急电促归，乃约自治社员安君健、刘君荣勋同行返黔，以夏历腊月中旬至昆明。适滇督蔡锷派唐继尧率师援鄂，贵州宪政党人谋由自治社之手夺取政权，不惜诬自治社人之为匪也！乞师滇省，蔡允之，令唐改道由黔中。黔人夏同和知其谋（夏本宪政党人，时以所求不遂，怨若辈），密以告。先生闻之，即上书滇军政府（书见辛亥年十二月廿二三两日《云南民报》），并面蔡，述黔有两党，素不相容，今黔执政者为革命党，非匪党，请勿受若辈愚。蔡许诺，即电唐，令复取道于四川。唐之前队，亦既改道由川矣。宪政党乞师人闻之，大恐，以“将在外，君命有所不受”之语喻唐，流涕哀请，并许黔事定后愿奉之以为贵州都督，否则请杀某等头以为殉。唐利之，密电蔡，诳以前队已入黔境，唐遂入黔。

方先生之既得其请也，乃兼程返黔。入黔境而后知唐军之实未止也，犹欲执蔡之正式答复以为争。抵安顺，都督陈君夔春迎住于督署。时风潮日恶，陈备鞍马，请护送避地郎岱。先生曰，吾为拯黔人于涂炭，故冒死以来，问心无所愧，何避为？且吾已函唐继尧，决赴省垣为调和人也。安顺党人多苦劝先生行，有赴川、赴粤、赴湘均愿偕行者，卒不从。当贵州光复之初也，众议以先生有文武才，孚众望，咸推先生为都督，以先生之不能即归也，不得已以杨荩诚权其事，宪政党人素忌先生才，屡谋暗杀，皆败露。斯时，图之益急，壬子正月十八日，遂及于难。

先生明悫淡定，廉正刚方，平居无戏言，而言则必行，有不为之事，而为之必忠。烟酒赌博，终身所无，人有遗行，辄加劝戒，学仁义之道而不泥于古，法先哲之言而不背于时，遭际坎坷，愈困益励，特立独行，尽瘁惟力。根于理，闳于论，雄于文，工于书，性有恒，日必作字。其日记颜曰天人，阅历二十年未尝一日辍。文章下笔立就，自谓其得力于日记者为多。又尝自述其为文之法曰天地人，天，时也；地，地也；人，物事也。居室朴陋，书所慕古今中外圣哲豪杰名贴斋壁，每饔飧，辄自呼之，又自应之，号曰“点名”。家无婢仆，德配江氏月波知先生意，烹饪浣涤，皆自任之。有章，文曰：“自反而缩，殊难满量！绳愆纠缪，肃拜昌言。”与人书则用之，因以为信，其题示自治社同人“作事老大，居功老么；行已无天，读书无圣”一联，极足表现其伟大之革命精神。又联曰：“自恨不如张良、萧何、韩信诸豪杰，安于所在专制、立宪、共和之国家。”以寓其改造社会之怀抱。自幼不苟，五岁时，过舅家，舅父阴遗以银，纳袋中，归而觉，走反之。性至孝，方先生就义时，从容曰，我竭我智，我尽我力矣！恨不死于革命未成之时，而死于民国成立之后，夫复何言！乃北向叩辞其重帏，盘足坐地，自掌其颈曰：杀。先生生于民国纪元前四十一年，死时年四十二。

先生死后，亲故逃窜，人无敢近者。英教士吉厚庵，留黔久，素耳先生名，驰营救，已无及。乃持方君策函报先生家，其门人朱君元明闻之，慨然亲往。逻者叱之，曰：“是吾师也！果何罪？亦既死矣！”众义之，因得归葬。柩经贵阳，停六广门外，愚民不知可以为祸也，趋拜柩前，叹曰：“好老爷！好老爷！”抵其里，里人家出一人，会葬于距其庐一里赖陵之阳。今先生之母犹健在，尚未知先生为党国而以身殉也。宿草荒圻，封树犹待焉。

民国二十年元月下浣纂于首都

按此文谨就在京搜集材料暨当日目睹，历年耳闻，确凿可据者节约笔之，先生之创办工厂以从事于实际之劳动运动，设立会所以积极谋真正之妇女解放，事实俱在，信而有征。在距今二十余年前，实所罕觏。至其他嘉言懿行，人所乐道者甚多，私家之传记亦不少，俟日后搜齐与各碑记另印之。先生有诗文集若干卷，其门人钱为树整理之，未竟，今藏于家。

纂者并志

贵州革命先烈事略

平　刚

编者按：本书为贵阳平刚撰。刚字少璜，清光绪末叶留学日本，加入同盟会，并被推为同盟会贵州分会会长。贵州自治学社加入同盟会，即在此时。辛亥革命成功，贵州军政府成立，被选为枢密院枢密员。平氏此书所记各革命先烈事略，或亲所熟悉，或得之传闻。属于前者其纪述大体确实可靠，属于后者则不甚正确。贵州辛亥革命时，参加的人虽多，有著述的人则很少。平氏此书，亦不失为研究贵州辛亥革命史的参考资料。

序

予初履贵阳，见双碑矗立于中山公园，金字辉煌耀目，审知乃为蔡松坡、唐蓂赓二公纪功碑。继欲再搜求革命先烈遗型，则遍贵阳而不获一，心颇疑民国之建造，贵州人士，殆未参与？惟予少隶党籍，尝追随各省先进，饫闻革命故事，深知在同盟会时期，贵州致力革命者，实桓桓多士。即光复以后，贵州同志之被屠杀者，尤惨重于他省；今睹此巍巍丰碑，乃适得其反，何社会之是非颠倒，如是其甚？耿耿此念，尝举以询平刚同志，平同志乃示其所编《贵州革命先烈事略》一册。予披读而始了然其故。盖贵州僻处边陲，文化交通阻隔，统治者睥睨狭隘，争夺自雄，昧于时代之认识；而草莽豪杰，又向为士夫所轻视，动辄目为会匪，遂演成屠党之惨剧。实则断颈洞胸者，皆一代之英，为求群众之福利而死，为殉一己之信仰而死，所谓“求仁得仁”，固绝未计及生前死后之荣施也。迄今时移世易，革命功成，而化碧飞磷，湮没荒野，视彼窃国者之盗名欺世，勒石铭勋，虽死者无知，而生者对此，其如何感慨耶！所幸兹册所纪，于诸先烈缔造之艰辛，与夫牺牲之壮烈，已得历历表彰；而社会之是非，复获正确之认识；并使后之人饮水思源，知革命事业，已非士夫阶级所能为；不朽之名，亦非争夺自利者所可窃；并贵州数十年来冤抑不平之气，得一一倾吐于册中，诸先烈之遗风余烈，同垂不朽矣！

民国二十六年孟夏李次温序于黔楼一角。

弁　言

贵州革命，予自庚子国变倡始。时得三同志焉：张忞、彭述文、蒲劭光。张、彭二君，初尚犹与于保皇，经予力辩，张君遂先定，彭君久亦乃定。时有大绅乐嘉藻者，亦心许之，而故示反阻，实则阴与援护，予青年不及知也；至反正，乃豁然悟其运力之久焉。予既以剪发恶清吏，出走日本，谋合各省同志。乙巳秋，得香山孙公，为三会党之同盟，始昭告于天下。吾黔则直至戊申之岁，自治学社出而接应，忞时已风泄亡命，是中声气，惟述文为间介。故贵州自治学社，本党实认为在黔之同盟分会也。及予归国，社长张百麟，请予就分会长职，予以三事不可，使仍旧贯。暨反正，黄佛青不受约束，予呵斥之，佛青诋予为无权，乃太息道义之不足，弃去贵州，大体于是无纪，卒为奸人所乘，致招复败，于今二十有五年。吾人主张之初意，不翅华胥之幻想，大局兹且不论，若夫贵州前程，虑引满此生限业，欲达所悬鹄的，不待筮龟，盖可知矣。哀哉！生者从是已乎？死者何以瞑目耶！虽然，贵州者，神州区宇之一也，使夫八十一分，皆能放大光明，则此微分之一，又安能独堕黑暗叫唤地狱耶？吾将心香祷之！死者在天而有灵乎？吾将企足以待之。

廿五年三月平刚书于嘘云室。

目　次

张　忞

张忞，字燮普，贵州贵阳府贵筑县人。当清之末，忞一老书生，年五十余矣，豪情胜概，不减青年，尝与乐嘉藻、彭述文、平刚、蒲劭光等相结纳，俱持革命义者。惟刚、忞言议激进，嘉藻则颇缓和，又与大绅于仲芳，延日本人高山公通，创建师范学校，规规于物质文化。刚忞病其圭棱不显，另与述文发起乐群小学，明宣排满之旨；而劭光续办乙巳小学，亦如之。先是贵州无小学也，自乐群成立，时时与学生畅说民族主义，风潮渐起。嘉藻忧之，使述文婉诫平、张，辄为平、张大义所屈，复以谢嘉藻。嘉藻于是叹惜，深责述文而讥之曰："君真所谓同平章事者也。"刚由是益愤励，至断发以显示诸生，而为官牒所捕诛，临危，仍得乐于缓颊，始脱险出洋。嗣是忞另交青年，如王文华、陈天煜、吴传声、魏维新、郑绍诚、江佩玙，愈益密进，常秘议于山寺中，久亦为清吏所侦闻。乙巳冬，冒雪出亡，历蜀游京，欲窥清室动止。门人熊范舆，时宰天津，虑挂连，趣之云南，至则被聘为滇中两级师范国文教员，学生甚钦仰；乃至讲武堂诸生，如卢焘、李雁宾、彭文治、田树五、杨蓁等，一时之铮铮者，数十百人，莫不慕忞之为人；风声所播，复招清吏之忌。旋以考试，题涉叛义，提学使叶尔楷〔恺〕，请下令捕之，复跳黔之兴义，又为王文华、窦居仁、何辑武所留。俄而云南反正，电聘君入幕府，未几归来，年力亦俱衰矣！从此蛰居不起，惟心未忘革命。民纪十三四年，贫甚，年已七十余矣。生平嗜酒，晚年每醉则哭，谓革命之功尚未成，后生不可便图享乐；每闻党事兴落，辄咏叹于诗歌；见青年，常以竟前功属望之，闻者莫不感动。十四年三月卒于家，遗一子二女，其妾熊氏，以佣作抚孤，见者莫不哀叹云。

张百麟

张百麟，字石麒，贵州贵阳府诸生，原籍长沙。父汉，游宦来黔，生百麟。幼即倜傥，抱大志，善交游，所至为众推服。尤善结绿林，而伏其雄。清末戊申之岁，与贵阳张忞、彭述文、蒲劭光、黄济舟、傅文堃、张秉衡、谭景周、杨寿篯、杨伯钊、黄佛青、陈兰生、周凤文，龙里陈野鹤，贵定凌霄，清镇傅雨农，平坝王度、陈纯斋、朱焯、刘竹山，开州钟昌祚、李香墀、许阁书，修文江务滋、官宗汉，毕节周培艺、宁益之，大定书简、陈百朋、谭冠英，威宁蔡济武、管吁、管汉夫，水城户子高，黔西毛训端，安顺方策、陈遂初、刘九安、刘谨权、柳惠熙，郎岱安健，镇宁李有桃、陶子香、白汉香，关岭陈元栋、杨文畅，贞丰傅佐卿、钟子俊、子光、了绶、谭了虞、胡刚、姜瑞熊、詹德煊、饶焕彩，安南王小谷，兴义张鸿藻、赵协中、郭润身、郭务朋、蒋梓材，普安董威伯，思南陈伯渊，石阡谭西庚，松桃戴雅成〔臣〕、蒋亦莹，余庆张健之，都匀龚文柱，镇远潘德明、穆邦荣、王芷雍，黎平周伯良、张镜波，施秉张伯修；外如李小谷，孙镜、刘镇等，结一学会，号自治社，以周培艺之《黔报》发表宣言，更出《西南日报》，宣登社论，民间故又称西南党云。西南党之势力既布全省，百麟复善运用，几有左右政局之概，故反正一呼，全黔举四镇十协之兵，无敢鸣异者，夫固有所制之也。斯时张忞所结一部之青年，异军特起，已为清吏侦闻，忞虽潜遁，西南党骎骎亦受波动，局势几坏，赖百麟弥缝之妙，获免于祸。盖渠一身，兼七要差，犹能潜移默运，履险如夷若此。先是平刚在东京，分主贵州盟约，因彭述文函介，得认自治学社为同盟分会。迨辛亥，广州革命屡起，百麟渐严整其社内之部勒。刚适回黔，百麟欲避位，刚以为不可者三事，在便宜行之耳。八月，武昌义起，百麟即督促响应，以咨议局为发动地，使黄济舟从巡警道贺国昌、前议长乐嘉藻、在籍翰林院编修王仁阁、京官陈元栋、杨伯钊等应付于官场；以陈百朋充咨议局书记官，通于教育绅商间；以廖子鸣充陆军小学堂提调，指挥陆军学生；以黄佛青充新军营书记官，串通学兵；使谭景周勾结部院卫队；郭润身通教练官杨荩诚；既得新军队官赵德全、蓝绍廷之应许，犹未足，复使吴冠、黎绪元、孔成九遍招哥老会之李香墀、罗魁、谭泉清、陈兰生等。又通知各县党员，自为准备，一月之间，食眠不暇；而清廷初为所蔽。原计定九月二十二日起事，乃宪政人侦得此方密谋，而以泄之官场。贵州巡抚沈瑜庆不知所措，问计于宪政人，请调兴义刘显世，而夸其公忠勇干；时臬司某，深赞其议，且力主不顾一切，请先斩自治八人，势机危甚。卒以济舟厚重而言辩，疏以利害，复挽玷危。然此机稍纵即逝，于是有百麟之友蔡岳者，亦与刘氏善，劝百麟且从自保会，欲有待也。自治社人挟持不可，百麟乃悍然断行，官绅聚宴，欢然也，社人方怨望之。于次日之夜三鼓，百麟忽遣杨树清入新军营，枪击清标统袁义保，即以电话告部院。瑜庆命卫队，云“队长彭尔堃，已持炮机赴咨议局矣。”旋闻陆军小学生将与防军开仗，瑜庆谓是“虚语”。因学生枪弹，令早搜藏，不谓适有某哨官徐耀卿者，领藏数箱弹丸，尽献百麟，故学生敢战也。瑜庆知大势已去，下令防军放仗。黎明，新军由大南门入，陆军学生由次南门入，俱赴咨议局。百麟乃出而宣布贵州反正之意义，以故贵州之反正，遂于九月十四日而成。都督杨荩诚，由新军推出，以后队官赵德全副之，蓝绍廷为军政执法处长。咨议局召集各界，推平刚拟具军政府草案，设枢密院，绾于军民两政之间，众推百麟为院长，推周培艺为民政长，以陈百朋摄警察事。百麟既当权，故示宽大，转引任可澄副已座，而以刘显世为枢员，久乃酿成反噬，始有滇人寇黔，党人惨戮走死之事。反正之冬，百麟以院长出巡，先巡上游，至兴义归。显世用王华裔策，买人杀黄佛青，遂围百麟私宅，卫队长彭尔堃御之于庭，百麟乃得逾垣而跳，夜屯南门外马家坡。各路统带均受收买，惟南路之陈兰生，率所部赴义。翼日，卫翼百麟西去，由百色东下。明年正月，至上海。旅外黔人，责其招哥老，失黔疆，拒见孙、黄二公。刚于是日平议曰："招哥老，各省起义所不禁；失黔疆，正奸人背义之罪，盖反为敌张目耶?"遂为引见二公，然身无长物，复造《惧报》，二公当时，亦岂能为尽量之助?况社人逃出，胥赖扶持，食指盈屋，已渐不可撑撑。至民八年，力亦尽矣。某月日，以咯血卒于上海法租界明德里。遗老母八十余龄，一子十余龄，总理曾与抚恤。后复母子继死，三厝凄然。后死者不肖，不能继其先烈，百麟之绩，蔑斯没矣！岂不痛哉?

黄 佛 青

黄佛青，贵州贵阳府贵筑县人，先浙江籍，其父游幕来黔，故佛青亦曾以刑名处各县署，与张石麒属戚谊。石麒结自治社，佛青最有力，只身赴沪，购印字机，以为宣传党义之用。此在今尚难行者，而佛青当时，能独力举之，其毅志已如此！西南党既志在革命，石麒即预遣佛青入新军营，充书记官，从来军人莫不与哥老会匪通者，故反正时，佛青颇得两方之用。石麒初意，欲以廖子鸣挟陆军学生指挥新军，既见新军拥杨荩诚，知此策不售，一变而以防营制收编哥老，分东南西北中五路统带：东路统带谭泉清，南路统带陈兰生，西路统带孔成九，北路统带李香墀，中路统带岑鉴清；而以佛青为五路巡防总统，翼镇省枢。石麒倚之，欲劫持新军，原议临时军政府限三个月改组，石麟一念遂专注此。刘显世时则阳示犬依，而阴为狼顾，平刚识而惧之，告周培艺曰："显世虎而冠者也！累代蟠据兴义，鱼肉乡人，今为沈抚招至，以抗革命，权为委蛇，伏我肘腋，此而不诛，将必为患！”石麒既用蔡岳言，竟意在彼而不在此，显世乃得与郭子华、任可澄等日夜窃筹剪除民党之计，而佛青等竟梦梦然，盖偏私之为弊也。先是东路统带处，有文案王华裔，为人小有才智，亟觎幸进，因其父旧为刘官礼从属，故知显世等谋，间尝为利害之言说张、黄，石麒笑而不纳。华裔退，转献策于显世，请以千金募死士，得泉清部将唐粲章，密伺佛青。有人以告，佛青故粗豪，意气自若，谓刘如周一乡团首，敢尔耶？一日，报“获巨盗，请总统审讯”，佛青饬“传候”。将出，友复阻之，恐有诈，佛青怒目张须，奋袂而出，坐未定，枪声遽作，头先受创，脑溅屏壁，身犹强立；贼竞入，剖腹割头以去。遗妻女二人。

钟 昌 祚

钟昌祚，字山玉，贵州开阳县诸生。清末，调南书院高材生，受知于提学使严修，举孝廉方正。游学日本，室内不置案几，读书写字，辄伏地而作。卷入市以头巾盛豆腐，日人大笑之，昌祚从容告之曰：“而何足以知此！昔伊藤博文、坂原退助，当适异域，未尝不贻笑柄，今皆传为佳话。安知今日之我，不即他日之若耶？”日人见其言行方正，亦敬服之。及归国，与张百麟结自治社，而与周培艺为社中坚。居常鄙夷士大夫，谓其习气，奴视平民，不合人道；以故收集无衣食男女，分别条教，躬导苦作，不嫌粪扫，食息与共。复择中外名人，如忽必烈、拿破仑者若干个，效圣哲画像故事，朝暮一度，称名以自儆。士大夫亦非笑之，而昌祚则孜孜不疲也。洎反正时，刘显世密谋盗窃，遣戴戡乞援于滇。昌祚时在咨政院，闻信，兼程赴昆明，飞书腾说，指责党争，明辨大义，力劝滇人不可越俎代庖，徒益黔棼，情辞恳至。蔡锷初亦惭阻，戡不得已，复因周季贞切诉党同利害。锷乃悚悟，决派唐继尧，以北伐名假道入黔；兵至安顺，继尧接锷密令，捕昌祚杀之，遂坑黔军于扶风山麓。呜呼！张百麟反正，务尚宽大而不流血之名，唐、刘盗黔，乃行豺狼残忍之实，二十余年，无敢论是非者。国民政府成立，始颁“成仁取义”四字，题榜于其家而昭雪焉！

于 德 坤

于德坤，字业乾，贵州贵阳府贵筑县人。清末以举人领兵部火牌，赴河南会试，途次遇熊范舆，谈种族遗恨，甚相契，约共提倡革命，相要不入试场。范舆佯诺而阴违，及榜发，且中试。德坤乃知若辈非同志，遂浩然去国，东渡日本，始交沧州张继、蕲春田桐、居正、桃源宋教仁、浏阳刘揆一、善化黄庆武等，创办《二十世纪之支那》杂志，假名虬髯客者即君也。既而平刚至江户，一见即相得。乙巳之秋，香山孙公到东京，结合中华革命同盟会，两人遂加入，德坤任评议员，刚任贵州分会长，然遇会议，德坤辄从容致远，故常与刚龃龉。己酉，本国有大故，首部使命，贵州以张顺之急归行事，刚召集会议策进，德坤取犹与，顺之亦以殁阻，刚以是愤废职者经年。庚戌之冬，德坤归国，漫游幽燕。未几反正，南京临时政府成立，充内务部参事，杨荩诚在南都，重君名，欲聘参军谋，辞不就。无何，迁都议起，君力主定鼎金陵，与宋教仁多论驳。政府既北移，心滋不愉，于是徜徉大江南北，居恒与刚谈唐、刘盗黔，刚谓小局不足计，君则以家乡所在，未可忘怀，但非己莫属耳。壬子秋，令同志回籍分组党务，德坤受命，乃与刚筹策。刚谓刘显世性极险毒，兹既盗据，岂容主人高卧其侧？君欲借文字灵，大张旗鼓，吾见其终凶耳！德坤不以为然，谓土豪能鱼肉乡里，于士大夫则歉然，己之故旧遍居邑，土豪其敢谁何？遂推荐刘潜、胡德明、徐龙骧，同归负责。于时为九月二十九日，四众欢宴，载檄皇皇，裘马出都。乃显世已接其弟京电，饬驻防铜仁刘法坤及何麟书招待四人。君等行抵铜仁，麟书且与叙中表谊，濒行，又殷勤遣兵护送，将至田线坪，护兵因忽不见，路旁茨篱中，有群贼跃出，德坤乘舆在先，劫而杀之，德明从至亦及于难，时为十月十日也。龙骧逃京，刚请首部为申雪，当权者不问，刚诉至泣下。张继适在座，颇抱不平，亦不见理。刚始函电呼吁，显世乃以地属湖南插花界，遂指称为湘盗。湘督谭延闿派员彻察，始将情伪宣露。民纪六年，刚至昆明，唐继尧亦谓全系刘氏所使云。

蔡济武

蔡济武，原名奎祥，贵州威宁人，前云南提督蔡锦堂标之族侄，清末州学诸生。光绪宣统间，任县议会议长，与张石麒结自治社，故又为同盟会党员，于革命甚出力。辛亥反正，以功任贵西安抚使。唐、刘盗黔，济武时奔丧家居，见残杀株连，乃遁踪远游，居津沪两载，复东渡日本。民纪四年秋，奉总理命，同熊克武入滇，计于滇黔界兴师，从人尚滞海防，济武独先赴昆明。以交通漫广，继尧忌之。或告使趣离滇境，谓继尧恶其为冤愤团首领故也。此济武在北京时，继尧曾请袁世凯解散者，济武亦触起旧恨，抚膺太息而言曰："凡人之难于成事者，大抵畏首畏尾。吾诚知唐某非吾徒也，恶其辄假同盟会自冒耳。今吾奉命来，彼将何以处？万一不幸，吾愿掷此头颅，以破彼之奸侩!"济武竟不行，继尧亦竟杀济武且割其头，旋与克武等称护国起义焉。后总理行在北平，下手谕，许抚恤其遗族云。

平子青

平子青，贵阳平刚之族子也。反正时，受黄佛青命，募少年百数十人佐佛青，鼓动革命。军政府成立，编入巡防营。叙功，以随佛青充队长，既而改委九门总稽察。壬子年元月十四日晨，滇军盗黔，各营伍瓦解，子青独激战于八里屯，兵败，只身宵遁，匿居南乡之杨梅堡。显世窃据，虑子青为患，乃遣其党平祖香侦之。祖香以叔侄之谊，诱而执之，显世使杀之南明河畔。遗三子一女。

杨树青田世雄

杨树青，贵阳人，正谊学校学生。初在新军营充弁目，反正之前，投张百麟，愿告奋勇，密结营兵。九月十三日深夜，奉百麟命，负弹丸，缒城出，沿梭石马趋南厂，逾垣入营，散其丸给兵中，盖当时风声不靖，各军士所挟弹丸，已被搜藏故也。树青既鼓动众起，乃迫标统袁义保，义保不从，树青开枪射义保，丸摩顶过，义保惊逸。一时大哗无首，教练官杨荩诚出为晓谕，众遂拥之以为都督，树青于是以功升管带职。滇军寇黔，树青时从叶占标援川归。继尧闻树青名，诱而执之，并田世雄等数十人，尽坑之扶风山麓。

田世雄者，湖南镇筸人，募入巡防军，虽当兵而有大志。时湖北军人汤斧山在新军中充队官，喜与兵士谈革命，世雄特从之游，迭邀宴于华严寺斧山，均以养疴为晦。平刚由日本归，世雄等曾两度访于宅，放言无隐。世雄为人，短小勇悍，亦行伍中不易材也。反正叙功，得充巡防总统五卫队队官之一。秉性鸷烈，当贼谋刺佛青时，四分统、四卫队，皆受间离计，不敢与言者，独南路分统陈兰生与世雄耳。明年正月十三日，滇寇至，亦惟世雄不屈，首遭贼害云。

谭冠英简忠义

谭冠英，字希颜，贵州大定府学附生。其初志在教育。清末，张百麟结自治学社，冠英与简书参焉。冠英性求实是，于其乡创设东区自治讲习所，平日已结合数百人矣。宣统三年，与书假练乡兵，得模范一营，故辛亥反正，大定竟安然成立军分府，冠英且自任参谋长焉。因便裁剪府衙差役，而遂致祸矣。先是，大定差风，号甲全省，地方苦之。暨反正，冠英乃谋从株除，彼小碍于名，故不得言，惟衔之刺骨。时犹称府行政长官，新委陈鸿爵适至，陈故清吏，见书等副署专权，亦不悦，差役知之，又值军政府派何宾侯驻防新至，鸿爵曲意迎合，于是假中学堂传知会议地方事宜，役各衷甲而往，冠英未之知也。席间辩论锋起，而书故不让，一役怒，拔刀斫书，冠英犹不知，起而呵斥之，役遂杀之。书得越垣而逃。其弟忠义，十余龄，是时见书脑后受伤，愤甚，夺驻军架上枪，前卫其兄。兵怒，亦杀之。冠英时年四十五，遗妻氏，子二。地方人士，哀冠英之忠与书弟之义也，并厚葬之，置祭田焉，署双烈云。

何宾侯

何宾侯，原名培璟，字少璋，贵阳西乡王官堡人。清时为典吏，富赀，好江湖任侠之说，故入哥老会，凡军人大多与于哥老，故新军中多与宾侯通往还者，宾侯乃隐为之首。反正之前，张石麒与哥老密结，多假座于桂少莲家；而宾侯之于桂家，复通世谊，故石麒与新军为衣裳之会，而宾侯则为东道主，以是论功，得充管带，旋命所部驻防大定。唐、刘盗黔，宾侯已辞职乡居，乃有人以哥老首领告之者，因就捕而杀焉。

张先培

张先培，字心栽，贵州麻哈人，清安义镇子材先生梁第五子。幼入乐群学校，饫闻革命之义，高小毕业。其父请于巡抚庞鸿书，咨送北京贵胄学堂。值平刚回国，濒行，请赠言，戒之曰：“吾人宗旨而宿领之矣。夫学所以储能，所以勖胆，业之成否，胥于胆能瞻之。此去，要以学为务！”未几反正，汪精卫出狱，与李石曾结京津同盟会，先培与黄芝萌、傅仲三、李元箸加入暗杀部。袁世凯时于南北和议无诚意，虚与南军诡随，而以全力摧山西，民间愤甚。石曾于是奉密令，决取暗杀。十月二十八日，先培与川人杨禹昌，各怀炸弹，探所经路，匿茶楼上，俄见袁车驰过，先培知福建某君所击第一路线已无效，急投一丸下，马骤，未中，仅伤卫士。为警兵瞥见，遂捕二人去，严刑研讯，骂贼不供。明日，骈戮于军警执法处。先培既死，和议亦成。黄克强、陈英士入京，寻掘二尸，并黄芝萌葬万生园中，以炸良弼之彭家珍合冢，世称四烈士焉。

黄芝萌

黄芝萌，字季明，贵州贵定县人。清末，负笈省城，入乐群学校未毕业，入新军营充学兵，旋考送北京测绘学堂。反正后，入京津同盟会暗杀部，主盟时属李石曾，尝召秘会于北京饭店，袁世凯既受清诏，出抗民军，石曾遂命暗杀部诛之。先是，新华宫动静，由交通部秘密同志负责，故十月二十八日晨之消息，早知“袁由东长安街，沿丁字口，回铁狮子胡同”。福建某生，已于袁出行时，投炸弹一枚，不中，乘惊逸去。先培继投亦不中，被捕。芝萌正伏伺东安市场，值缇骑捕人，疑之，亦被捕。傅仲三、李元箸伺鲜鱼胡同口，闻前线均未得手，拟绕截狮子胡同，而警兵恰张巨絚断行人，见二人仓皇之状亦捕去，幸有警士长刘某同在捕中，过岗位为岗警所认，得并释而逸。芝萌既就捕，以布罩面，过船板胡同寓所，其仆识其大氅，因抄其寓，仲三本同居，卒避去，匿女同志郑郁秀处，刘警长复寻至，令乔装出京。是夜，元箸犹未识芝萌等被捕，往访先培于贵州老馆，乃为逻者执。次日严讯三人，芝萌知不免，慷慨自陈，故未受刑。张、杨于未死前，四肢已摧折矣！元箸则因无据，然亦未免搥楚之辱矣。三君既判绞死，袁亦棣然求和，后并合葬三贝子花园，陈英士躬为附土，且植树焉。

王宪章

王宪章，贵州兴义府人，体貌魁梧，喜任侠，谩骂成性。前清之季，来贵阳入新军充学兵，寻弃去，投入警察学堂。以好谈革命为监督者所嫉视，卒因辱诟长官，被逐。不得已，遂走湖北当兵，旋入工程营后队，充什长。反正，以正目首事有大功，升任第十七混成协，作协统。盖第十七协为黎元洪旧所任职，而宪章一跃跻之，其勋名之赫濯可知矣！及军职改编，宪章累绩升至师长，嗣因反抗袁氏专政，逃匿上海，仍潜谋不辍。癸丑之役，复奉命统率江北军，事虽未成，勤劳特著，袁氏恶之，百计图之。终以间谍之诱，赴西餐馆，而施以麻醉药物。宪章既被执，乘夜解往南京。冯国璋承袁氏意，即暗害之操场中，秘其尸，时甲寅仲冬三日也。

吴 鼒

吴鼒，字慕姚，入党后，别号虎头，原籍贵州黎平府，其先有为贵阳府学官者。鼒故为贵阳府学廪生，习桐城派古文颇有名。旧无党见，喜鸣不平。反正后，见刘、任辈所为非义，不免讥评，遂亦被迫亡命走北京。民纪元年二月，始入本党，为田桐之《国风日报》社主笔。复以攻击袁氏得罪，逃匿天津。癸丑，充南京总司令部秘书，失败，复匿上海，遇清候补道贵州姜某，得识袁之厨役某，谋假饮食以杀袁，且以商诸岑春煊公子，盖岑公子亦以乃父仇袁故，而谋有以报之也。一日，数人密会岑宅，大定陈百朋，往访岑公子，突入其间，众议遽止，百朋疑之。公子既昧于世故，不耐掩，卒然谓曰："虎头，百朋非若同乡耶？且均同志，何讳为！"不得已，众举所谋以告，百朋亟赞同，退而以告熊天泽。时虎头亦困甚，忽接书："有刘俊三汇款来济，须至某取兑。"虎头雀跃而起，呼凌汉舟遂往，寻近华界，贼数人跃而出，猛挟虎头上汽车入华界去。汉舟独有力，故得绝裾而跳。地在法租界褚家桥，时为四年正月初六日，由镇守使署解北京，杀之军警执法处。年三十八，遗妻王氏，子女二人。

周 伯 良张佩兰

周伯良，贵州黎平府开泰县学附生，仲良之从兄也。素仰何忠襄王之志行，故以种族革命自任，时发狂言，则大呼曰："好头颅，谁当砍之？但待价耳！"气概不可一世。清末，入自治学社。平刚由日本归，伯良自黎平来会，一见即快谈连夜。为人俊悍，刚爱其材，勖以宁谧，笑而不从。自少与同里张佩兰相善，盖年相若而性相投也。俱喜与闻人事，故里中谓之"二狂士"，宴会之场，人多远之。洎贵阳反正，消息到黎平，伯良乃与佩兰亟谋响应，邑吏故不许。二人乃招四乡团兵，得数千人，欲围城以威逼之。有娄衿某，平日倚墨吏作狼狈，伯良等诮谭之而无奈之何者也，今惧一旦失其城社，乃与吏谋，佯为誓诺，紿佩兰入而杀之，枭首出，众即骇散。伯良不能禁，遂亦逃。吏遣捕役追而杀之于永从。

伍　英

伍英，字伟章，贵州平坝县人。体性短小强干，入自治学社，为张石麒效疏附奔走，于革命故有名。唐、刘盗黔，英亦亡命在外两年，潜归隐里，渐出而篡立两级小学于城中。显世知之，遣谍诱之出城而系之，欲解进省。离城八里矣，英喟然曰："止止！吾知而辈意矣，总之一死，吾何必晋省？吾之所以归者，不欲离家乡远父母耳！请得区区以如我愿，何如？"遂就其地而杀之，而割之头以报显世。

熊朝霖

熊朝霖，系贵阳人，其父兄旧与平刚有世谊，湖南人作先烈传，误籍之黔阳县，盖黔字之为欤？当清之季叶，朝霖以贵州陆军小学，转湖北中学，而升保定军官学堂。不知何时入同盟会。袁世凯奉清诏命，出抗民军，朝霖乃密奉总理命，入滦州营伍中，联合得数十百人，于天津密结分会，复得王怀庆加盟，遂鼓噪兵变，是为滦州起义。朝霖方欲举以挠世凯，不悟怀庆卒然围之，盖怀庆乃北洋之巨猾，而世凯之功狗，乌得引以为类？然此数十百人，终能鏖战三昼夜，致死亡逾千成，众寡不敌，我师败绩。朝霖被擒，不屈，被害，暴尸数日。有友萧子刚、陈若飞、陈小舟，收其尸而权厝焉。

彭尔坤

彭尔坤，福建人，清末时从沈瑜庆来贵州，充巡抚部院卫队长。武昌起义，张石麒派谭景周以湘人之谊，入卫队中款接，尔坤遂来投诚，愿附革命，率其队百二十人，首缴炮机示意，从此常密候命于石麒之门。反正后，石麒被举枢密院长，仍以尔坤为院卫队长，从院长出巡上游，甚忠谨。及王华裔谋逆，乱兵攻张宅，尔坤御之，战于门。石麒乘间逾垣而走，尔坤竟死之。

陈天煋

陈天煋，贵州思南府人。当清之末，天煋来贵阳，慕张忞名，往见之，执弟子礼。尝从宴燕东山背风亭，谈革命，酒酣兴起，跃拳击柱。后以事远行，临别，请忞赠言，以“勿忘革命”勖之。久乃无耗，辛亥反正，天煋忽在云南响应武昌，以九月初六日起兵大理，尚先昆明三日也。大理距省城甚远，蔡锷以九日独立，犹未得大理真相，因推副督李根源西巡，闻大理都督为陈天煋，疑未敢进。忞时在昆明幕中，往见根源，述有弟子陈天煋事，根源乃命电询大理，天煋复电，请举“赠言”为征。忞曰“是矣”。根源遂邀忞同往，忞请先驱以报。至大理，见所举事颇有条，地方亦盛称之，忞心甚慰，乃告以省方大旨，欲其解兵，天煋亦慨然有“功成不居 ”意。省方遂允给解散费五万饼金，先交一万，余令赴昆明结领。天煋惧有诈，决然弃去，偕所友好十数人，航海赴沪，而谒中山先生。先生时退居，令之陈报稽勋局。天煋行抵都门，甫投谒各当局，而缇骑已发，将天煋等捕去，谓“云南来电，讼天煋为匪类，骚扰大理”，故不容诉辩，骈戮之于北京西市，闻者莫不哀焉。

李鼎成

李鼎成，原籍湖南永顺府保靖县人，侨居贵州铜仁府。于德坤等被害后，无敢回黔结党者。民纪二年，本党欲组织各省选务，贵州遂派鼎成负责。初来贵阳，寓湖南会馆，刘显世知之，即命唐尔锟、张忞加入，组成国民党贵州分会，向首部请领开办金及选举费。平刚知之，出而陈情阻发，时当权者丧心病狂，不听，竟拨给巨款。厥后，贵州所出国会议员，竟无一真国民党员，暨袁氏灭国民党，显世即密令收捕鼎成。有高等检察厅厅长胡良汉者，以同湘谊，阴泄于鼎成，乃传藏于庄少云、吕伯阳、熊逸滨诸家，不可久，始潜归铜仁。既至而病，坐筹资斧，复为显世侦知，密遣谍者驰至，立捕斩之。有老母八十余岁，哀求独子留养，终不许也。

陈开钊

陈开钊，贵州贵阳府龙里县人，当清末季，属初期武备学堂出身，加入自治学社。体性伟悍，勇于为义，与新军营士官素多往还，故于辛亥反正，在事出力。杨荩诚率师北伐，开钊从任管带，师次常德，和议告成，奉大总统孙公令："滇军回滇，黔军回黔。"行抵沅州，而滇军不奉命，出兵抵拒，荩诚柔懦，遂不敢进，愿以复黔之众，请交旅长周子光，军分两路，相辅而归。以席正铭率八十三团，向松桃方面推进，子光自领八十四团，由洪江镇远而上。开钊则告奋勇，以所募复黔义师之名，请当前锋，取中路出发，直指铜仁，沿途布告大义，先声锐甚，鼓励士众，示必克期复黔。师抵铜仁，滇军闻风气阻，加以两湖人士，不直滇军之声，弥满东路，以故交绥即败。开钊乘势扑城，滇人殊汹惧，飞电求救，唐继尧急调援川悍将黄子和，而又兵变，在途戕命。继尧于是既惭且悚，废然决计回滇矣。刘显世闻之大骇，要迫城绅电向南京抗辩，复谣惑其党陈崧甫，谓开钊扬言："破城之日，首族尔家。"崧甫之父，乃与其子相泣而请滇军少留。崧甫愿先犯阵，滇军已遣人向义师，请缴械而退，而开钊则气张甚，不许，谓"必得滇人尽歼焉而后快"。滇军于是愤恨，子弹虽尽，搜集城中土炮，誓与开钊肉搏。时义师已围断铜仁，近倚松桃沿河，有席正铭所领八十三团之联络，远有周子光所领八十四团，足为镇远滇军之牵掣，且可望截断贵阳之援路。开钊自谓可操胜算，躬赴城下指挥苗兵登堞，未防子光降敌，镇远援军忽至，城中敌忾倍盛，尘声震处，开钊已为土炮射中要害，崧甫豕突出城，内外杀声，山谷争应。我师既见主率阵亡，又闻敌人增援，一时惶骇，遂土崩瓦解矣！我师既败，滇人获开钊尸，愤其暴，剖腹然灯。益开钊为人，悍勇专行，素足以制之者，惟贵定凌霄一人；然是役也，霄适以病落伍，岂非天哉！

席正铭

席正铭，字丹书，贵州思南府人。清末来贵阳，入陆军小学堂，小学生多倾心革命者，故正铭亦醒于义。至湖北起义，正铭虽升在中学，然未获展足，值贵州北伐军近鄂，而和议告成，都督杨荩诚以正铭有邻乡之谊，因援入军，委充参谋。未几，大总统命：“滇军回滇，黔军回黔”；副总统黎公、谭都督延闿，复力持正论；而唐、刘之党，乃以私人利害，拼命相争。黔军既愤愤，荩诚知前途必有血战，遂请放去，而以其众交同学之周子光。然军心于子光不见信，于是推正铭以副之。正铭见群情附己，亦愿决申公义，认领八十三团，以掎敌之左臂；且陈开钊自告奋勇，愿作中坚以犯敌，亦须择劲旅而为之犄角。是役也，战略既胜，殊可操券，子光虽弱，苟不贰心怀货，则铜仁孤立，岂足当我夹攻之众？铜仁一拔，贵阳迎刃而解矣。呜呼！子光降敌，而开钊死，正铭之众溃，使我义师一败涂地，子光之罪，不可谓上通斗极乎！正铭既败，反归申江。癸丑革命，复任江北之役，事虽未就，不失为肯努力者。厥后入川，乃为总司令之争，而复谋之不臧，致遭惨戮，则亦大可哀矣！惟夫死之二年，其妻柳氏目击夫仇，沪上惨死，大笑而亡。吁！亦可谓之烈也已矣！

刘　镇

刘镇，字树藩，贵州安顺府学诸生，为人短小，岩岸自高，与张百麟结自治社，出力经营，设法政学堂，即负讲师之责，办《西南日报》，复担编辑之任，间出杂志，专发挥共和政治，下笔万言，倚马可就，词理彬彬，不愧斐然之君子也。今犹检出《政治欲论》一篇，约十万言，文心细抽，规模宏具，如斯巨制，无浪费言，且其抨弹得失，光明磊落，引绳批根，动见症结，迥非茹柔吐刚，如今之幽默者，有不可同年而语者矣。当唐、刘盗黔，镇亦久流在外，支离南北，且垂十年，含愤沈郁，无所宣泄。席正铭入川图黔，夙重其名，念秘室一职，非镇莫属，且抱志既同，故待之以入幕之宾。于是甫从正铭，舍馆未定，行抵白驿，遂及于难。呜呼！可谓玉石俱焚已。如镇者，实为导泻民国之先河，乃无与于党国报本之典礼，后生执事，倘不免“数典忘祖”之咎欤？

张　英

张英，字少权，贵州贵阳府贵筑县人也。曾入乐群小学校，年十三转陆军小学，十六岁升湖北中学，十七岁时反正回黔。民纪三年，由保定军官生毕业，与普安王其芳谋刺袁世凯，机露，悬赏通辑，更名匿山东丁世诚家。八年秋，奉大元帅令，偕湖北吴醒汉，绕道湘西而入鄂西，于施南、来凤间成立民军，旋与酉阳王勃三合，任参谋长，勃三因去广州任非常国会议员，英遂抚有其众，以隶石青阳部下。黄复生起兵下川东，授英清乡司令，仍驻酉阳，嗣以击匪与赵国泰、刘襄礼战，马逸误落水田中，得吐血症，未能调养，明年二月，病遂不起，亡年才二十五。其部队交勃三之弟子牛，而命英犹子某，扶其柩回原籍，葬于次南门外猫猫坡。无妻子，惟遗其父张协卿，母邱氏，以哭子得痼疾焉。

刘　潜

刘潜，字泽之，原名琨，贵州镇远府诸生，调高材留学省城公立师范学堂。值清季变制，巡抚林肇年官资出洋，留学日本，改习法政，入同盟会。为人慎重，当其入会，以为出处所系，经详审虑。毕业归国，入鲁抚幕。辛亥反正，潜住烟台赞画革命，曾任审判厅民庭长。民元之秋，遂与于德坤奉派同黔筹办本党分部，德坤与胡德明遇害，其弟坚犹谓被盗，虑兄孤旅，躬往迎卫。兄弟二人，且滞玉屏，拟俟数日然后行。及至清溪羊坪间之漫坡塘，仍被劫杀，其弟逃至冬瓜棚，盗追及亦杀之。遗姒娣，抱子隐于深山，闻亦先后不育。潜妻田氏，坚妻邹氏。坚字少陵，盖俱绝世矣。惟道旁二蓬颗，长留过客之指点太息而已。

胡德明

胡德明，字仲文，贵州定番州学诸生。少年倜傥，清之末，调高材入省学法政，遂渐染于革命。听讲钦定宪法，大骂为“奴隶契约”。因自费留学日本，进早稻田大学经济科，遂入同盟会。其兄德元，以优贡赴北京。德明书以告曰：“中国须求根本自拔，惟兄不可梦，梦寻胡虏生涯也。”及归国，更入京津同盟会，熊范舆出南京参议院，辄诟詈南京政府，德明遇之于天津同乡会，奋起与辩，怒掌其面。唐、刘据黔，德明逢人大骂：“强盗且能盗名，贵州今落大盗之手，吾人诚无黄钺白旄以夺其实，要不可不有口诛笔伐以夺其名。”不久，于德坤奉派回黔，筹设本党分部，邀同协办，壬子秋末出京，冬遂被害于田线坪，身中四刀，并割其头，以德明当时大骂故也。伊兄闻报，遣人运尸，往反之期，动经旬月，而面目犹生，盖其忠烈所致欤？

徐龙骧

徐龙骧，字伯芬，贵州思南府学诸生。以高材入贵山大学堂，清末巡抚林肇年以官资送日本学师范，遂入同盟会。反正，任南京内务部签事。民元之秋，与于德坤、刘潜、胡德明奉派回黔筹办党务。德坤三人被害，龙骧以故在后，逃回北京，陈报首部，并呼吁海内，值“大盗窃国”，遂无可诉。民纪二年，南京二次革命，龙骧以参与之功，奉白版，权摄江宁县篆。张勋攻陷南京，龙骧衣冠坐，堂皇骂贼而死。

谭西庚朱焯

谭西庚，字云鹏，贵州石阡府举人，清光绪中叶，大挑一等，授职浙江青田县知事，甚有惠声。予告终养回籍，值改制，省设咨议局，西庚被选议员，旋推任议长。年已六十矣，犹能赞助革命，加入自治学社，密与张百麟筹划，荫蔽于清吏之间。以故贵州反正，得以咨议局发纵，而人心不皇惑者，西庚与副议长朱焯之力也。军政府成立，西庚与焯，被推为立法院正副院长。唐、刘盗据黔政，西庚义不为屈，与焯同时出亡，游大江南北，晋谒总理孙公于上海。留览燕京虽久，而无所投刺，焯以堪舆糊口，君则以医理就食，备尝艰苦。归至洪江，显世知之，密嗾王华裔欲戮辱之。不得已，复退隐安江，困甚，与辰沅道尹吴跃金有旧，请一廛而为氓。帝制变作，复隐名于芷水之旁，渐征痿痹，因就温证一篇，而疾病莫能续，遂以丙辰之冬卒，焯则去死成都焉。焯字云麓，安顺府安平县举人，善易学，励品行，亦以唐、刘盗政，义不容居，故甘与西庚流而不返，是亦高尚其志之士哉！

许阁书

开阳许阁书者，原属贵阳府开州学诸生，质秀而文，十余岁即入州黉，其家为州望族，故少年即负盛名。夙慕张石麒、周素园之为人，加入自治学社，崇尚民主主义，努力社务，输金不吝。社中创设法政学堂，阁书宿直堂事，劳怨不辞；《西南日报》之成，尤运力焉。反正后，顾颓然自废，隐有大树之风，而无言禄之意。及唐、刘据黔，同志皆出流亡，阁书独返林薄，自谅于物无尤，以为可遂初服。殊不料奸人之腹，乃以盗度君子之心。于阁书之为人，一切不问，要于异己，则视同寇仇而已。于是侦知其犹乡居也，命捕役往，获即就戮。是日，阁书适抱子趁集，刽人至，知无生理，请托其孤，然后授首。嗟乎！慷慨就义，阁书有焉。

黄烈诚张杨氏

女士黄烈诚者，黄佛青之妻张氏也，自字烈诚。清光绪之末，与白铁肩女士创设光懿女学于贵阳，襄助革命之运动，风气之先，备尝艰苦。夜工筹划，日任教授，精诚所至，虽在男子，有叹望尘莫及者已。暨反正，盘计库帑，仅余生银十九万两，凡清吏各回原籍，亦既从优资送，且政局翻新，军支几倍，而当权者又严禁捐输，岂如后世之可强行赋敛？以故烈诚遂请平刚之母与其妹，首脱簪饵，普劝乐将，不用横征，借充军实。呜呼女士！仁也亦巧矣！及佛青被害，烈诚复涕泣呼吁，奔走南北，而与蔡济武等创作冤愤团。事虽无成，总理亦为感动，予以多金。惜乎！未及三年竟以积劳，瘵死于路，呜呼烈诚！欲不谓之仁义忠烈，其可得乎？

至若张百麟之妾杨氏，又一忠慧节烈妇人也。当刘显世以兵搜百麟之宅，其妻素患瘫痪，不良于行，其子孩提，惊晕在地，赖杨氏智计，得免于难。既而其妻子从百麟逃至上海，杨氏则因有身，待娩未行。暨滇军入寇，知为百鳞之妾，而青年也，欲侮辱之，勿已绐之，乃得从容自缢。时有诗人余达甫，题长句以哀挽焉。词曰："千秋奇女彰彤管，患难艰夷始见之。往事辛壬更水火，那堪残杀济颠危。西南自是成封豕，巾帼何人独委蛇。如此从容申大义，敢将一死愧须眉！"

朱霈霖

朱霈霖，字雨三，贵州龙里县学附生，其父乡望甚隆，故得公费留学日本。丙午入同盟会，急于校课，遂得心痫。卒于日本中央大学得以经济科毕业。反正归国，充临时政府内务部签事。癸丑之役，从居正起兵山东，旋夺吴淞炮台，俱有力焉。中间一度窃归谂亲，几为侦骑所获，遇王小谷为邑宰，密告幸脱。黔军与滇军战铜仁，曾参谋其军事。四年，刘显世密运枪械过常德，凌霄、匡黄等七人，谋劫于路，君识败朕，故独获免。七年，与平越王枢元，谋用警兵于武昌起事，机偾，亡入湘西，遇川边宣慰使安健，约共入蜀；途又被盗，病莫能兴。平刚时会湘西五军，为立军政府于沅陵，因荐之第三军，充参议。困益甚，居恒郁郁，使酒谩骂，人莫敢近，渐沈痼疾。八年月日，以下血卒。归骨无计，刚为请于地方人士，故遂葬之凤凰山冢。

王枢元

王枢元，贵州平越州诸生，俗称"堵府王家"，世族也。旧入自治学社，为人拘谨，顾善技击，尝练子弟兵若干名，保卫一方；入民国来，百里内无盗踪，受其赐也。以故被选候补国会议员。刘氏盗黔，枢元不能居，亡命游武汉间，与朱霈霖共事警察中。七年，因居警界久，欲以警兵起事，机关败露，二人遂走湘西，遇平刚，并荐之入第三军，以有拳足之能，故常奉使于朗江上下游。忽为冯玉祥游骑所获，枢元当场持术抵抗，遂被击伤而毙狱中焉。方枢元之居湘西也，候补议员，时轮缺出，而以其拘谨故，终畏刘氏，不敢去广州，虑似李怀安之受害也。盖李怀安，亦兴义人，在清时，以恶刘氏，入赀得捐知县，指省广东，已出省多年；而显世据黔，犹能请龙济光杀之，此枢元所由疑阻也欤？

李有桃

李有桃，贵州镇宁州诸生，为人宁谧性孝，乡望甚孚，无男女老幼，咸称之“李三老爷”。有聚族械斗者，动拥数百千人，临以县卫队力，亦莫能解决，而“李三老爷”至，温语片言，深仇立遣。曾留学日本三年，无知其有志者。辛亥反正，有桃举全县以应军政府，绿营管带萧良臣不敢与抗，始有知其为自治社员者。唐、刘盗黔，张百麟逃下百色，有桃饬陶子香送之，以故捕而杀之县署之门。有桃当被禁时，邑人愤甚，欲纠众劫狱而出之，不许，恐累地方于难。死后至今，有谈及者，尚莫不悲感云！至其孝事继母，更无间于乡党之言焉。呜呼！殁昭乡祀，义在斯乎！

陶淑

陶淑，字子香，亦镇宁人，初入贵阳新军营充学兵，素服膺于李有桃之为人，故于其县反正，力佐有桃举义。先是有桃欲起事，以淑倡体育会，得数百人，暗施军事部勒，人莫识者，一旦得用，而绿营不敢与抗，职是故也。然刘显世终以其护送张石麒下百色而深恶之，故乘滇军入寇时，特以密令督趣萧良臣而杀之于北门华光庙云。

白汉香

白汉香，贵州镇宁州学文生，性戆直而骸浊。清光绪丁未年，与本地学派不合，负笈游省垣，闻乐群流革命之声，欣然投之，且崇仰彭述文之学行，愿为之助，而任教焉。时清吏尚模棱，稽闲既疏阔，汉香于学子，故为昌言，口给不讳。于是激扬所至，浸溉遂深，如张先培、黄芝萌，其尤取精者也。既而加入自治学社，论坛控纵，不免悔尤。有防营管带宋仁瞻者，与汉香少同里闬，性独贪狠，平日颇为汉香所诮责，固衔之婴心矣。庚戌，铲烟事起，标统袁义保赴镇宁各乡，奉令严办。而西路既属产场，烟苗故盛，人民生业所系，不免违言。汉香之父，又为团首，因虑乡愚执固，寒假之期，转省已载途矣，复驰而归，或为调处。不意仁瞻适参军事，遂媒孽长短，谓汉香久于乐群煽动革命，今来凭其父力，意在举旗耳，非徒抗铲也。义保赫然，驰使人告，巡抚庞鸿书闻报亦赫然，命就地正法。呜呼！汉香之死，其于视日鼓琴之际，有绝调词数章焉，可谓从容就义者欤？

刘 谨 权

刘谨权，字警黔，贵州安顺人。家贫亲老，贩养能敬，方策识之，教之夜读，以入自治学社，得读《民报》，遂努力革命，见总理孙公象，则持归膜拜。辛亥反正，安顺响应，成独立军，身任统率。唐刘盗黔，谨权以亲故，蛰居乡里。民纪二年，李鼎成来贵阳，筹办党务，复出为赞助。刘氏遂愈恶之，密遣谍探，诱而杀之。其妻李氏，遗腹生一子，女二人。

傅 文 堃

傅文堃，字厚叔，别号中藩，贵筑县庠生。幼颖悟好史事，慕祖生之为人，故名其居曰“景逖堂”。尝与平刚同学，刚时务汉人师承，兼宋儒性理之谭，君辄非笑之。及庚子国变，刚倡言排满革命，君则附和康梁，主保皇最力。既而刚出日本，君以史地之学教诸生，杨寿篯时擅文史，为《西南日报》主笔，于是铮铮有“二才士”之目。刚在东京，接彭述文书，知二人于时颇有力，心窃忧之，遂注意发书，先即劝谏文堃，往复驳辩，颇经时日，二人始翻然首肯。君既回头，遂极努力，学界受益，君功为最，故反正考绩，获推教育副长。暨刘氏叛迹渐露，君知祸伏萧墙，于是放弃贵州，愿“从刚出游，浪迹大江南北，浩然不返”。癸丑之役，与张百麟等一度经营宝山，既遭屡败，心绪不宁，方知白虽邀游天台雁宕，究非本志。民纪四年，竟以咯血卒于上海。遗妻子二人在乡，现亦俱谢世矣。

杨寿篯

杨寿篯，字伯坚，贵筑县学廪膳生。性孤傲而勤敏，强学不倦，且孝友，少即负盛名。创立正谊学校，自命甚高。方清之末，与陈思望、萧协成，结“岁寒三友”，俯视一切；为学则尚公羊，兼攻说文、音韵，颇有著述。变法后，加入自治学社，被选咨政院议员。初惟主张立宪，后于政治，屡失所望。一日，于某宴会，酒酣之际，忽狂言曰：“方今之世，安得尽人如平刚者耶?”举座大掠，客遂引去。及主笔《西南日报》，时时与宪政党人为驳论，笔甚犀利，于学界人心颇能吸引，与傅文堃一时齐名。唐、刘盗黔，君亦势不能容，遂走北京，一度南游长沙。汤芗铭时督湘，几遭险难，由是北返，遂困老郎署矣！某年月日，以劳瘁卒，遗所注《公孙龙子》一部，《说文音义》若干卷，遗族妻子均在籍。

赵德全

赵德全，字纯诚，湖北汉阳人，清末来贵州，曾充新军营后队队官。新军营鄂籍官长最多，以德全资望最重，故贵州反正，德全亦最有力，副都督一职，诚非德全莫属。蓝绍廷虽有才，人多畏其暴；德全为人忠厚，故人望归之。然贵州成事之偾坏，亦半由德全之忠厚致之也。而德全乃以忠厚犹不免于见杀，则唐、刘辈之残贼无人理，亦可见一斑矣！呜呼！唐、刘之徒，见利忘义，终于一一为天下之大僇，又孰谓“天网恢恢，疏而或漏”哉？方滇军之假道来黔也，识者知德全将受人之诈，告德全曰：“滇军之来，北伐其名耳，衔意实在侵盗，君其勿忽！”德全曰：“北伐正名也，假道公义也，吾何辞以阻之?”告者曰：“闻彼恶公口，辞曰：为伐乱而来者欤?”德全曰：“公口，诚不理于口；但自黄佛青误杀罗魁而后，尝告人曰：‘公口之污，吾当以颈血洗之!’今佛青已死，公口之名早肃，又何‘伐乱’之足辞为？其或以义召而终以利夺也。则公道在人，神鉴在天，我不屑以满城生灵，而与若争富贵，时至则有敝屣弃之耳!”耆绅郭子华时在座，哗跪而为苦语而誓之曰：“吾言有不应者，请死屠刀之下!”德全于是奋然作色曰：“郭大人耆年长德，而言苦切若是，诸君何事更疑焉?”癸丑正月十四日黎明，滇军以炮击贵州军政府，第四标标统刘显世叛应之，城陷，德全乃避而走，匿其妻袁氏之乡。未几，黔军回黔，显世使人杀之茅簝堡，即德全之妻家也。

萧 建 初

萧建初，贵州安顺人，前清之末，与方策、刘谨权等成立自治分社。贵阳反正，安顺响应最速，亦惟建初是赖。及钟昌祚遇害，无人敢收其尸，策与谨权等均亡在外，独建初出为殓葬。后李鼎成来贵阳，筹设分部，谨权时回黔，建初复与之密为应和。暨刘显世密杀鼎成与谨权，建初幸漏而跳，乃匿居江西岁余。为念母老，四年四月，窃归谂母，竟于七月十一日，为显世所捕，而斩于县之大箭道。年三十一，遗母妻子，妻易氏，子名良弼。

艾 树 池

艾树池，字汉萌，贵州石阡府人，父母早丧，家贫，不能求学。清光绪三十四年，贵阳创练新军，树池来入伍，其貌不扬，曷鼻齗䶗，渠肩挛膝。初面，人或轻之，久乃知其抱志也。与杨树青先识，声气骎广，为众推服，渐升小队长。尝与田世雄访平刚于私宅，密谈大义，遂深相结。明年，湘鄂反正，风播黔中，树池乃从赵德全、蓝绍廷深夜出没张百麟家，至九月初，势机渐迫，树池以术要其标统，得接第三营管带。当局已有戒心，计收兵人子弹。十三日夜，树池、树青密运子弹回营，即迫见袁义保，义保给以少待。二人恐有变，树青乃以铳胁之，不意义保竟以是跳，全营大哗。谋为统帅，急切未能。教练官杨荩诚出而抚慰，众遂拥之。十四日晨，全队入城集省议会，宣布独立。于时，二树之名噪甚，乃不旬月之间，黎平有“清吏丑正，杀周伯良”事，军府急命树池驰救。先是，黎平有洪匪之乱，地方人士乞镇箄一营，就近镇摄。树池至，甚与款洽。未几，唐、刘盗黔，慑树池名，令吴传声率兵往，佯言与之襄剿，箄军营长田福山，力劝树池先诛吴，然后助之讨唐。而树池迟疑，恐致糜烂，乃率其众入湘。至三眼桥平茶地，竟遭滇军伏击而溃。癸丑讨袁，树池复出，任第一师参谋。失败，潜续策进，被捕，系于鄂之狱。袁氏毙，获释。总理嘉其志，密令“入湘以助谭延闿”，又被捕入武陵狱，遂为唐生智所杀，盖民纪十年事也。

萧健之萧规

萧健之，字子刚，贵州贵阳人也。方清之末，入陆军小学堂，升湖北中学。反正之初，袁世凯负嵎弗顺。健之与熊朝霖在滦州鼓动独立，而为王怀庆所编。事偾，朝霖死之，健之脱险南下，复参与黔军回黔之议。初，唐、刘盗黔，名既不正，两湖人士指责綦严，于是请以和议解之。双方遣使会议洪江，黔军之使周子光及健之，滇军所使为牟琳，湖北派赵金滕，湖南派危道丰，亦参证其间。健之乃独持正不阿：“滇军应回滇，黔军应回黔，公道所归，铁案莫动。”健之于是遂得“鲁仲连”之目。琳既受约而归，唐、刘怒，欲杀之，决计背盟，发兵抗拒，故有铜仁之战，黔军遂誓师西讨，众疑子光气馁，乃使健之监之。中途，子光果贰于敌，健之乃密扣子弹，以济我师，显世故衔之次骨矣。暨我师败，健之不敢回黔，徘徊于都门。逾年，其弟显治偶遇健之，乃铦之以言曰：“雨过天青，勿相尤矣！且长安居亦不易，介介何益？若欲归者，敢任先容，子莫执固，请趣图之！”时健之方以妻家促其完婚之事踌躇莫决，闻此，欣然遂归。显世故为式〔示〕好，肆筵洗尘。是夜，欢饮中酒，牵出东门而杀之九华宫石坊下。

萧规方潜归，睹此，骇然而跳。盖萧规亦陆军小学生之归心革命者，反正之役，颇有勤劳，从新军学兵一跃而升管带，与杨树青从叶占标援川。归，值唐、刘盗黔，途中遂有欲阻兵抗战者，规与树青，皆不欲立异，饰辞而归。及树青见杀，规始惊而逸。癸丑，加入重庆独立。逾年，复潜回，匿杨伯钊家，又见杀健之，乃密移入乡，其家为黔西州滥泥沟人故也。一日，有人持熊克武密函投于其家，捕者寻至，竟以是杀之南明河畔。规字道生，为人机变，然再逃而仍不免，悲夫！

安　健

安健，字舜卿，贵州郎岱厅诸生。其先为水西土司，自蜀汉建兴三年，健之远祖有从武侯佩三珠虎符征讨南蛮者，得赐土著姓，至于今千有余年矣。子孙绣衣肉食，宰制一方，世袭罔替，其抱封建之想，国内自衍圣公外，宜莫如健之家世矣。乃其人嚣然尘表，自幼与邑生彭文治善，文治时时以“平民之义”导之。清末，尝愤官吏虐民，辄欲起兵抗变，文治以时未至，阻之。嗣游省城，谓自治社与己志合，欣然加入。漫游日本，遂入同盟会焉；复拜章余杭先生之门。反正后，唐、刘盗黔，愤不欲归，矢志追中山孙公，屡次革命，健皆能与。广州讨龙之役，奉命指挥王度等，再败再入，艰苦能忍，大元帅颇嘉誉焉。旋命之宣慰川边，跋涉万里，中途遇盗，屡阻必达。时川中拥兵同志，各怀离沮，健居其间，秉节不二。十四年，由川回黔，道经赤水，见周西成，遇平刚于座，责以放弃党务，刚谓时犹未至，于是慨然入贵阳，而邀方策、程毅、傅启运等筹设分会，终以形隔势碍，始浩然离去。十五年，复以党代表职，导第九军効顺中央，嗣因军长彭汉章遇害，健颇受赤化之嫌，乃浪游滇粤两年。十八年夏，龙云、李燊奉命入黔讨周西成，健起而为之辅。至贵阳，被推临时省政府委员兼民政厅长。未几，龙、李交恶背分而去。健仓皇尾追欲事和解，终于无济，愤慨交集，旧疾随增，遂因积劳于某月日殁于昆明法国医院。中央闻报，议以一等抚恤，追赠陆军上将。呜呼惜哉！健生纨袴之中，而志青云之上，亦奇士矣！乃其体富脂肪，满脑肥肠，行则吁吁，坐则徐徐，心惊神解，志大材疏，故频衔使命，而液橫不胜，虽志行坚正，终于瘁劳成病也。

方　策

方策，字竹君，贵州安顺府庠生。安顺为黔商萃重地，风俗最靡窳。而策独尚廉洁，矜义气，喜游誉风尘之中，詹詹为鸣不平。其邑于清，本属大府，故提督军署建焉。盖清官吏，堂廉素称高远。故事：人民之于官吏，虽州县下至承佐，见则胥拜跪，匍匐在地，言则有"唯"而无"诺"；至提督之为一品大员，其威棱更不可响迩矣！某年月，督署课射艺，卫士某飞矢误入民房，射杀匠人某翁。署中人若无事者，翁之家其敢谁何，掩泣贷殓，且藁葬矣！策时从学校归，闻市人啧啧，色若谈虎；询其故，怒甚，谓"草菅人命"，不平。急诣翁家，戒勿成服，且踊棺而哭，必有以报也！策则端章甫，投刺入公门，以校长名请谒，长揸提督代陈颠末，请"顾民嵒，惩祸首，并怜济翁之家属焉！"提督徐月亭亦宿耳策之名，故敷衍之，退则间示以恫喝，谓有"详学褫责"之意。策闻状，乃具情上控制军，陈词恳切，卒获申诉。令文下于巡辕，严斥诘状，月亭殊悚慑，终于屈服，事遂平反云。策之名，由是借甚。张百麟结自治学社，策与通款，乃成立分社焉。贵阳反正，安顺独应和最先，亦策指挥之力也。及唐、刘盗黔，策故不能居，亡命沪粤，总理屡有所举，策皆与力。民纪十一年，曾被举贵州省议会议长。于反对者不少假借，致遭解散。旋于广州观音山遇蒙难事，策时直宿，激励同志，誓以身殉，事解而止。及晚年体衰，常不理于后进之口，然每谈国难，词气动人，可谓"至死不变"者欤?

李 小 谷

李小谷者，黔之遵义人，而异于遵义人之性者也。方清之末，黔省十三府除遵义一隅，盖无不有倾向革命者。而夷考小谷之先，原居遵义未久，且小谷来贵阳最幼！此其所以异于遵义人之性者欤？光绪戊申年，贵阳张石麒结自治学社，小谷名逮籍中，年虽少，坚苦致慎，料理各县称"社中铮"，而言不及遵义，异哉遵义人！而小谷者，于异之更异者欤？迨反正后，叛徒引外兵入，按籍捕杀，党人远窜，小谷亦亡命蜀中。蜀之豪杰莫不识之，因仕于蜀者垂十年。夫蜀之政局号称变赜，而小谷处之乃无间言，又一可异之事也欤？洎十二年，袁祖铭阻兵巴渝，小谷以计材权佐其幕，且身兼数务，而畴量军实，业业钩稽，莫不机牙四应，无毫忽爽，如是者又三年，人皆称为异能。盖小谷之出身本寒微，兼质弱而多病，生平处物接人，虽琐屑之际亦必悬款经心。自予与别至遇渝城，要在十年以外，每叹其身之骤衰，则力劝其任遇，而小谷固从之而不能改也。然则小谷之所以异者，而实至不异者欤？乃吾党中，常有疑小谷之变易者何哉！小谷亦尝愤慨以告予曰："吾惟以不愿异变，而始糊其口于四方，今若引绳以排根，彼夫华士之躁进，其谓之何矣！"予曰："夫激水可使过颡，冻雨不能崇朝，渊泉之用在长流，望洋每叹于无际。古来大任之载，固在此而不在彼也，小谷何尤焉。"夫当生死利害，而犹不趋异于守，此固异于遵义人之异；而小谷之所以奔走流亡，不得终其天年也欤？呜呼小谷！竟以十七年某月日，积劳咯血，死于贵州官产清理处。

王　文　华

王文华，字电轮，贵州兴义县景家屯人。前清末，留学贵阳公立师范学校之优级选科，喜与张忞游，饫闻革命之说。时校中禁革命书籍甚严，文华则怀《民报》于自习室窃读，监学察知，屡记大过而不能改。平刚由日本归，文华往见，纵谈革命，刚深异之，后知为刘显世甥，疑其伪，遂不与接。文华归里，集青年窦居仁、何辑五等，成立体育学会，阴谋革命。反正前，张忞由云南脱险来兴义，文华留之以主学会。洎显世据黔，以文华为副官长，创改陆军制，文华自为大队长，即以忞为记室，显世不怿。扩张防营，文华正式陆军既备规模，而为第一团团长，显世复以其兄显潜统防营以掣之。及帝制变作，凡属防营莫不赞同，独虑文华持异，于是假开军事会议，欲以众劫之。文华乃乘众甫集，首即厉声而发言曰："袁氏帝制自为，倾覆民国，大逆不道，今日之事惟有发兵讨贼耳！敢有附逆者，予先手刃之。"显世之众乃为其气所慑，遂无敢异言者。大议既定，蔡锷亦在滇发难，飞檄传来，文华即请缨自效。显世不得已，以一、二、三团任之为东路司令官，即日誓师东下，而老谋宿将，则谓“文华初生之犊，罔识利害”。袁氏正受公使团之讥讪，勒限一月，以重兵削平西南。用三道入滇故智，而以攻黔为中路。令骁将马继贞率步骑三万，号称十万，循辰龙关从马伏波故道西上。黔中遂已震恐，谓前敌若失，即以“孺子阻兵安忍，横拒老成”为辞，显潜又既奉袁命，设巡按使行辕于兴义，频电催“斩文华，何惜一人，迅以谢罪 ”。目论之士，胥谓文华此必族矣。更论其所部：一团弱而三团傲，兵弱且傲不亡何待？暨文华与继贞交战，一团团长恇怯而退；三团团长果以轻敌阵亡，战情殊恶。赖有三营营长窦居仁、敢死队长胡刚，两路奇兵殊死奋斗，全军之气为振。文华乃与继贞相持于沅芷之间。继贞初恃其众，且易文华文人，指日荡平小丑耳。不料文华善用士气，屡战逐北，反以少数而挠继贞。至五月之久，显世阴扣弹丸，文华则诫士卒以刺刀冲锋，继贞乃不能越雷池一步，卒以愧愤，自戕而死。黔军由是得“善战”之名。袁氏既毙，民国复兴，文华勋名借甚，被推为第一师师长，显世、显潜愧不能平，谋去文华之念益炽。六年，文华出游京沪，知皖直军人思想顽钝，无异乃舅，始加入国民党，且与张百麟言归于好。七年，护法军兴，文华又以师长兼黔军总司令入川以抗北军，与吴光新战，卒驱北军出川，名誉日愈崇隆。时湘西北军犹有出没，地方军民迭向黔军请援，文华乃以第一混成旅分驻辰沅。平刚由昆明下湘西，会合黔湘诸军，成立军政府于沅陵，得晤黔之将领，然后知文华之革命有素，而显世、显潜之谋倒文华也，愈益不容稍缓矣！初，显潜所统防营，有王华裔者，率一部驻防洪江，名守黔边，亦监陆军。九年春，黔军与川军有违言，忽调第一旅赴川，华裔遂督师入贵阳，而遣刘晋吾假商游渝，所以观变也。文华忌之，全师而归，晋吾乃误报兵败，华裔遂欲挟显世以收渔人之利，陆军将士均愤甚，文华终以投鼠忌器，遂避之沪。诸将士不得已，开军事会于遵义，共推第一混成旅旅长卢焘，权总师干。秋九月朔，归师抵省，问肇乱者之罪，华裔、显潜均已在逃，其余诛放有差，显世乃不安其位，引咎自去。冬，文华受总理任为国民党军事委员会常务委员，值大选贿案发，文华复奉令往浙江说卢永祥，欲共起兵以讨曹、吴之罪。十年春三月十六日，在上海后马路，不幸遇贼刺中要害，卒年三十五，以众议，葬其柩于西湖之滨。

李　益　之 王晓林

李益之贵州钟山凯里人，民纪十二三年间，留学贵阳师范学校。十四年游粤，入学黄埔政治班。十五年冬，盘县张道藩奉中央党部命，以指导委员回籍组织党部，同行者平越商文立、黔西黄宇人及益之三人为筹备员也。道藩、文立先至，持孙炳文书来见平刚，为之介绍，省长周西成故延二人住招待所。益之、宇人后至，巡见，言论不洽，各投戚友处；益之即寓罗宗英家，宗英以职时在外。道藩时来偕益之见刚，说周主张“全省入党”，益之谓“须经试验，不得奉命入党”之理。周不悦，双兼词气态度未能款接，周遂怒马益之：“欲以少数压多数，不平孰甚！”由是交恶，刚乃往为之解，终不能释。益之、宇人请入党工作。周疑其夹赤化，不许，二人不得已分投各校，密构学生会，并邮书外县同志，指趣进行，遂有以“扇动青年男女”告密者，周愈忌嫉之。刚睹其危，劝四人讯即离去。道藩颇有意，益之、宇人笑而置之。至四月初，南京来密电，由陈某转道藩者，电局函知：“持码受察”。道藩谓“受于中央，不能洩”。电局不许，曰“译后察文可乎？”局乃请示，周谓“必察密码”。道藩等会议，众原放弃，恐文中有碍：周适亦有疾，延将一月。刚力戏：“乘伊疾中速去”。盖当时有“察禁青年出入省关”之说。道藩亦原行矣。宇人必待端节后，有数女子同行。武汉赤风日愈炽，黔东守将忽来电，报“有共党多数人入黔”。周疾亦良愈，忆前密码，严令缴吴，道藩等仍坚持。时五月初，周大怒下令：“抄捕粤来四代表”。副官长杨献廷、旅长车鸣翼遂分头捕人，并抄检行李。道藩被逮军法处，益之隶系扶风山旅部，文立因假回籍，亦伤平越县捕禁；惟宇人逸匿，遂捕其弟与父。刚闻门潮骇甚，驰入省署，时已二鼓，见周详询，见马并络绎来报，一人曰：“某不畏刊，强项且骂。”周闻吼怒，跃出庭，呵令：“不必问！令大操场占队，牵出去！”于是举座吓然，刚乃出而请曰：“恐非真相，容我一探，必有所以，然后定夺。”周许，令马异导往，刚先请法官停刑，欲明言，恐道藩不受，乃耳语劝之，谓“中央决不如是，电情必无他虞，君等护密，如是足矣，过此则愚矣”。道藩初犹不受，又劝之曰：“家乡法国，尚有大故在。”道藩乃太息而云：“一任先生。彼以威迫，则有死耳！至于密码，请问益之！”次日，持道藩函，往见益之。益之初犹呵责道藩，轻苦谕移时，欲吐而茹者再四，乃言曰：“我一书未与人者有犯渠语，被检来。”晓之曰：“虽然，持码往缴，犹可借此强为尔解。”时车鸣翼正接周之电话，得某女生密报，直抄罗家即得，请先生不必问。再晓之曰：“如此，码必得，予亦不能言矣。”益之于是虑其戚受累，乃作书与刚，且云：“往问宗英之妻。”而鸣翼既奉令，仍欲往抄，刚谕之云，“可不必”！然鸣翼仍同往，时遇雨，刚既跋而往，复跋而来，口干舌燥。周见此狼狈，呵斥鸣翼，谓“使先生如是！”既而密电译出，谓“国共分裂，四人可与黔当局，善为策防”，宜无事矣。不谓搜益之服，除获前书答钟山小学校长王晓林者，另得外书二通：一自宁，一自汉，均黄埔同学之函。汉劝倒蒋，宁劝拥蒋，周问即怒不可遏；乃以倒蒋一书，令杀益之。刚一一为之详辩，怒犹未息，知其意恨在答晓林书，乃为之哀恳求情：“即如我子得罪；且两日来，刚之如是劳苦不辞者，彼所关甚细，君之前途，所关则甚大耳！‘大人必有容量’之谓何？且彼等于我有何亲切之义，而我乃为之请？君不念彼，独不念我乎？”周始欢容而允曰：“即为君不杀此人也可。”时在座者有言曰：“是辈狂童，近观两湖，有何天日？”是夜，周竟密令杀益之于扶风山麓，年仅二十一岁。又令一副官，赴钟山县杀王晓林。道藩虽免死，未许远行，人家无敢留居者，来寓刚舍；逾月，乃以计脱之使逃。惟宗英与宇人之父与弟，被禁越二年，周征滇阵亡，刚为函托当局，始获释云。

张 汉 生

张汉生，贵州盘县人。民纪九年，以南洋公司商品，于安顺分庄出售；因常往广州，故曾入国民党。至十五年夏秋之间，北伐军兴，气象熊熊，汉生复见猎心喜，投入朱培德军，愿效执殳，为之奔走。时培德所领滇军，驻粤日久逃亡殆尽，因电贵州当局请许在黔募充，以滇黔人类较近故也。周西成复电慨然允许，于是汉生奉命携款来黔，在古州一带悬旗招募。既渐就绪，始趋谒省署投文请见。殊于茶话之际，汉生略陈中央此次允须北伐之大义，及近年来新式之筹备，因宣扬中央德威，讽劝宜早觉悟，接受党义，输入文化，措词之间，不谙周性，未免搪突。周遂大怒，呵其“冒昧”。汉生既退，周竟电令：“古州将领，凡所新募一律收编，黔中子弟不许出境。”然而汉生已耗培德巨款矣，遂不敢回粤，盘桓省门数月，逡巡西去。未几，守边将士来电，谓“有张某者，自命粤中军人，招摇盘江各属，如何处分?”复电令其“捕获，就地正法!”汉生死后，培德有电来问，周以“通匪被杀”报之云。

孔广钧 尹哲卿 柳子楠 罗士卿 宁銮 饶正权 王子林 陈电白 李绍修 朱杏元 陈名义 曾运堂

孔广钧，字陶庵，贵州贞丰县人，将弁学校毕业，素具革命之志。龙济光向贵州征兵，广钧招一连人从之，故充独立连连长。王度以第一路司令之名入广州，首得广钧赞同，于是加入者至三千余人，因机泄先死。

尹哲卿，与广钧同邑，且结生死交，亦以兵一连从龙，充广惠镇守使署独立连连长。因广钧而与度识，亦遂赞成，并为运动使署之卫兵旅颇得手。事偾，遂同死难。

柳子楠，贵州盘县人，旧办团，以一连团兵从龙于独立十六营，充第四连连长。因广钧而见度，运动得六五百人，愿负发难之任。机泄遂被杀。

罗士卿，贵州贞丰人，原属“老一标”士兵。在广州充独立十六营教练官。因运动龙济光振武楼之炮兵，事覆，死之。

陈电白，贵州盘县人，陆军学堂毕业生，从龙济光充独立十五营教练官。时密会度，多所筹画，事覆亦死。

李绍修，盖属贞丰籍，为孔广钧之排长，同时被害。

朱杏元，盖亦贞丰人，乃尹哲卿之排长，与哲卿同难。

宁銮、饶正权、王子林、陈名义、曾运堂，均贞丰人，因在籍与孔广钧通函，赞诩革命，广钧被害，搜检得函，济光遂电知贵州，刘显世乃按名捕而杀焉。以上十二人系死于民纪三年之役。

杜康臣王续宾　陈炳焜

杜康臣。贵州古州人，公立法政学堂毕业。从王度至广州，充讨逆军第一旅编修，时以“革命之义”向军士演说。常偕王续宾、陈炳焜往来港澳，与度密会，约定在河南举事，机泄而死，炳焜与焉。续宾系紫云县人，贵州陆军小学毕业生，在龙济光独立第十六营充编修，度第一次失败，嘱续宾仍密进，并嘱部伍中与之接洽。及康臣、炳焜被捕，续宾遂仓卒举事，亦被害。炳焜时为第一旅之下级军官也。三人之死，属民纪四年事。

欧阳煜

欧阳煜，字伯麟，贵州铜仁县人。清光绪三十三年，入贵阳陆军小学堂。宣统三年升湖北中学。武昌起义，煜颇与有力，叙功得充战时总司令部参谋官，总司令蒋翊武鉴其材能，调兼第一兵站部长。癸丑之役，复入泸军总司令部。失败后伏处申江。甲寅春，陈英士命之密往湖南，有所运动，因侦知“刘显世购得枪械，运过常德”，煜乃纠合凌霄、匡黄等，谋路劫而夺之。有金卫斌者与焉。朱霈霖识其奸宄，儆众莫行。于是煜、霄皆呵斥霈霖，谓“雨三太多疑，焉能成事！且金曾疏附佛青，同出亡在外，何嫌忌如是?”霈霖于是孑然离去，果为金卫斌所卖。事偾，湘黔志士七人，于六月二十八日，俱被害于朗州江畔。枪毙后，霄幸获活，煜亡年才二十三也。湘人录入烈士祠，书其名作“煦 ”，盖误记耳。

刘荣勋

刘荣勋，字九安。方清之末，荣勋为安顺府名诸生。少有大志，挈其弟谨权，偕方策、柳惠希等互砺品节，负自治学分社之任。省议会成立，荣勋被举议员，颇尽言责。官吏自巡宪以下，措施或不便于民，荣勋抨弹无所忌。予居海外时，已耳其名，及遇之，与谈民治意义，颇中肯要，心愈仪之。反正时，仓卒济变，故多翼赞之勤。嗣以主事者之狂大，乃为奸人所乘，同志相继流亡，独荣勋以父母故，不欲远去。迨二亲年近风木，颇思幼子，荣勋乃承志而招之。谨权亦以“事玩情疏”，宜可归终养矣。殊返家未久，竟及于难。荣勋悲之，由是内悔外忧，仿徨曲室，累足终夜，每闻风声，则惊魑魅，一日三迁，殆非人境，如是者又若干时。洎父母相继以忧徂，凡而祖柩绋软，荣勋俱不敢事，惟是哭于庭，踊于唐，跽止于阈，以待窆圹归虞耳。继此而咄咄纡结者又若干日。荣勋亦遂骨毁形销，奄然以逝矣！然迄今孝义令闻，远近犹啧啧有声，盖荣勋不至今日有重名也。当时仇之者，既不能明杀，复不得便刺，固缘“荣勋之至慎”，亦爱敬荣勋而为之防其微者，早大有人在已。呜乎！荣勋之死也，可不谓之极沈郁幽愤之壙惨者乎？

匡　　黄

童稚匡黄，贵阳廪生某之子。幼入乐群学堂，堂长彭述文见其肌骨精悍，短小敏活，而为易今名。盖以寓未来革命之望也。及反正，黄尚少，故不能有所任，然以渐于革命之大义，已能辨正知非，见“蛮夷反动，盗憎主人”，心滋不平，以是一念之笃，遂亦奋迹流亡，而怦怦之痌，待乘便一发耳！民纪三年之夏，刘显世适购枪械入黔道经武陵。黄观此明目张胆，乃不胜其愤，遂起而与凌霄、朱霈霖、欧阳煜辈，要于路而谋夺之。终以年少，热诚有余，而机智不足，为奸人所卖，湘黔七人同时被害。呜乎！昔童汪琦，能执干戈以卫鲁国，孔子犹勿殇之；今黄虽稚，能死于义，虽欲不录，其可得乎！

窦　居　康廖　谦

夫贵州之反正，以响应武昌，其功在能迅举，成此大事，而能不杀一人，其意可谓至善。乃寇贼奸宄，乘人之草创，而窃攘夺于其间，此刘显世、唐继尧之罪，较之杀人放火，实为不可赦者欤？虽然，彼引盗而导火者，罪又甚焉！厥罪之魁，伊何人也？一者，为计杀黄佛青之王华裔；一者，为引寇入破黔局之戴戡，或逃刑逾十年，或罔生过五载，乃终为我执义不回之士，擒而诛之。是诛贼之功，要不得在反正先烈之下矣！

谨案：杀王华裔者窦居康。居康，字尧衢，贵州兴义县人，贵阳陆军学堂毕业生。从其兄以庄，幼年遂入营伍，为人风姿颀秀，皙美如玉，口吃讷讷，不知为武人也。十一年，大总统孙公命王伯群长黔，以庄以第一混成旅驻铜仁，实左右之。华裔乃敢挟其武力，途次来争。伯群、以庄不欲糜烂其民，慨然弃去，所遗部队，命交周西成与居康摄持暂避。西成见贼萃至，以本军方易帅，不得不退驻沿河。华裔即占铜仁，盛兵架梁山，挟妓高会。居康乃不胜其愤，鼓励所部，反取攻势，从一眇连长，身先犯敌。贼初狃于前胜，犹不在意，既见居康情殊猛进，遂大骇溃。华裔方踞胡床，品茶饮，居康已入城矣。乃舞屣而遁，趋舟，断缆而舟横，惶亟，匿入舱内。居康命眇连长凫水追至，攀其舷，呵令放仗，左右皆股栗。问"头目安在?"华裔骇视，飞丸自舷一方来，尸横墙下矣！华裔既死，居康旋赴彭水，收抚群盗夜船时不虞，仓卒为盗所害，年才廿云。妻何氏，尚为守焉。

又案：杀戴戡者为廖谦，字子鸣，蜀之新都人。清光绪之季，以陆军军官出身，需次来黔，与张百麟结自治学社，志趣非常。百麟初画，欲以谦领军事，故使充陆军小学堂提调。革义日乃孚，谦功为上。嗣以新军不同，推杨荩诚都督，谦仍为之参谋，至戡乱黔，谦始归蜀。民纪六年，从刘存厚起义川中，任团长职。戡又乱蜀。谦于是日夜纡筹，竟击破戡兵于成都。戡率残众，遁入皇城，谦复围之；攻二十日，皇城破，戡乔装杂逃，谦亦乔装入士中，尾而识之。犁迹不舍，追至中心场，戡之从卒仅数十人已，惶极且困，窜入某甲首家，闩门抵御。谦乃督众围剿，当场一　格毙。检验戡尸，乱枪如痘。谦复戟指数而骂之，然后裂其尸，以投之锦江中。是役也，谦以功升旅长，兼参谋长。不幸于某年月，被贼刺之于某地死焉。

张　镜　波戴雅臣　董威伯

张明德，字镜波。贵州黎平府开泰县学名诸生。方清之季，以高材受知于东道吴雁洲，得调省入贵山大学堂。性爽直好噱谈，高视疏节；每遇饮宴，辄使酒陵人，座为辟易。故好事抨击权贵无所忌，以是堂中有所抗议，则群推以为冠。巡抚庞鸿书震其名，呼而训戒之，然爱其才，亦优容焉。张百麟结自治学社，乃罗致镜波，以主《西南日报》，因为之努力。及反正时，尤多献替，镜波之名益显，被选省议会议员，与松桃戴雅臣、普安董威伯鼎足齐名，遂以字行。唐、刘盗黔，三人俱不平，而镜波独简直，不屑委蛇，乃弃去，遨游南北，以素喜豪放，故与当代武人，率为尔汝之交。自癸丑以还，镜波莫不与役，而尤著绩两湖。或假商号，或设学校，掩荫同志，所全不少。民纪三年至十年，黔楚之士，受其赐者，无虑数十百人。中间七、八、九之三年，于湘西军政府兼任秘书长，赞画维殷。计镜波之廿余年，入不给施，倾家散济，已则任其江湖落魄。至廿五年之夏，始从绥靖主任刘兴归来，已年衰痼病矣。间尝与刚絮话出世，或思浪游，均有所不能。于是悠然忆及十余年前，朱霈霖病废沅陵，镜波日侍所谈，亦复如是，不禁潸然而太息！冬，遂病革，强入医院，已知不治。刚乃慨其革命一生，无息，复无家，强迎之来舍。明年正月五日，咯血卒于厅事。敛葬之资，赙诸戚友，一女随身，亦云惨矣！

戴雅臣，原名人骏，清之松桃举人，于自治学社著籍。入民国被举省议员，努力革命奋不顾家。镜波去后，雅臣能忍辱，隐身议会，而与敌为吊诡，至八九年之交，始得乘贼之便，乃竭身心之力以倒之。刘氏既倒，雅臣亦吐血而亡。方自省门绋柩回籍。嗟乎！禹八年于外，若雅臣者，可谓吾党之深心人矣！

董威伯，原名权环，于清末，属普安之名诸生，亦著籍自治学社。黔局破陷后，亡命于外有年，谒总理归来，复谋密运。于某年月，被逮下狱。自分男儿死矣，作绝命诗数首，备取从容就义，殊遇他缘得释。又图改策继进，不谓于昼夜密移之际，所携秘册不慎于藏，为贼窃去，忧思不已，遂罹心痫而亡。嗟乎！威伯之于革命，可谓“至诚无虚，自强不息”者欤？然惟其播种也深，故于今收获也茂。闻其乡后进之士，几莫非威伯当年之及门子弟，或私淑而与有闻焉者。呜呼！是三人也，乃终身淹倒于革命之中，以较今日绕幸于革命之外者，此可为悼也欤，抑可为法也欤？且刚之录此八十人也，谓之即三人焉亦可耳！

跋

右贵州革命先烈八十人，余为陆续校印于《晨报》既毕，装订成册，以质诸世。此八十人中，有贩夫走卒，有部伍健儿，有勋业显宦，有阀阅世胄，有穷巷书生，有市井细民。流品虽至不一，要皆慨慷激昂，发乎内在之忱，或参加国家革命事业，或为乡土争自由，一与恶势力搏斗，今或伯道下世，若敖之鬼已馁；或则哲嗣联翩，尚为国家效命。穷通得失，亦至不一。彼八十人，曾未一计成败利钝，一以革命为归。余生也晚，大半未获亲与交接，读兹事略，倍觉虎虎有生气。绍璜先生，就其记忆所及，著为此篇，不以事业成败著于笔端，非如行状传志，诩其丰功伟业，仅纪其荦荦大者，见解即已高人一筹矣。十年以来，余服务乡邦，得与方竹君先生共事，夷考其行，觉仍老而弥笃，今虽下世，检读兹篇，回味所曾相识，皆如绍璜先生所记，更以知其落笔之不苟矣。方贵州之起义也，余龄未满旬，总角束发，日惶骇于视听，今兹回忆尚有余感。彼时清廷侦骑四出，官府奉命唯谨，一言革命，动以白刃相加。市井奸人，又复捕风捉影，故入人罪，以售其仇杀自利之私。官府追捕党人，日必数起，草菅人命，无所不用其极。党人之横死者，日每有人，今兹所传，仅得八十人，为时仅二十五年耳。征诸社会，已多不能道其姓字乡里，则尔时之被捕杀者，必百倍于先生所录。唯以时方戒严，私家未敢载笔，草泽英雄，遂以淹没无闻。即兹八十人，赖先生之笔以传，亦云幸矣！志士仁人，为民族争生存，浩然之气，长存于天地之间。初第行其心之所安，本未计及身后浮名，则除此八十人，余亦何憾。然环视国内各省，革命先烈，祠祀林立，黔中健儿，乃反没世而名弗彰，甚有误入湖南革命先烈祠而享异乡恤食者。若非先生，则百年之后，此八十人中，知名者更必百不得其什一，先生之作又乌能已！今国家统一，黔人涵濡共和，已忘君权之残暴，饮水思源，其亦知所有自。外侮方亟，后死之责尚殷，追思往哲，勖兹来者，先生之作，更足以风世而励俗矣！

大定杨万选

贵州政局的回忆

韩衪章

自　叙

予生长贵阳，弱冠后即服务教育界，自 1911 年起，至 1949 年止，未尝中断，历时近四十载。今虚度六十有九，现在文史馆工作，追溯往事，历历犹在目前。关于贵州过去政局的大概情形，虽未躬与其事，然皆亲身目睹，特就回忆所及，仿年表例，据实直书，并无党同私见。至于辛亥革命贵州光复纪实，已有他作详载。本录所举，只就当日所知者撮要言之，惟记载不免拉杂，有事实而无条理，幸赐教言。

韩衪章

一九五七年元月

一　贵州党争的大要

贵州当前清末年，即有宪政、自治两党的发生，宪政党称宪政预备会，以任可澄为首，属改良派，多主立宪。自治党称自治学社，以张百麟为首，属同盟会，多主革命……。在前清宣统二、三年间，两党极不相容，常以报纸为交锋工具，当时属宪政党主办的报，有《黔报》、《贵州公报》；属自治党主办的报，有《西南日报》。至于促成贵州光复，实自治党人之功居多。但光复以后，两党的意见仍深，名虽合作，实则同床异梦，加以政权不能集中，公口（即哥老会）林立，秩序紊乱，遂予人以口实。其后引滇军入黔，称曰定乱，主谋者亦宪政党中人。故滇军到后，自治党要人悉逃避四方，黔政多入于宪政党之手矣。

二　光复时贵州的政局组织大要及主要人物

公元1911年（宣统三年）旧历九月十四日（11月4日），贵州光复，当时清抚为沈瑜庆。光复后，清吏纷纷出境，未有一人流血。是时的政府组织及人选略举如次：

1. 关于军事者：（1）军政府，为全省军事最高机关，有正副都督二人，正为杨荩诚，副为赵德全。杨原为贵州新军营教练官，赵原为新军营队官。（2）各路巡防队总统府，总统为黄苇卿，其下有东、西、南、北各路分统，分统姓名不甚详。

2. 关于行政者：枢密院为全省行政最高机关，有正副院长二人，行政总理一人，正院长为张百麟，副任可澄；行政总理为周培艺。院以下，并设各部，分理庶政，有民政、财政、学务、实业、交通等部，每部设部长一人或二人，二人者一为副。民政陈百朋，蓝少廷代，学务谭景周，财政华延厘、蔡衡武，实业黄济舟，交通孙镜。

3. 司法：沿前清旧制，有贵州高等审判厅、高等检察厅，贵阳地方审判厅、地方检察厅。高审厅长为周声汉，高检厅长为曹兴蕲。

4. 民意机关：将前清咨议局改为立法院，议员仍旧，正议长为谭西庚，副议长为朱芸六、龚雪樵，又当时选派赴南京的贵州代表二人，一为平绍璜，一为文崇高。

5. 年号：用大汉纪元，省外仍有府、厅、州、县名称，惟将旧日正堂二字取消，改称府县知事。

附当时的学校名称：

（1）军事教育，有军官学堂一所，即就前清之陆军小学改设。（2）专门教育，有官立法政、公立宪群、法政学堂各一所，宪政党所办，公立法政学堂，自治党所办。矿业中学堂一所，农林学堂一所。

（3）师范教育，有两级师范学堂一所。（4）普通教育，有官立中学堂一所，通省公立中学堂一所。小学，有省城官立高等小学堂一所，初等小学堂八所，并附设简易识字班。私立小学有达德、正谊、时敏、乐群、光懿、存诚等校。至学校负责人，如军官学堂则称总办，中等学堂则称监督，小学则称堂长。

三　民国以来的贵州政局摘要（自 1912 年起至 1935 年止）

公元 1912 年（民国元年）旧历正月十四日（3 月 2 日），滇军入黔，借名平乱，以武力取消旧政府，另组新政府。自治党人多逃避，此次流血较多。兹略举当时的政治组织如次；

1. 军都督府为全省军民两政最高机构，都督为唐继尧，初入境时称云南北伐军司令官，统辖全省军民两政。其下分设各部：（1）军务部，部长为刘显世，副庾恩旸；（2）政务部，部长为周沆；（3）卫戍部，部长为韩五峰；（4）军警部，部长为梅若愚。都督府内设左右两参赞，一为任可澄，一为戴戡；又设秘书长一人，为唐慰慈。至政务部下，又置各司，有内务司，司长郭子华；财政司，正司长华延厘，副段雨琴；民政司，正司长朱益清，副蹇先陶；教育司，正司长何季纲，副符经甫；实业司司长黄幹夫。后因省外报纸讥贵州政治组织有类中央，乃将部改为处或局，如卫戍部改为卫戍司令部；军警部改军警局，其职权与长官不变。至省外还有府县名称，惟府不辖县，府县之长，均称知事。

2. 司法机关亦有审检两厅，惟职权甚微，重大案件多为军警机关办理。

3. 民意机关，又将立法院改为省议会，议员另行改选，省外称府县议会。

4. 教育学校遵中央制，学堂一律改称学校，废原有之总办、监督、堂长等名，一律称校长。又将军官学堂停办，改为干部学校；官立中学改为模范中学；官立两等小学，改为模范两等小学；两级师范，改为初级师范；官立法政，改为公立；矿业中学停办；通省公立中学，改为贵州公学，后又改为私立南明中学。

5. 经济，将原有的官钱局，改为贵州银行，并发行纸币，号为黔币，准公私通用。但军界则三七搭发，即三成纸币七成银元，政界则全发纸币。当时市面交易，有生银、银元、黔币三种，黔币须折合生银使用，辅币仍用制钱。

1913 年夏，北政府调唐继尧为云南都督，不久，又改都督为将军。贵州因省份较小，不设将军，军事部分，置护军使主持；民政部分，置民政长主持。唐继尧原兼民政长，唐去后民政长一职即由戴戡继任。刘显世任护军使。政务处已裁撤，原属各司，有归并者，有裁撤者，只留内务、财政两司。旋内务司亦裁撤，改为政务厅，置于民政长署内，代民政长处理公件，何季纲任厅长。至教育、实业，只在省署内成立两科，原内务司长郭子华亦随唐赴滇。又新设一国税厅筹备处，以张协陆任处长；旋又将国税厅筹备处与财政司合并，改为财政厅，厅长仍为张协陆。军警局改为警务处，处长李知白兼任省会警察厅厅长，并设东、西、南、北四区分署。司法机关仍旧。惟是年冬，因北政府下令解散国会，各省省县议会亦同时解散。

1914 年省局无大变迁，惟奉袁政府令将民政长改名巡按使，观察使改名道尹，地方行三级制：即省、道、县。贵州设三道：即黔中、贵西、镇远，时任可澄在京已任为云南巡按使。当时贵州军民两政，即属刘、戴二人，何季纲仍长政务，张协陆仍长财政，王文华为陆军第一团团长。是时袁世凯正酝酿帝制，一切政治组织，渐恢复封建时代之旧，如文职有卿、大夫、士，武职有将、校、尉之三等九级，学校加授读经，祭天祭孔用跪拜礼，一时地方官吏，承其意旨。经济方面，中国银行贵州分行成立。

1915 年春，袁政府任广东人龙建章为贵州巡按使（龙初命时为黔中道尹，到黔后，即电令署巡按使），戴戡调京任参政院参政，刘显世仍为护军使。惟政务厅长易广东人陈官韶，黔中道尹易尹昌龄，镇远道尹易林炳华，高审厅长易吴家驹，高检厅长易党积龄，惟贵西道尹刘显潜未动。

1916 年贵州因反对帝制，继云南独立，龙建章出走，黔中、镇远两道尹，高等审检两厅长亦去职。至贵西道尹刘显潜，则受袁命为巡按使，在兴义地方组织行署，省内将护军使名义取消，仿云南制，改组都督府，仍推刘显世为都督，统辖军民两政。并成立护国军，戴戡奉护国军第一军总司令蔡松坡命，任护国第一军右翼总司令，由滇来黔与刘显世商洽出兵事宜，刘部第一团团长王文华，被任为护国第一军右翼东路支司令，戴率兵出川，王率兵出湘，以御北军。何季纲再出任民政厅长。又将三道尹改为三刺史，分路出巡，中路吴绪华，东路王伯群，西路陈稺苏，省内秩序，尚属安靖。及袁氏死，帝制取消，黎元洪继任总统，中央恢复旧国会，各省恢复省县议会，又将袁氏时代所设各省之将军，改名督军，巡按使改称省长。刘显世以倒袁功被任为贵州督军兼署省长，王文华被任为贵州陆军暂编第一师师长。又恢复三道尹制，黔中王伯群、镇远陈稺苏、贵西吴绪华。省县议会亦恢复，议长为张彭年。民政厅仍称政务厅，厅长不变，财长仍为张协陆，司法机关如旧。至经济方面有生银、银元、兑换券、黔币四种流通市场。

1917 年、1918 年省局如旧，惟是时护法军兴，西南各省出兵护法，时唐继尧在滇，称靖国联军总司令，以刘显世为联军副司令。王文华又以黔军总司令名义出兵四川，会同川中护法将领，驱走段系的军阀吴光新、周道刚二人，占据重庆。惟因军队增多，军糈耗繁，黔省正供收入有限，于是当局乃于七年之秋，商开烟禁，令各县普种鸦片，征税以裕饷源。在省内设一筹饷总局董其事，省外产烟之区，则设筹饷分局，由财政厅长兼办，所征之款名曰饷捐。惟此禁一开，流毒社会，贻害不浅。

1919 年省局如故，惟刘、王甥舅之间，渐起裂痕，政局亦分新旧两派，新派拥王文华，旧派拥刘显世，新派谓刘为陈腐，旧派目王为跋扈。如政务厅长陈稺苏之被刺，张协陆之自杀，即新派对旧派的一种示威，也是兆 1920 年黔军回黔演流血惨剧的先声。又是时贵阳之报纸，亦分两派，如《少年贵州》则为新派的机关报，《铎报》则属旧派。

1920 年秋，黔军五旅由川回黔，驱逐刘显世，并杀刘之左右旧派要人，郭子华（省府顾问）、熊铁崖（秘书长）、何季纲（黔中道尹）闻变出逃。是时王文华已离川赴沪，军事暂推卢寿慈主持，称黔军总司令，省长暂推任可澄代理，刘显世则赴滇依唐。至回黔五旅，各据一方，省中命令，未能贯彻。

1921年春，王文华在在沪遇刺身死。是年秋，任代省长亦辞职。孙中山命王伯群继任，未到以前，由卢寿慈兼代。三道尹一律裁撤，省政行两级制。

1922年春，袁祖铭在外组织定黔军，称总指挥，率王天培、彭汉章所部由东路来黔。卢辞职，袁继任省长。省府组织无大变动，惟将政务厅改为政务处，周素园任处长，陈幼苏任财厅长。

1923年春，滇军唐继虞借拥护刘副帅回黔为名，率师来黔。袁军御之于西路不利，袁祖铭出走四川。一时军政大权，又入于滇人之手，唐继虞以军事善后督办名义兼任省长。

1924年，唐辞省长兼职，刘显世继任，仍兼联军副司令，然无实权。是年冬，刘显潜曾一度出任省长，然为时甚暂，而刘氏子侄，则乘势骄人，横行乡里。

1925年春，黔军奉吴佩孚令由袁祖铭（时袁在川，称川黔边防督办，驻节重庆。）派第二师师长彭汉章率领回黔。滇军出走广西，省政则组织一行政委员会主持，推卢寿慈为委员长，卢坚辞，暂由内务委员丁宜中代理。不久，委员会亦解散，丁辞职赴川。彭汉章继任省长，惟是时黔北一带多为周西成部所据。

1926年6月，周西成奉袁祖铭令，率领所部由赤水来贵阳，彭汉章出走湖南，周即继彭为省长。是时省内军政两权尚属统一，惟周的封建意识极浓，大权独揽，事事专断。经济方面，一切收支，专用银元，不用纸币，贵州的黔币即于是年寿终。

1927年，新成立教育厅，首任厅长为周铭久。又创修贵州公路，设立路政局，首开办电灯厂，设立电气局。并成立一个兵工厂。又遵照南京伪中央编制，将军队改为国民革命军廿五军，省长亦改称主席，周兼军长，毛光翔为副。

1928年省局如故，惟是年冬，四十三军军长李小炎部，曾与廿五军在黔东一带发生战争，周亲出御敌，李部退走。

1929年春，李小炎会同滇军由西路来黔，周闻警亲出御，阵亡于镇宁属之灞陵桥。李入省后又继周主政，然仅十余日，廿五军由毛光翔率领自遵义反攻，李不敌，退走。毛即主政，照伪中央法，省政改行委员制，至军事方面，毛即继周为廿五军军长，王家烈为副。又将政务厅改为秘书处，厅长称秘书长，后又新成立民政、建设两厅，合原有之教育、财政共为四厅。

1930 年政局仍旧。

1931 年冬，廿五军发生内讧，王家烈与毛光翔争政权，毛逐王，王退保东南路。

1932 年冬，王率部反攻，围城十余日，毛不敌，退走北路。王入城后，继毛主政，仍兼军长。各厅组织不变，惟其长多易人。

1933 年省政仍属王。经济方面，是时贵州银行又发行一种不兑换之新纸币，与银元在市面流通，伪中央法币也亦是年入黔。

1934 年，伪中央任吴忠信为黔主席，代王执政，改组省府，委员多易外省人；又新设一滇黔绥靖公署，以龙云为主任，驻昆明，薛岳为副主任，驻贵阳。此后贵州军政两权即由军阀时代转入到国民党反动派统治的时代了。

近代史資料专刊

鸦片战争时期思想史资料选辑
太平天国资料
太平天国文献史料集
太平军北伐资料选编
山东义和团案卷（上、下）
义和团史料（上、下）
筹笔偶存
庚子记事
杨儒庚辛存稿
辛亥革命先著记
鄂州血史
云南杂志选辑
云南贵州辛亥革命资料
辛亥革命资料类编
华侨与辛亥革命
徐树铮电稿
一九一九年南北议和资料
秘笈录存
五四爱国运动（上、下）
五四运动回忆录
陆海军大元帅大本营公报选编
陕甘宁边区参议会文献汇辑